隐蔽战线春秋书系·传记卷

秘战英雄 陈养山

姚华飞◎著

中共党史出版社

图书在版编目（CIP）数据

秘战英雄陈养山 / 姚华飞著 . -- 北京：中共党史出版社，2018.4（2025.4 重印）
（隐蔽战线春秋书系 . 传记卷）
ISBN 978-7-5098-4587-5

Ⅰ . ①秘… Ⅱ . ①姚… Ⅲ . ①陈养山（1906—1991）—传记
Ⅳ . ① K827=7
中国版本图书馆 CIP 数据核字 (2018) 第 046359 号

书　　名：秘战英雄陈养山
作　　者：姚华飞

出版发行：中共党史出版社
责任编辑：王兵
责任校对：龚秀华
责任印制：谷智宇
社　　址：北京市海淀区芙蓉里南街 6 号院 1 号楼　邮编：100080
网　　址：www.dscbs.com
经　　销：新华书店
印　　刷：北京盛通印刷股份有限公司
开　　本：720mm × 1000mm　1/16
字　　数：227 千字
印　　张：15.25
版　　次：2018 年 4 月第 1 版
印　　次：2025 年 4 月第 5 次印刷
书　　号：ISBN　978-7-5098-4587-5
定　　价：33.00 元

此书如有印装质量问题，请联系中共党史出版社读者服务部 电话：010-83072535

陈养山（1906—1991）

陈养山，这位充满神秘色彩的职业革命家，中共秘密战线上的杰出代表和传奇式领导人，他的一生，虽然坎坷跌宕，但却令人敬佩；虽然光照千秋，但却叫人叹息。他有着特殊的功绩，也有着特殊的遭遇。

陈养山用自己的智慧和生命踩出了奇特的人生轨迹。

为了救国救民，追求真理，在党的教育培养下，陈养山在严酷复杂的斗争环境中锻炼成长。他“十三岁背井离乡去武汉”，“探索真理走向革命”；他长期在敌占区从事情报和统战工作。1924年就在武汉、上海从事秘密工作。1928年陈养山在周恩来的领导下，参与了我党情报、保卫机构的创建工作。抗日战争、解放战争时期和新中国成立初期，他在情报公安机关担任领导工作，领导广大情报、公安人员积极配合军事斗争，在对敌斗争、情报策反、肃清匪特、接管大中城市，建立和巩固革命政权的工作中，做出了卓有成效的成绩，受到了中央领导同志的表扬和中央情报部的表扬。

1958年，在“左”倾错误思想泛滥的形势下，他受到了错误的批判和处分，被解职赋闲。自此，他便不露圭角不被人们知晓。

近几年来，社会上有关陈养山事迹的传闻不少，但由于人们对史料的掌握并不翔实，有些言传的真实性与事实相差甚远；有些言传甚至胡编乱造。为真实地揭示隐蔽战线的历史，有组织地编写一部介绍陈养山从事隐蔽斗争的传记，是十分必要的。

陈养山是一位出色的情报工作者，他在隐蔽斗争中经历的艰苦卓绝的战斗历程，反映出了革命斗争的尖锐残酷。读者通过阅读这本纪实作品，能进一步了解隐蔽斗争的复杂、艰辛和伟大，一睹无名英雄们的本色……

|| 丛书前言 ||

章百家

中国共产党领导的新民主主义革命，既有公开战场的博弈，又有隐蔽战线的较量。公开战场和隐蔽战线相互配合，相互支持，相得益彰，奏响了中国革命的一曲曲凯歌。正如毛泽东指出的：要战胜敌人必须打两种战争，一种是公开战争，一种是隐蔽战争。隐蔽战争有战略进攻，派人打入敌人的内心；也有战略防御，保卫自己。要打败敌人须内外夹攻，所以两者都有同样的意义。

党的隐蔽战线随着党的发展而发展，随着党的壮大而壮大。在白色恐怖笼罩的危急关头，周恩来领导创建了党的第一个专门情报保卫机构——中央特科，培养和造就了一批隐蔽战线的杰出领导人和业务骨干，为保卫党中央机关和领导人的安全作出了特殊贡献。中央苏区时期，在中央和各主要苏区创立的政治保卫工作，对配合苏区工农红军粉碎敌人的“围剿”，发展和巩固苏维埃政权，纯洁红军队伍作出了特殊贡献。长征途中，红军情报侦察部门及时获取敌人往来的电报，使中央指挥机关能够及时了解敌人的军事行动部署，避实就虚，屡出奇兵，摆脱围追堵截，胜利实现了伟大战略转移。红军到达陕北后，在争取西安事变和平解决，促成抗日民族统一战线形成的过程中，隐蔽战线发挥了关键作用。抗日战争时期，中央先后成立了中央社会部和中央情报部，隐蔽战线斗争进入了专业化的成熟期。我情工人员深入日伪党政机构，获取了日伪大量军政战略情报和国民党消极抗日积极反共的情报，对配合抗日战争的胜利起了重要作用。解放战争时期，我党我军的情报保卫工作得到了更加深入广泛的发展。我情工人员深入到国民党机密决策指挥机关内，及时准确地供给了党中央和军委及各地区战略性和动向性的重要军政情报，为中央制定解放战争的战略方针提供了重要依据，使我军在解放战争中对敌人的主要情况了如指掌，始终掌握了战争的主动权。毛泽东评价这个时期“我们的情报工作是最成功的”。

艰苦卓绝的隐蔽战线斗争造就了一大批无名英雄。他们有的大智大勇，运筹帷幄，决胜千里；有的深入虎穴，与敌周旋，获取情报；有的舍生取义，面对严刑，视死如归；有的潜伏敌营，长期经营，率部起义；有的忠诚可靠，周密安排，确保党中央安全；有的巧妙应对，冲破封锁，保证交通线畅通。一代代无名英雄赤胆忠心，赴汤蹈火，用忠诚与信仰铸就了中华民族的无名丰碑；一个个共产党人不忘初心，牢记使命，用热血和生命锤炼出薪火相传的红色基因。他们在斗争中表现出了坚定的革命理想信念、大无畏的革命英雄主义精神、敢于斗争敢于胜利的英雄气概、高超灵活的对敌斗争艺术、艰苦奋斗和严谨细致的工作作风、甘于无名甘于奉献的高尚情操，这些凝聚成了隐蔽战线精神特质：胜而不骄，败而不馁，受气不叫，有苦不说，舍己救人，冒险犯难，埋头苦干。

毛泽东曾经说过：今后革命胜利了应该给我们情报战线的无名英雄们发一个大大的奖章。很多无名英雄没能盼来这枚奖章就早早地离开了我们。他们的名字无人知晓，但他们的功绩永世长存！徐向前曾指出：“我们的党史、军史有一个重大缺陷，就是对情报工作反映不够。”近年来，可以看到一些公开出版的反映隐蔽战线的史料、传记，但总的来说还不是很丰富，与隐蔽战线建立的功勋还不相称。这套《隐蔽战线春秋书系》分“传记卷”、“回忆录卷”和“史述卷”，比较全面地反映了隐蔽战线的历史和无名英雄的精神。既是对老一辈隐蔽战线英雄的深切怀念和告慰，也可以作为新时代国安干警的教育读本，让一代新人了解历史，传承基因，所以是很有价值的。

（作者为中国中共党史人物研究会副会长）

目 录

第一章
探索真理，走向革命

一、家境贫寒，13岁背井离乡去武汉

上虞，浙江省的一个水乡县城，距杭州城约有70多公里。在县城的西南上浦小仙坛，是东汉青瓷窑址。出土的器物有壶、洗、碗、碟等，表面多拍几何形纹或刻划水波纹。瓷器胎质细腻。上虞县近年发现东汉青瓷窑遗址多处，其中以小仙坛窑址最为典型。由此可以证明，东汉时浙江已开始生产青瓷。在距县城西北五公里，有远近闻名的白马湖，旧名渔浦湖。湖长有20多公里，三面环山，重岫迭山献，碧水如玉。浜湖诸山三十六涧，悉会于湖。湖中有癸巳山、羊山、月山、渔村农舍、田园如画。据《水经注》云，创始时塘堤屡坍，民以白马祭之，故名白马潭。1906年10月7日，陈养山就诞生在这里。

陈养山，原名程仰山，字应骀。浙江省上虞县百官镇前江村人。

百官镇前江村，是会稽山麓的一个山水之乡，曹娥的支溪沿村而过，山清水秀，是一个具有水乡气息的优美村庄。这里原有曹娥孝女庙，就坐落在曹娥江边。传说东汉汉安二年（公元143年）五月五日，上虞人曹盱失足坠江溺死。其女曹娥年方14，寻找父尸，17日不得，投江而死。时人以为孝女。东汉元嘉元年（公元151年）上虞长度尚葬曹娥于江南岸，并为之立碑。碑文系邯郸淳化所书，碑阴有蔡邕题词，早已不存。现在庙内石碑，系北宋哲宗元祐八年（公元1093年）蔡卞重书。庙始建于宋代，现存建筑系民国重修。本书的主人翁陈养山幼年时常跟着母亲到庙中烧香火，但“忠孝怎能两全”，为了革命事业，他四海为家，在老母病危时也未能见最后一面。

陈养山本籍姓程，参加革命后因从事秘密工作而改名换姓，祖籍安徽省徽州府人，祖辈同胞兄弟五人，是一个地主官僚出身的绅士家庭。其祖父居长，其余四人在咸丰年间即迁往浙江省绍兴府及上虞县百官镇一带定居，有的经商、有的行医、有的当了道士。

陈养山的祖父是进士，任过清朝政府官职显赫的徽州府盐政使。太平天国运动时，因惧恐太平军清算，从安徽迁到浙江上虞县百官镇，在山清水秀的前江村定居下来。但因是从外乡迁来，在上虞既无田地，也无产业，家境逐渐衰败，生活贫寒。

陈养山的父亲程步青，是一位没落的秀才，且是中医师。生有二男一女，陈养山排行居中，长子应驹和女儿均因患肺炎早年病逝。程步青为人宽厚，同情穷苦人，常免费为穷苦人医病治伤，因此人缘甚佳。

陈养山的母亲程陆氏，是上虞本地的农家妇女，信奉佛教，为人慈善，慷慨大度，性格开朗，善于联系百姓群众，因此家境艰难时常得到乡亲们的接济。

陈养山晚年回忆自己的家庭状况时说："我的家庭生活较苦，父亲考过秀才，可说是穷秀才，当过中学和小学教员，家庭负担重，要养活我祖母、母亲、大哥、妹妹和我六口人。生活不好过，课余还当中医，以后身体不好，教不动书，只靠行医，每年入不敷出，经常借钱，又无田产房屋，积劳成疾，于一九二六年即去世。"陈养山十岁前在江村明强小学读书，当时学制是七年制。

那时的中国社会，国难当头，外有列强瓜分中国，内有各派军阀混战，生灵涂炭，民不聊生。逢此艰难时刻，陈养山感到精神生活十分苦闷。

1919年五四运动爆发，陈养山受五四运动的影响，萌生了"实业救国"的信念。因家境贫困，他13岁时背井离乡，托人介绍到武汉的一家钱庄学徒，渴望经商致富救国养家。可是苦熬了3年才当上一名店员，入不敷出，无力养家。

六年的店员生活中，陈养山在思想上发生了重大的变化，使他走上向往革命的征途。

还是在当学徒期间，陈养山以封建礼教作为自己的指导思想，曾梦想做一个发财致富的人。学徒满期以后，现实生活粉碎了他发财致富的幻想。

在青年陈养山深感迷茫时，同事中有个店员叫朱孔阳，他思想进步，不但自己每天看报，还鼓励陈养山每天看报，帮助他研究问题，介绍新的思潮，了解国家大事，这样使迷途中的陈养山思想逐渐从禁锢中发生变化，从封建的束缚中解脱了出来。

也正当陈养山思想转变的紧要关头，武汉发生了一件震惊中华大地的事情。

1923年2月7日，爆发了京汉铁路大罢工。中国共产党早就在京汉铁路从事工人运动。1923年2月1日，京汉铁路16个工会分会的代表和各地来宾近200人，在郑州召开了京汉铁路总工会成立大会。北方军阀统治者吴佩孚强令禁止，出动军警包围会场，限制代表人身自由，捣毁工会会址，激起了工人的无比愤怒。刚刚成立的总工会召开秘密会议，决定成立罢工委员会，于2月4日举行京汉铁路总同盟罢工，提出了“为争取自由而战，为争取人权而战”的响亮口号。

罢工开始后，长达2000余里的京汉铁路在几小时内全部陷于瘫痪。这充分显示了工人阶级的高度组织性和纪律性，使帝国主义分子和军阀统治者极为恐慌。

2月7日，军阀曹锟、吴佩孚完全撕掉“保护劳工”的假面具，派出军队，在长辛店、江岸以及京汉铁路各站疯狂镇压工人，开枪打死40余人，打伤300余人，逮捕60多人，开除1000多人，制造了历史上骇人听闻的二七惨案。

大罢工领导人之一——共产党员林祥谦，2月7日晚被绑到江岸车站的灯柱上，敌人向他连砍数刀，威逼他下令复工。林祥谦忍着剧痛，斩钉截铁地回答：“没有总工会的命令，我头可断，工是不上的！”他宁死不屈，被敌人杀害。武汉工团联合会法律顾问、共产党员施洋被捕以后，在敌人威逼利诱面前，毫不屈服。2月15日，他高呼着“劳工万岁”的口号，英勇就义。这充分显示了共产党员在工人运动中的先锋模范作用和视死如归的大无畏精神。

陈养山亲眼目睹了这一壮烈的情景，受到了很大的震动，醒悟到要生存就得联合起来同军阀作斗争。二七大罢工的壮举，促使他的人生观发生了巨大的变革。他从为个人谋生、发财致富的人生观，转向为社会谋利的人生观。他抛弃了“实业救国”的信念，重新寻找救国救民的道路。

陈养山说：“‘二七’京汉铁路大罢工爆发了，工人直接敢于同直系军阀进行斗争。虽然罢工被镇压了，但证明人民是有力量的，军阀是可以反抗的，感到军阀统治人民不可能过好生活，把个人前途与国家盛衰联系起来，就很自然地产生爱国主义思想，因而去找救国的方案，我开始相信‘教育救国’，不久对教育救国发生怀疑，以后又相信‘实业救国’的理论。虽然这些救国方案是行不通的，但对我思想转变起了推进的作用。为接受革命理论奠定了基础。”

就在这时，陈养山得到了一本《中国青年》杂志，主编就是恽代英。

二、探索真理，“恽代英是我走向革命的引路人”

1924年初，未满18岁的陈养山从店员朱孔阳那里得到一本《中国青年》杂志。这本《中国青年》简直是他黑暗中的明灯。

陈养山忙碌辛苦了一天，晚上仍孜孜不倦地阅读。他读了《中国青年》的文章，认为这是一种新的救国理论，讲得很有道理，也很实际，提倡组织读书会，研究学问，搞社会调查，这些都是提高知识，研究问题的好办法。便和几位志趣相投的店员，还有朱孔阳，一起讨论《中国青年》所提出的新问题，大家都认为需要改造社会，进行革命。陈养山还将《中国青年》杂志借给店员张志远等人看，使他又多了一位志同道合的朋友。

更使陈养山激动不已的是，他对《中国青年》杂志的主编恽代英的文章情有独钟。陈养山对恽代英在《中国青年》上的发刊辞印象极深：

《中国青年》要引导一般青年到切实的路上，要介绍一些切实可供研究的参考资料。要帮助青年去得一些切近实用，然而在学校中不容易得着的知识。

正值青春热血、奋进向上年龄的陈养山想：“这正是广大有志青年的迫切要求，指点我们从书斋和空想中解脱出来，走向社会实践，研究社会实践，从而逐步认清前途，去做一个改造社会的人。”

《中国青年》

恽代英在《对有志者的几个要求》一文中写道：

第一，我们要联合努力，打破现状。要推倒一切掠夺阶级，要建造自由幸福的社会。第二，我们今天不能向上述目标做些有效益的事情，一是由于大家意向不一，二是由于大家才能薄弱，三是由于大家志趣不定，四是由于大家没有组织。第三，我因此觉得研究时事及社会改造理论，这是与齐心向上，增进才能，固定志趣，促成组织有益的。第四，我因此亦觉得要大家学习为多有益于社会改造的事业去牺牲时光，牺牲金钱。这亦于磨砺才能，训练组织，体验学理，提高自觉有益的。

他还提出，要向军阀、官僚、地主阶级进行革命斗争，要组织起来，研究社会实践。

陈养山拜读了恽代英的文章，犹如久旱逢甘霖，使他茅塞顿开，犹如暗夜中见到的光明，更使他心明眼亮。

陈养山参加革命的引路人恽代英

恽代英（1895—1931），祖籍江苏武进县。1895年8月12日出生于湖北省武昌县。字子毅，又名恽蘧轩。笔名代英，化名王作霖。学生时代积极参加革命活动，是武汉地区五四运动主要领导人之一。恽代英1921年加入中国共产党，后任中国社会主义青年团中央执行委员、宣传部长，主编《中国青年》。1922年春，他在泸州创建社会主义青年团组织。1923年初，他到成都高等师范学校和西南公学任教，继续传播马克思主义。1926年1月，他出席在广州召开的中国国民党第二次全国代表大会，被选为国民党中央执行委员，曾任黄埔军官学校政治总教官，并兼中共军校特支书记。1927年1月，他随着广东国民政府迁都武汉。担任武汉中央军事政治学校分校常务委员兼政治总教官，负责主持军校日常工作，后兼湖北省政府委员，他同蒋介石、汪精卫背叛革命的行径进行坚决斗争。同年4月在中共五大上当选为中央委员，7月，奉中央之命赴九江，参与组织和发动南昌起义。12月参与领导广州起义。1928年秋，他被调到上海，担任中共中央宣传部秘书长，主编中央机关报《红旗》，编写《每日宣传要点》。1929年6月，他列席在上海召开的中共六届二中全会，被补选为正式中央委员。同年底，调任中共中央组织部秘书长。1930年2月，他以中共中央代表身份到厦门，指导中共福建省第二次代表大会，曾去闽西根据地实地调查。1930年5月6日，他在怡和纱厂被英国巡捕逮捕。次日被引渡到上海警备司令部，6月转押于漕河泾监狱。他不理发，不刮胡子，乔装隐名，坚持斗争，未被国民党当局识破。同年10月，他被指定为全国苏区革命军事委员会委员。1931年2月，他在狱中撰写了解释中国共产党十大政纲的工人通俗读物，组织难友们学习。正当中共中央大力营救即将提前获释时，4月25日叛变的顾顺章向蒋介石告密。国民党军政部要员带他的照片验证进行劝降。他义正词严，坚定地回答："我本人是共产党员，必须革国民党反动派的命。这也就是我现在的庄严任务。我随时准备为革命献出一切。"在狱中，恽代英面对敌人的威逼利诱，坚贞不屈。1931年4月29日中午12时，他在南京雨花台的刑场上，高呼："共产党万岁！打倒国民党反动派！"口号，壮烈牺牲，时年36岁。

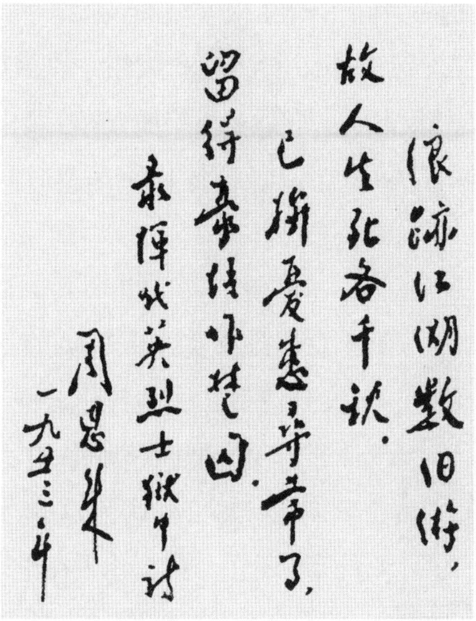

1953年周恩来手书恽代英烈士狱中诗：
浪迹江湖数旧游，
故人生死各千秋。
已拚忧患寻常事，
留得豪情作楚囚。

恽代英是陈养山的良师益友，是他从一个店员走向革命战士的引路人。按照恽代英的指点，陈养山与朱孔阳、张志远等几位思想相投的同事，组成了一个读书小组。每周以十个小时的时间，按照恽代英的指点学习时事和研究社会，并组织讨论，得到了很大的教益，逐步了解到一些革命的道理。1924年2月，陈养山看了《中国青年》杂志出版的列宁逝世特号，得知俄国是世界上第一个社会主义国家，是工人阶级推翻了地主资产阶级后建立的工农政府，是列宁领导的。读书小组就组织讨论，把俄国革命同中国的情况联系起来。大家一致认为中国革命必须走俄国道路，有了俄国的榜样和援助，革命胜利会容易得多。

1924年5月间，陈养山给恽代英写了一封信，向他报告读书小组的活动情况和学习成绩，并向他反映汉口金融界同军阀互相勾结的情况。半个月后陈养山收到了恽代英的回信。恽代英对读书小组的活动和成绩予以鼓励，并指出要把学习与研究商业结合起来，除学习外还要多联络朋友，在商业界开展可能的活动。此后，陈养山又给恽代英写过几次信，恽代英都及时回信给予指导和表扬。

1924年在汉口当店员的陈养山

1924年7月的一天，陈养山出乎意料地接到了恽代英的一张明信片，约陈养山去他家里会面。陈养山非常高兴，把明信片拿给小组的同事们看，大家都认为这是非常荣幸的事，还在一起提出了在学习中没有弄懂的问题，要陈养山顺便向恽代英请教。

恽代英住在武昌涵三宫。陈养山按约定的时间来到恽代英家中。他家是一个很陈旧的小院子，有三四间昏暗又狭小的房间。谈话是在一进院的一间客房里进行的，桌椅都很旧。恽代英戴着一副无边的近视眼镜，光头，穿一件旧布袍，一看就知是一位刻苦博学的教师。他见到陈养山就像早已相识的友人一样，热情地打招呼。

这位中等身材的年轻小伙，热情异常，那渴望真理，渴望知识的眼神，给这位比陈养山大十几岁的长者，留下了极深的印象。

恽代英与陈养山寒暄后，询问了读书小组的活动，还问了陈养山个人一些的情况。陈养山详细地向他汇报了读书小组成员的情况及读书小组今后发展组织的打算。恽代英对读书小组的活动很重视，不时插话询问，作了不少指点。

事情过去了几十年，1982年，陈养山在回忆这段难忘的经历时还激动万分。他说：

那天天气很热，我们从上午10时许，一直谈到下午4点钟，会谈持续了六七个小时。

在这次会面中，我向恽代英同志提出几十个问题。由于当时我们店员组织的人都不了解马克思主义，对《共产党宣言》也看不很懂，甚至什么是帝国主义、资本主义、社会主义也知道得很少。苏联革命是怎样胜利的？中国革命要怎样搞法？将来成立怎么样的政府？……也弄不明白。所以当时我提出一大堆问题，请教代英同志，他都作了耐心的解释。我记忆最深的是，他说：中国革命必须推翻帝国主义和军阀统治，要建立苏联式的政府，人民才能得到解放。

这次会见给陈养山的印象很深刻，直到晚年他还多次说起：

这次谈话是我永生难忘的，使我得到了极大的鼓舞，知道应该做一个怎样的人，懂得了一些起码的革命道理，明确了许多基本知识，对前途充满了信心，更加坚定了我的革命意志和斗争决心，奠定了我终身革命的思想基础。

此后，陈养山同恽代英长期交往，恽代英坚定不移的意志，艰苦卓绝的工作精神，都对陈养山产生了深刻的影响。他说：

我同恽代英同志相识，是革命活动的自然结合，代英同志亲切教诲过我，他教我怎样学习和工作，怎样做一个有益于社会的人。他是我的良师益友，是我参加革命队伍的引路人，对这一切我是永生难忘的。

这次谈话以后，由恽代英指定由武昌电话局的余世颂、柳伯文同陈养山联系。这实际上是把陈养山组织的读书小组交由党组织来指导。

1924年10月的一天，柳伯文把陈养山、朱孔阳、张志远三人带到武昌城郊的野地，举行了加入中国社会主义青年团的仪式。此后，读书小组发展得很快，到1925年初已发展到三四十人。陈养山在会馆租了两间房子做读书室，把读书小组扩大为“汉口青年励志社”，吸收更多的店员来阅读书报。每晚都有20多位店员来此看书报或举行游艺活动，深受店员的欢迎。后来这个“青年励志社”又有了很大发展，在五卅运动中对团结汉口店员起了重要的作用。

1925年1月的一天，陈潭秋约陈养山谈话，宣布他已由中国社会主义青年团员转为中国共产党党员，并向他指出，今后的责任更加重大。不久之后的一天，陈潭秋在汉阳郊区的一个破庙召开了一次会议，由项英传达党的四大的决议。到会的有30多人，陈养山参加了这次会议。

由于武昌店员团组织的扩大，武昌青年团组织的领导力量不足。1925年2月，青年团武汉地方委员会书记林育南决定，在武昌地区建立青年团特别支部，并指定陈养山担任特派员。

林育南（1898—1931），湖北省黄冈县人。号湘浦，又名林毓兰、林福、林相拂、林如兰，笔名林根、若愚、根，别名铁峦，化名李敬塘、李少堂。林育南是林彪的堂兄。1915年考入武昌中华大学中学部，结识恽代英，迅速接受新文化、新思想。1917年10月加入互助社，成为最活跃的一员。林育南忠贞刚烈，热情奔走，在校发起成立黄社，积极带领同学参加反对北洋军阀与日本签订卖国条约的爱国斗争。林育南喜阅《新青年》等进步书刊，探求救国救民的真理。1919年3月参与创办《新声》半月刊，成为武昌地区第一个新文化出版社。1920年初，林育南与恽代英等创办利群书社，专售进步书刊，联系同志探索“新生活”。林育南是武汉学生运动的主要领导人。1921年7月林育南辍学返回武汉，与恽代英、李求实等成立了具有共产党早期组织性质的共存社，从实践中实现了向马克思主义的转变。中国共产党正式成立后，林育南立即参加了中国劳动组合书记部武汉分部的工作，投身于工人运动。1922年1月出席在莫斯科召开的远东各国共产党及民族革命团体第一次代表大会。同年春回国，不久即加入中国共产党。林育南担任中国劳动组合书记部汉口分部主任，并兼任武昌第一纱厂工会特派员兼秘书。7月，赴上海列席了中国共产党第二次全国代表大会。

1923年1月林育南参与领导京汉铁路总工会筹备工作，同陈潭秋、项英等率武汉各工团及乐队出席郑州成立大会。遭到反动军阀破坏后，林育南领导发动江岸铁路工人率先罢工。林育南带领万余江岸及各工团工人游行示威。

二七惨案发生后，林育南连夜参与主持开会，领导发动武汉各工团举行总同盟罢工，抗议军阀血腥大屠杀，通电全国揭露军阀镇压工运罪行。林育南组织发起募捐活动，抓紧营救难友救济烈属及失业工人。林育南是武汉和湖北早期工人运动的主要领导人。

1924年春，林育南回武汉，担任中国国民党汉口执行部青年部干事，4月担任团中央驻鄂特派员，参加建立武汉地区国共合作，指导湖北青年运动的开展。

1925年1月中旬，林育南出席了在上海召开的中国共产党第四次全国代表大会，参与制定党的各项决议。1月22日，被任命为中共中央职工运动委员会委员。

1926年出席在广州召开的第三次全国劳动大会，曾在大会发表慷慨激昂的演说。同年秋随着国民革命军北伐胜利进军湖北，林育南被中共中央派回武汉。8月担任中共湖北区执行委员会委员，主持共青团湖北区委工作。10月担任中共湖北区委宣传部部长。11月成立中共中央“两湖”党校，林育南兼任校长，并兼武汉工人运动讲习所教员，主持培训湘鄂等省党的领导骨干。1927年1月中旬，林育南参与筹备、主持召开湖北省第一次工人代表大会，担任大会秘书长，被选为湖北省总工会执行委员兼宣传主任。

1928年春，林育南仍调回中华全国总工会参加领导工作。同年秋又被中共中央派到开封，以中央特派员身份主持改组省委及团省委，一度担任中共河南省委领导工作，抓紧恢复党的组织。同年冬又调回上海全总工作。1929年11月，林育南负责筹备并参与主持在上海召开的第五次全国劳动大会，担任秘书长，宣读中共中央祝词，通过由他主持起草的工人斗争纲领、大会宣言和各项决议。被选为中华全国总工会执行委员，担任总秘书长兼编辑委员会主任，主持全总日常会务。

1930年夏，林育南任筹委会秘书长，参与领导在上海召开全国苏维埃区域第一次代表大会，通过由林育南参与起草的苏维埃政府政纲、劳动保护法、扩大红军等决议。

1931年1月17日，林育南在上海三马路东方旅社开会时被捕。19日被由公共租界引渡到国民党上海市政府公安局，23日转押于龙华淞沪警备司令部看守所。审讯时，林育南坚贞不屈，大义凛然，视死如归，受尽酷刑。林育南鼓励难友，坚持斗争，与李求实给中共中央写了一封长信，汇报被捕和狱中情况，表现出对党对人民革命事业必胜的坚强信念。2月7日，林育南同何孟雄、李求实等23位难友，在上海龙华英勇就义。

陈养山同林育南之间也有深厚的友谊。因此1931年当他得知林育南被敌人杀害的消息时，非常悲痛。

在陈潭秋宣布陈养山加入中国共产党后，林育南第一个代表党组织找陈养山谈话。林育南告知陈养山党的最终奋斗目标、为什么要入党、怎样做一名为解放全人类不怕牺牲自己一切的中国共产党员等。

当时，党的武汉地委将陈养山所在的钱庄作为交通站，前来同他联系的人很多，引起钱庄老板的注意。党组织考虑到他的安全，准备把他调离钱庄。

1925年4月，武汉团地委有一封写给上海团中央的急件，林育南派陈养山专程送去，并征求他是否愿意离开钱庄。陈养山表示愿意离开。林育南便让他把武昌团组织的工作做了交接，将他介绍到上海团中央工作。

从此，陈养山结束了店员生活，开始了以革命为职业的战斗生涯。陈养山说："我没有想到能结束店员生涯，开始全新的生活，更没想到能在革命机关中过革命斗争的生活。因此不仅内心喜悦，而且渴望学到更多的革命知识。"

三、“五卅风暴”，在烈火中锻炼成长

正是5月的艳阳天，陈养山接受党组织的委托，来到了正酝酿着红色革命风暴的大上海。

1925年5月3日，陈养山到达上海。他按联络方法打听到恽代英住在爱多亚路成都路口福德里，便去见恽代英。见面后他向恽代英汇报了汉口的情况，恽代英对他在汉口的工作很满意，就是否愿意留在上海团中央工作征求他的意见。陈表示愿意。恽代英让他暂担任团中央交通，去成都路口福康里，同团中央书记任弼时住在一起。任弼时住亭子间，陈养山和管文书会计的张葆臣住前楼。

任弼时

5月5日，是马克思107岁诞辰，党组织在西摩路上海大学礼堂召开纪念会，约有五六百人参加。首先由杨杏佛作报告。其后由恽代英作报告。恽代英的口才很好，善于演讲，讲得生动幽默，深入浅出；大家都聚精会神地听，又不时地鼓掌或哄堂大笑，真是久听不厌，使人振奋。后来知道他每次作报告都很受大家欢迎。最后是任弼时作报告。

陈养山是第一次参加这样的会议，觉得十分新鲜，感到非常高兴和幸运，他希望今后能多开几次这样的会议，受到更多的教育。

1925年工农运动高涨，革命形势大好，各地罢工斗争风起云涌。特别是2月间青岛和上海的日本纱厂的罢工斗争取得胜利，更促进了各地的罢工斗争。日本资本家在罢工斗争的威力下，一面被迫同工人签订协议，一面暗中伺机反扑，经常采取故意克扣工资、拖延发放工资时间，以及打骂、开除工人，制造事端。5月7日，上海日本纺织同业会悍然决定不承认工会。扬言工人如罢工就关闭工厂。因此，内外棉三、四厂工人首先罢工反抗，其他工厂立即响应，

斗争日益扩大，日本资本家用武力镇压。

日本资本家错误地估计了工人的意志和力量，还以为开除一些工人就能把工潮压下去。内外棉十二厂的工人遂于5月14日再度罢工。次日凌晨6时，潭子湾沪西工友俱乐部济济一堂，主持会议的刘华提醒七厂工人注意，七厂织布靠十二厂供给棉纱，日本资本家可能以无原料作借口，迫使七厂停工，制造工人内部矛盾，削弱斗争力量。一旦出现这种情况，七厂工人应该坚持上工。

果然不出所料，当天七厂日班上班不久，日本领班就以十二厂停工无纱为借口，将工人驱出厂外，闭锁了工厂。下午，夜班工人要求上工，资本家不让进厂，工人撞开大门之后，早有准备的日本大班元木、川村率领打手对工人大打出手，并开枪射击。

工人重伤7人，轻伤数十人。站在斗争前列的共产党员顾正红身中4弹，伤重不治，次日晨在捕房医院去世，壮烈牺牲。

顾正红烈士的鲜血激起了中国人民的义愤。“一石激起千层浪”，5月16日，内外棉五、七、八、十二等厂8000工人愤而罢工。各日商纱厂工会、店员联合会同一天邀集工商学界35个团体召开联席会。成立日人残杀同胞雪耻会，以为声援。5月16日、19日，中共中央连续发出通告，号召开展反日运动，向日本帝国主义者加以总攻击。

进入5月下旬，上海人民情绪越发激昂。24日，中共上海地委决定，在潭子湾公祭顾正红。刘华亲笔书写的巨副挽联：“先生虽死，精神不死；凶手犹在，公理何在”，呼唤着人们踏着烈士的血迹继续前进。

参加大会的有工人、学生和各界代表一万余人。陈养山随任弼时、恽代英参加了这个追悼会。会场挂满了各工会，各团体送的挽联、挽幛。许多工人上台演讲，恽代英也讲了话。26日以后，学生开始散发印有反帝口号的传单。纳税华人会、总商会等资产阶级团体频频发宣言，提抗议，反对四提案，资本家们甚至希望发生一场暴动，以阻止通过那四个提案。上海人民的反帝情绪，已经到了快要爆发的程度。

帝国主义者则磨刀霍霍。日本领班矢田七太郎四出活动，要求彻底取缔工会。工部局派出大批巡捕，兜捕上街演说的工人、学生。26日，工部局总巡麦高云发出警令：在警官判定情况十分严重，必须开枪(卡宾枪或手枪)时，应对准暴民中最有威胁性的部分射击。

斗争的深入需要正确的决策。中共中央和上海地委28日举行联合会议，指出要把工人的经济斗争与目前正在蓬勃发展的反帝斗争汇合起来，要使工人斗争表现明显的反帝性质，以争取一切反帝力量的援助。并且决定，就在会审公堂“审判”被捕学生的30日下午，组织一次租界里的演讲示威。

5月30日，上海天气特别闷热，好像预示着一场风暴的来临。学生、工人在中国共产党领导下，打破数十年来的租界禁例，以大无畏的革命气概，活动在公共租界各条马路。“为顾正红报仇！”“打倒帝国主义！”口号声响彻街衢。平日人群熙攘的南京路成了标语的世界。每隔一二十家店铺，就有挥动白色小三角旗的演讲者在演讲，听众里不断发出阵阵呐喊。中午以后，演讲的学生越来越多。巡捕到处驱赶群众，逮捕讲演者。2时许，拘入捕房的已达100余人。示威者闻讯纷纷涌向老闸捕房，要求释放被捕学生，不多时，此地就聚集起大批人群。3时45分，英捕头突然下令开枪。罪恶的子弹射向手无寸铁的人丛，南京路顿时血流满地。上海大学学生何秉彝、同济大学学生尹景伊等13人殉难，伤者多达数十人。这就是震惊中外的五卅惨案。

帝国主义罪行激起的反帝怒火，很快燃遍上海、燃遍中国。

当晚，中共中央紧急会议，决定组织行动委员会，建立各阶级反帝统一战线，发动全上海罢工、罢课、罢市。

31日，以李立三为委员长的上海总工会公开成立，领导全市工人开展总罢工。

同一天下午，总商会里召开了群众大会。悲痛的学生、工人、商人纷纷控诉帝国主义的暴行，主张总罢工、总罢课、总罢市。会议开始后很久才到的总商会副会长方椒伯宣布同意总罢市。当晚10时半，他又派人向工部局声明，说这是屈服于“煽动分子”的胁迫。

6月1日，全市学生总罢课。至此，“三罢”斗争在上海全面展开，连公共租界的华捕也大部分罢了岗。

当天晚上，上海总工会成立，宣布举行总同盟罢工。在这次“三罢”斗争中，陈养山随任弼时参与组织了南京路的示威游行和上海总商会的请愿活动。

从6月1日起，上海20多万工人总罢工，5万多学生罢课，绝大多数商人罢市。参加“三罢”的阶层十分广泛，连“公共租界”的中国巡捕、外国人的仆役，以及清洁工人，都投入了运动。上海人民怒吼了！

反帝怒火很快从上海燃遍全国。北京、天津、济南、南京、杭州、郑州、汉口、重庆等城市，以及山西、陕西、内蒙古、云南等地的偏僻乡镇，都爆发了“三罢”斗争。其中，广州、香港25万工人的大罢工，持续16个月，是世界工人运动史上历时最长的大罢工之一。河南、广东、湖南等省的农民，也参加了斗争。海外侨胞、留学生，也声援祖国人民的正义斗争。

五卅运动掀起了全国的革命高潮，沉重地打击了帝国主义，巩固了当时在广州的革命政府，显示了中国人民团结反帝的巨大力量。

继五卅运动，一场旨在推翻帝国主义和军阀统治的民族民主革命运动，似滚滚洪流席卷中国大地。中国共产党领导工人阶级和劳苦大众，联合孙中山领导的中国国民党，建立革命统一战线，向帝国主义和军阀势力猛烈冲击。

年轻的共产党员陈养山，在这紧要关头，迎着风暴，昂首阔步地投身于这股大革命的洪流中，豪情满怀地参加这场翻天覆地的斗争。

四、运送炸弹，秘密去武汉又回上海城

1925年7月，武汉地方党委致信团中央，提议调陈养山到武汉工作。团中央经研究采纳了武汉地方党委的建议，并决定由恽代英同陈养山谈话，通知他尽快秘密去武汉工作。

7月中旬的一天，恽代英约陈养山谈话，通知他说："武汉地方党委希望你去武汉工作"。陈养山表示：去武汉工作没有意见，但没有工作经验，恐怕担不起来，做不好。

恽代英开导他说："你对武汉的情况熟悉，是一个非常有利的条件。没有经验可多听群众意见，与同事们一起商量，还可以向上级请示。作为一个共产党员，要多为党做工作，勇于承担重任。"

听了恽代英的开导，陈养山立即消除了顾虑，表示服从组织分配，尽快去武汉工作。

几天后陈养山到达武汉。他先去看望了曾同他一起共事的伙伴，然后即去武汉地方党委报到。

此时，武汉地方团委书记林育南已调团中央工作，武汉地方团委没有负责人，于是便分配他担任武汉团地委代理书记，并告诉他工作重点主要是做学生工作。他对金融界的情况比较熟悉，对教育界的情况却一无所知，产生了畏难情绪。他本想推辞，忽然想起离开上海前恽代英对他的教诲，便立刻消除了畏难情绪，表示服从分配，同意担任团地委代理书记一职。

不久，团中央派黄镜来武汉担任团地委书记，陈养山便同黄镜做了工作交接，回到武汉地方党委。

由于陈养山曾加入国民党，在武汉生活和工作过，对武汉情况较熟悉，于是武汉地方党委分配他做统战工作。要他以国民党党员的身份，担任国民党武汉市党部常委兼组织部长。

当时实行国共合作，为建立革命的统一战线，根据党中央的决定，共产党员、青年团员一律以个人名义加入国民党。这样既能推动国民革命，又能掩护我党的秘密工作，十分绝妙。

陈养山是以化名陈英舟去国民党武汉市党部从事统战工作的。这时他只有19岁，还是一个初出茅庐的青年。他以初生之犊不畏虎的精神深入国民党，从事统战工作，建立革命统一战线，为促进国共合作奉献了自己的一份力量。

凡事都要一分为二。陈养山在武汉人熟、情况熟固然是一个有利的条件，但从事秘密工作却又有不利的一面。鉴于这种情况，他不宜在武汉做秘密工作，遂将他调回上海团中央工作。

此时，恽代英正在筹建国民党中央宣传部上海交通局。这个所谓的国民党中央宣传部上海交通局，是国民党中央宣传部设在上海，专门转发进步书报的秘密机关。由于那时从广州邮寄到上海的报纸、书籍、杂志，邮到上海后，常被上海的反动当局扣压，反动派以这种方法封锁进步的革命消息。为冲破反动当局的这种封锁，上海交通局通过来往于广州到上海，香港到上海的轮船上的海员工会的会员，秘密将大批进步书报、杂志带到上海，然后再由上海交通局转发到全国各省的国民党党部。

20世纪二三十年代的上海已经在中国黄金水道和黄金海岸的交汇点上崛起成为世人瞩目的一大名城，十里洋场集中了一切现代都市生活的浮华和侈靡。

由于每次带来的书报、杂志数量很多，要及时邮寄各省，任务很繁重，而人员不足，发行业务需有人领导。于是恽代英指定由陈养山担任发行科长，要求他抓紧时间设法改变被动局面。陈养山接受任务后，积极筹措，大量发行业务便很快运转起来。对此，恽代英很满意。

陈养山在上海交通局工作期间，结识了许多轮船上的海员，还结识了一位名叫鲍君甫的国民党员(左派)。此人在1928年以后，在陈养山的引导下为我党做了许多有益的事。

运送炮弹又是对年轻共产党员陈养山一次新的考验。

1925年的五卅运动，把全国反帝反封建的革命斗争推到了一个新的阶段。工农运动风起云涌，工会组织日益壮大，罢工斗争不断发生，农会组织迅猛发展。

在全国工农运动不断高涨的形势下，广东革命根据地迅速得到巩固和统一。这种大好的革命形势，使帝国主义、封建军阀、买办资产阶级极为恐惧，他们联合起来从各方面加紧了对革命力量的进攻，毛泽东、周恩来、陈延年等同志主张反击。1926年2月21日至24日，中共中央在北京召开特别会议。会议确定我党应从各方面准备北伐战争。会议指出：北伐战争的政纲，是以解决农民问题作主干，必须在北伐必经之湖南、湖北、河南等地加紧开展群众工作，组织和发动农民群众支持和参加北伐战争，推动革命运动的胜利发展，击退反动势力的进攻。

会议决定加强军事工作，并建立了由周恩来、王一飞、聂荣臻、颜昌颐组成的中央军事委员会。

中央军委建立后，在周恩来的领导下，立即着手进行北伐战争的准备工作，对工人纠察队、农民自卫军加强领导，进行训练。

1926年春，上海闸北区印刷工人，在陈云等人的领导下举行罢工斗争，要求增加工资，减少工作时间，改善劳动条件。为使这次罢工斗争取得胜利，江苏省委派参加过五卅运动的陈养山参与领导这次罢工斗争。就在此时陈养山认识了陈云，并遇见了前来指导罢工斗争的中央军委秘书长王一飞。

王一飞，1920年加入中国社会主义青年团，1922年在苏联学习期间加入中国共产党。1924年回国后历任中共上海江浙区执委会书记、中央军委秘书

王一飞

长。1927年3月参与领导上海工人第三次武装起义。在中共五大上当选中央委员，党的八七会议后任中共湖南省委书记。1928年1月被国民党在长沙杀害。

王一飞和陈养山是同乡，都是浙江上虞人。王一飞此时是以中央军委秘书长的身份前来指导罢工斗争的。他知道陈养山曾在武汉工作过，对武汉的情况很熟悉，于是他委托陈养山设法将三枚炸弹，从上海运送到武汉中央军委。

陈养山明知承担这项任务困难很多，甚至会有生命危险，非同儿戏，但他二话没说，欣然领命，愉快地接受了王一飞的委托。

当时，上海的情况极为复杂，有帝国主义的驻军、巡捕；有国民党的军、警、宪、特机关，还有封建军阀的恶势力和黄金荣、杜月笙等一帮流氓帮会集团、会道门的势力。铁路、公路、码头都控制在敌人手中，要从上海运送炸弹谈何容易。陈养山经再三考虑，觉得火车查得最严，不如乘轮船安全；而乘客船不如乘货船安全；乘中国船又不如乘外国船安全。于是他决定乘外国货船运送这三枚炸弹，通过一个同他相识、在英国货舱上做工的中国船员的帮助，搭上这艘英国货船，从敌人的眼皮下，神不知鬼不觉地把这三枚炸弹安全地从上海运送到了武汉，出色地完成了王一飞委托他运送炸弹的这项艰巨任务。此事使周恩来对陈养山留下了较深的印象。陈养山对自己能为北伐战争作出贡献感到高兴和自豪。

1926年冬，浙江省急需干部去开展统战工作。陈养山是浙江人，又做过统战工作，党组织便将他调到浙江省工作。他被分配到宁波国民党浙江省党部从事统战工作。由于他在宁波有很多老朋友，因此在很短时间又结识了许多新朋友，工作开展得很顺利，搜集到不少重要情报。陈养山对他在宁波从事统战工作的收获非常满意。通过这次社会实践，他体会到做秘密工作须广交朋友，才能保护自己和获得情报。

1927年3月，我党组建浙江省的组织机构。党组织调陈养山到杭州参与浙江省组织机构的组建工作。但他到杭州不久，上海便发生了四一二反革命政变。杭州的白色恐怖随之异常严重，在杭州很难立足，他便回上海找组织。

此时，上海的形势非常严酷，敌人到处搜捕共产党员，党组织都已转入地下，他费了很大的周折才接上组织关系。其时正在调整组织机构，陈养山被分配到法南区委担任宣传部长。

这时，反革命势力已大大超过了党的力量，中国革命已开始进入低潮，党的组织只能转入秘密的地下，不少党员同组织失去了联系，一些不坚定的分子纷纷脱离革命。而陈养山没有被险恶的环境吓倒，反而更加坚定了革命到底的信念。

1926年在宁波从事统战工作时的陈养山（右一）

五、掩护贺龙，陈养山的战斗传奇

1927年4月12日，蒋介石在上海发动了反革命政变，大肆捕杀共产党员和革命群众。随之，广东、江苏、浙江等省也相继发生反革命大屠杀。与此同时，奉系军阀张作霖与蒋介石相呼应，在北京捕杀共产党员。全国笼罩在一片白色恐怖之中。

四一二反革命政变后，大屠杀开始了。那时留下来的图片上，多的是被五花大绑的仁人志士，多的是肩扛大刀的反动军人。

同年7月15日，汪精卫在武汉召开国民党中央常务委员会紧急会议，公开背叛孙中山所决定的国共合作政策和反帝反封建的纲领，正式宣布同共产党决裂。

蒋汪合流，国内政治局势陷入一片腥风血雨之中，大批共产党员和革命群众被杀害。大革命时期深受革命群众拥戴和尊敬的革命活动家李大钊、赵世炎、陈延年、萧楚女、汪寿华、熊雄等无产阶级领袖，先后在敌人的屠刀下壮烈地牺牲。轰轰烈烈的中国大革命中途夭折，但中国共产党没有被吓倒、被征服。

在严峻的生死考验时刻，中共中央进行改组，党的总书记陈独秀因推行右倾投降路线，被解除总书记职务。随即成立了由张太雷、周恩来、李立三、张国焘、李维汉五人组成的临时中央常务委员会。

为挽救中国革命，中央常务委员会决定在江西南昌举行武装起义。同年8月1日，在周恩来的领导下，贺龙、朱德、叶挺、刘伯承等人指挥了这次起义。经过四个多小时的激烈战斗，占领了南昌城，打响了以革命武装反抗国民党反动派的第一枪。

随后，根据党中央的预定计划，起义部队于8月6日撤离南昌，经赣南、闽西，直奔广东潮汕地区。10月初当部队到达潮汕地区时，遭到敌军优势兵力的围攻而失败，部队溃散。但南昌起义的成功，震惊了国民党反动当局，汪精卫发布通令，悬赏十万元大洋通缉贺龙。11月初，贺龙辗转来到上海。

贺龙

为确保贺龙的绝对安全，党中央根据周恩来的提议委派陈养山承担掩护贺龙的任务。在白色恐怖异常严重的上海，确保贺龙的绝对安全，谈何容易。

陈养山领命后，按李维汉的指示，将贺龙同周逸群安排到一个秘密住所一起居住。然后仔细地察看四周环境，规划出行路线，安排出行时使用的车辆、联络的暗号等事项。所有事项都考虑得很周全，贺龙很满意。

一切都安顿好后，贺龙首先去会见了周恩来。在这次会见中，周恩来建议贺龙借此机会先去苏联学习。贺龙表示听从组织的安排。

几天后，李维汉去看望贺龙，征求贺龙对工作安排的意见。在谈到湘西的情况时，贺龙说："若把农民发动起来，湘西是有希望的"。李维汉将与贺龙的谈话内容向中央常委会作了汇报，瞿秋白主张贺龙去湘西工作。于是李维汉又去征求贺龙的意见，贺龙表示愿意去湘西工作，不愿去苏联学习。但这时中央已决定要他同刘伯承、林伯渠于11月17日秘密离开上海去苏联学习。

不料，11月16日，我党的一个秘密机关被敌人查知，敌人知道了贺龙在上海，立刻严密搜查，缉捕贺龙。因此贺龙一时不能抛头露面了。而刘伯承、林伯渠已经按原安排于11月17日启程离开上海去苏联了。

这时，贺龙向周逸群谈了自己想去湘西搞武装斗争的想法，希望能同周恩来交换意见。周逸群将贺龙的想法向中央反映后，周恩来再次会见了贺龙。贺龙十分严肃地向周恩来请求道："还是让我回湘鄂西搞队伍吧，我在哪里摔倒就在哪里站起来。那里我人熟地熟，组织军队方便。"

1928年1月6日，周恩来将贺龙的请求向中央常务委员会作了汇报。常委会批准了贺龙的请求，并给他配备了七八个人，组成了一个班子，由周逸群担任书记，贺龙、郭亮、徐特立、柳克明为委员，前往湘鄂边发动群众建立工农革命军开展武装斗争，创建革命根据地。

陈养山在完成了掩护贺龙的任务后，于1927年12月底，被调往武汉从事店员工会工作。但因他在武汉的熟人太多，不宜在武汉从事秘密工作，便返回上海。这时，上海的白色恐怖严酷，党组织均转入地下，陈养山回到上海后一时接不上组织关系，无处安身，只得暂回家乡上虞。

当时，浙江白色恐怖也非常严酷，国民党军警经常到处搜捕共产党员。陈养山的母亲恐他出事，要他脱离革命。他坚决不肯，母亲便逼他娶了一个妻子。此人叫章素贞，是上虞章家村一位中医眼科医师的女儿。陈养山的父亲也是中医师，同章素贞的父亲是同行，彼此相识，两人曾商量过儿女婚事，且订下了这门亲事。此时，陈养山母亲为拴住他，欲使他迷恋妻子而脱离革命，便立即为他操办了这桩婚事。然而，老人家的设想失算了，陈养山不但没有被妻子拖住，反而把妻子章素贞也引上了革命的道路。

章素贞出身于自由职业者家庭，虽没有读过书，但思想上进，反对封建礼教，相信科学。同陈养山结婚后，受他的影响，对革命产生了同情心。婚后不久，陈养山在海门县组织农民暴动，被人告密，县党部派军警来家里缉捕陈养山。章素贞勇敢地承担起掩护陈养山的任务，帮助他逃脱险境，使他安全地回到上海。

章素贞在掩护陈养山过程中的表现，给陈养山留下了深刻的印象。尔后，陈养山在中央特科工作时，向陈赓讲述过这件事。陈赓很赏识章素贞英勇机智的表现，他向周恩来提议录用章素贞做掩护工作。经周恩来批准，章素贞于1929年春来上海参加了中央特科。自此，她一直随陈养山在隐蔽战线工作。

1928年1月中旬，党组织再次委派陈养山为贺龙布置交通线。要求确保贺龙等人安全的离开上海。陈养山领命后又一次出色地完成了任务。1928年1月中旬，贺龙、周逸群在卢冬生的护卫下，乘船离开上海，乘风破浪一路平安地到达武汉。

陈养山两次承担掩护贺龙的任务，每次都完成得很出色，确保了贺龙在上海期间的绝对安全。此事给贺龙留下了深刻的印象。

事情过去了整整60年，1988年陈养山的秘书唐宝森、李凡民随陈养山到山东威海市参加一个会议，遇到一位抗日战争时期曾在陈养山身边工作过的同志。这位同志告诉他们，抗日战争后期，陈养山任中共晋绥边区调查总局局长，在贺龙领导下工作。有一次，贺龙在谈到情报保卫工作的重要性时，对一些不重视情报保卫工作的同志说，1927年南昌起义失败后，他到上海找党，如果没有陈养山的掩护，他险些被敌人逮捕。贺龙强调要重视情报保卫工作。要尊重为党的情报事业作出过贡献、营救过战友的同志。他们感到这是一段很重要的史料，他们从未听陈养山讲过此事，于是便去问他，他回答说此事是有的。但又嘱咐他们说，不要到处讲这件事，即使在他百年之后也不要为他评功摆好。他说，贺龙很了不起，对同志们给予他的帮助总是念念不忘。又说，他作为一个共产党员，为党工作，为同志办事是自己应尽的义务。

罗青长在陈养山病逝五个月后写了一篇怀念他的文章——《创业艰难百战多》，其中有一节为“在上海掩护贺龙同志”，他讲道：

为了回击国民党背叛革命，我党于1927年发动了“八一”武装起义。在周恩来同志领导下，贺龙同志曾任起义部队的代理总指挥。起义部队到达潮汕地区时，遭到优势敌人的围攻而失败，贺龙同志辗转到上海。起义前贺龙是国民党左派20军军长，已是一位赫赫有名的人物，国民党正在严令追捕他。在处于白色恐怖之中的上海，掩护贺龙谈何容易。党中央把这一艰险任务交给了陈养山同志，他从寻找隐蔽地点、安排食宿和联络，一切事情处理得很出色，保证了贺龙同志的绝对安全。

关于贺龙同志的工作方向问题，党中央征求贺龙同志的意见，他表示愿意在哪里跌倒，就在哪里重新开始，回到湘西北地区创建军队和根据地。党中央又让陈养山同志布置交通线，把贺龙同志顺利地护送到洪湖地区，陈养山又一次出色的完成了任务。此事使贺龙同志亲身体验到情报工作的重要作用，1945年“七大”时，他在延安说，这工作了不起，陈养山这个人了不起的。这个工作花多少钱也值得。贺龙同志对陈养山很赏识，他向中央提议，坚决要求把陈养山调到晋绥边区担任中共晋绥调查总局局长。

第二章

在特科的特殊岁月

如果说人们所熟悉的中共中央警卫团，是直接保卫党中央的特殊部队，那么中央特科则是在特殊历史条件下保卫党中央的另一支特殊警卫部队。

这支超小型精锐“特种部队”的成员经过严格挑选，个个身怀绝技，胆识超群。中央特科那真实而又极富传奇色彩的斗争历程，惊险曲折，动人心魄，足以令那些刻意杜撰的侦探间谍故事黯然失色。

这支在白色恐怖下成立的中央警卫部队，创建于1927年11月，它的创始者和最高负责人，就是后来担任中华人民共和国总理的周恩来。

一、平地惊雷，中央特科的诞生

1927年，蒋介石、汪精卫相继叛变革命，中共同资产阶级建立的反帝反封建的革命统一战线完全破裂，轰轰烈烈的大革命遭到失败，革命开始进入一个新的历史时期，即第二次国内革命战争时期。大地主、大资产阶级的政治代表、国民党反动派头子蒋介石，在帝国主义支持下，建立了封建法西斯政权，实行最反动、最黑暗、最残暴的统治。

同年8月，党中央召开了八七会议，确定了土地革命和武装起义的总方针。会后，毛泽东领导的湖南秋收起义，创建了工农革命军第一师，毅然向江西井冈山进军，开创了井冈山革命根据地。以瞿秋白为首的临时中央政治局，留在国民党统治区转入地下，恢复和发展了党和其他革命组织，展开新的革命斗争。

八七会议后，临时中央政治局决定把中央机关从汉口迁回上海。这是经过周密慎重地考虑后才决定的。

当时上海的政治和社会情况极其复杂。它是工人阶级数量最多、战斗力最强、有革命传统的全国最大的工业城市；同时也是帝国主义和国民党反动派残酷统治下的大城市。这里有帝国主义的租界，有镇压中国人民的庞大的外国驻军、巡捕房和监狱；有国民党统治的华界，这里布满军、警、宪、特，实行白色恐怖，他们还勾结帝国主义以及利用当地的帮会流氓充当屠杀革命人民的帮凶，利用无耻叛徒告密、指认、追捕共产党人。但是，上海的租界地区较大，华洋杂处，敌人内部矛盾重重，可供我们利用的空隙很多，例如，平时不查户口，容易找到住房，进行秘密活动的回旋余地比较大，等等。因此，在这里设立党的领导机关，比任何其他城市的条件都要好。

从1927年9月开始，陆续由武汉迁回上海的临时中央政治局委员有：瞿秋白、苏兆征、罗亦农、李立三、李维汉、彭湃、任弼时；临时中央政治局候补委员有：邓中夏、顾顺章。

周恩来当时是临时中央政治局候补委员之一。他于1927年11月上旬由东江前线回到上海，被选为临时中央政治局常委，负责中央军委和其他领导工作。这是党中央为了加强中央领导，在新的形势下迎接新的战斗任务的重大措施。但是当时白色恐怖威胁下的上海，党的安全已成为最重大、最迫切的问题。如不建立情报保卫工作的专业机构，同敌人进行隐蔽斗争，党的安全，特别是党中央的安全就根本没有保障。周恩来当即向党中央倡议，并在他的筹划和领导下，继武汉军委特务工作处之后，于1927年11月在上海建立了中央特科。中央特科是周恩来直接领导下的党的战斗堡垒。它是我党从事情报、保卫工作的比较成熟的专业机构。

中央特科时期的周恩来

周恩来领导中央特科期间，贯彻始终的指导思想是：保卫党组织的安全，抗击敌人的迫害，深入敌人的党、政、警、宪、特机关，探取情报，肃清内奸，有效地粉碎敌人破坏我党的阴谋。在具体实践中，中央特科坚持了党的绝对领导，忠实地服务于党的路线、方针、政策，严格遵守党的纪律，同时依靠党的各种力量，同国民党和帝国主义的侦探机关展开了隐蔽斗争。中央特科贯彻执行了周恩来关于大胆使用敌人营垒中各种可能使用的人的方针，以政治基础为主，经济手段为辅，运用革命的两面政策，派遣忠实可靠的同志打入敌人内部，保护使用，长期埋伏，取得信任。由于我们处于隐蔽状态，从事进步事业，有广大群众的拥护，敌人很难防范；同时，由于我们善于利用敌人的各种弱点，采取正确的斗争策略，掌握了国民党在南京和上海的特务机关的情况，并在租界巡捕房建立了工作关系，从而使党的安全有了保障。这样，中央特科在隐蔽斗争中创造了光辉的战绩，为党、为人民立下了不可磨灭的功勋。

中央特科的主要任务是保卫中央领导机关的安全，了解和掌握敌人的动向，营救被捕同志和惩办叛徒特务。

特科设总务、情报、保卫三科。总务科(一科)负责设立机关、布置会场和营救安抚等工作，科长洪扬生；情报科(二科)负责收集情报、建立情报网，科长陈赓；保卫科(三科，也称“红队”)负责保卫机关、镇压叛徒特务等，科长顾顺章(兼)。1928年又增设了无线电通讯科(四科)，负责设立电台，培训报务员，开展与各地的通讯联络工作，科长李强。特科在上海开展了大量卓有成效的工作。建立反间谍关系，派李克农、钱壮飞、胡底等人打入敌特机构，建立秘密电台，营救任弼时、关向应等领导干部，惩治叛徒何家兴、白鑫等人，为保卫党中央的安全发挥了重大作用。1931年4月顾顺章叛变后，中央特科重新调整，由陈云总负责，康生为第二负责人；陈云兼任一科科长，二科科长潘汉

潘汉年，1906年生，江苏宜兴人。1925年加入中国共产党。1931年4月转入隐蔽战线，任中央特科二科科长。1932年下半年起主持中央特科工作。

赵容，即康生，1898年生，山东诸城人。1925年加入中国共产党。1931年后任中共中央组织部部长，临时中央政治局成员，中央特科三科科长。1932年初负责中央特科工作。

年，康生兼三科科长，原四科的工作于1932年后交给中央。经整顿，特科改变工作方法，创立统一战线工作与情报工作相结合的独特方式，重建情报关系网。1933年中央迁离上海后，特科工作由武和景等相继主持，1935年9月分批撤离，在上海设立办理处。

中央特科第一科成立最早。1927年8月，中共中央机关从武汉迁回上海之前，即设立了一个专为筹建中央机关服务的“总部”。中央特科成立后，这个“总部”就改为特科第一科。一科科长洪扬生说：“特一科刚开始工作时，租房找保十分困难。周恩来同志指示我们，千方百计找社会关系，设法解决这个问题，经过一段时间，特一科逐步建立了三个点。”

当时住机关的人，男方如果是单身汉，党组织都要调一个女同志与其扮假夫妻。在上海做秘密工作，如果没有女同志以夫人身份作掩护是不行的，单身汉独居不但容易被人怀疑，就连租房子都困难。多数住机关的假夫妻，相处时间久了，双方有了感情，经党组织批准成了真夫妻。

遇到中共中央召开人数较多的重要会议时，就由第一科租来较大的会场，还要设法组织一个临时家庭作掩护。如1930年5月中共中央在上海召开中华苏维埃区域代表大会预备会议，有将近50人参加。会前决定由在中央机关工作的李一氓（又名李坤泰）为首共6口人组成一个临时家庭，李一超为他的妹妹。会议一结束，这个临时家庭就解散了。那个临时当了他妹妹的四川姑娘李一超以后就不知道到哪里去了。

过了20多年，在全国解放初期看过《赵一曼》这部电影后，李一氓才晓得赵一曼就是那个李一超。

第一科当时还为中共中央设立了一些办公机关、联络点和接头点。如在天蟾舞台隔壁的云南路447号生黎医院楼上，设立了中央政治局开会办公的机关，由熊瑾玎和朱端绶夫妇住机关。

1928年春，中共湖北省委遭到破坏，熊瑾玎转移到上海后，中央任命他担任中央机关的会计，负责筹措经费。他挂起一个“福兴商号”的牌子，经营土布生意，自任老板。实际是为中央政治局设立开会办公地点，进出的中央负责同志扮做顾客可免人怀疑。“福兴商号”开张不久，周恩来又调来19岁的湖南女共产党员朱端绶当“老板娘”，与“熊老板”一起住机关。他们两人先前在湖南就认识，相互留有良好的印象。在这里相处了几个月后，建立了深厚的感情。这年中秋节的夜晚，周恩来、李维汉、邓小平等在“福兴商号”开过会后，他们两位在四马路川菜馆备了一桌酒席，请他们饮酒赏月。周恩来有意促成他们的婚事，就在席间提议他们结为伉俪，李维汉、邓小平等都很赞成，两人就此结为革命情侣，开始终生甘苦的革命生涯。

为了对付国民党特务机关以及叛徒和内奸的破坏，党中央提出了打入敌人内部掌握敌情的要求。1927年12月31日，中央发布了《中央通告(第二十五号)》，指出：“经过党支部决议，得派遣一、二个忠实的同志，到国民党部以及某种反动机关，做侦探和破坏工作。但必须限于有这两种作用才可派遣。”

当时在上海可从两个方面打入敌人的反动机关：一是国民党警宪机关和党部；一是帝国主义的巡捕房。这些警宪机关和巡捕房的侦探人员都拥有一大批帮会和流氓分子给他们通风报信，充当爪牙。中央特科开始曾经联络、收买过一些这样的人，通过他们去联络一些侦探人员替我们办事。实践证明，除少数人外，多数人未能起什么作用。但它为特科建立反间谍工作提供了经验。也可以说，这是特科建立反间谍工作的起点。

1928年4月，中央特科设立了情报科，亦称二科，由陈赓负责。从此，二科逐步地、多方面地开展了反间谍工作。主要是向国民党党、政、警、宪机关开展“打进去”和“拉出来”的工作。在用人方面，周恩来在工作指示中经常强调：广为选择，大胆使用，各尽其才，在工作中考验。特科曾先后派共产党员打入淞沪警备司令部和法租界巡捕房。其中打入警备司令部的宋再生，曾以警备司令部密查的身份同法租界探目范广珍建立了关系。范广珍的情报有的来自叛徒，有的来自黄色工会和眼线，起了一定的作用。直接打入法捕房的陈彭年（长征时牺牲），原是留法华工，曾在莫斯科东方大学学习。他利用法捕房包探的身份，给党送情报、送黑名单、放走我们的同志。当我们的机关遭到破坏时，他主动去守门，有人来就打招呼喊：“喂！你是不是共产党？”“不是，走开！”就这样为党做了很多工作。

在“拉出来”方面，还在1928年春，中央特科就在周恩来指示下，建立了第一个反间谍关系——鲍君甫。又经过一段时间的努力，于1929年12月下旬，派遣了李克农、钱壮飞、胡底打入国民党最高特务机关，成为“龙潭三杰”。

这样，不论是国民党的党、政、警、宪、特机关，还是帝国主义的租界巡捕房，中央特科都能从那里及时得到敌人破坏我党机关的情报，从而使党中央的安全有了保障。

1930年，中央特科在李立三“左”倾路线的指导下，为了准备武装暴动而对帝国主义和国民党在上海的军事、政治、经济和一般社会情况进行了调查。当时参加这项调查工作的有刘鼎、欧阳新、陈养山等。他们经过一段时间的紧张活动，有时还冒着生命危险，搜集到有关帝国主义驻军、军舰炮位及国民党军、警、特机关的大量资料，汇编成册，送到中央军委参谋长刘伯承那里。全国解放后，刘伯承有一次在北京见到陈赓、刘鼎时还说：“在上海为立三路线暴动准备的那一套材料，真不简单。”此外，1931年3月，中央特科在周恩来指示下，在上海开办了“华南通讯分社”。以后特科通过这个公开的新闻机关进行活动，获得许多重要情报。

先后在情报科工作过的有陈养山、陈赓、陈寿昌、李克农、钱壮飞、胡底、刘鼎、柯麟等同志。这个科人才辈出，先后涌现出了许多智勇双全的英

李克农、钱壮飞、胡底（右起）是中共情报史上的杰出代表，史称“龙潭三杰”

陈寿昌（1906—1935）

雄，有将鲍君甫从敌垒中拉出来为我工作的陈养山；还有打入敌最高特务机关获得核心机密的李克农、钱壮飞、胡底。这些事迹，是“打进去”和“拉出来”策略的成功范例。

陈养山是在中央特科情报科成立之初就调来的人员之一，也是这个科里从事情报工作时间最长的一个。

邓小平曾说：“是中央特科同志保护了我。”1978年6月5日，他回忆那次在特科保护下脱险的经历时说：中央特科从1928年在上海的情报工作就有基础，主要任务是对付国民党警特机关和租界巡捕房破坏我们的党，我们在敌人这些机关都有基础。当时在上海我和周恩来同志住在一个房间。有一次我外出工作，敌人要来破坏我们住的这个地方并逮捕我们。事先特科的同志已向恩来同志报警立即转移，把我妻子送到一家旅馆去住。我并不知情，办完事仍回原来住的地方去。走到门口听到里边有人嚷，我一听声音不对，知道出事了，赶紧躲了起来。这时在弄堂门口有一个擦皮鞋的注视着我。后来我才知道里外都有我们的人保护我，不然我还不是被敌人捉去了。那时特科打入敌人的核心里面起了重大作用。

二、“反间关系”，陈养山与奇人鲍君甫

20世纪20年代末的一天，一辆别克高级轿车风驰电掣般地驶出国民党中央巡捕房，由上海的福州路经河南路折入法租界，然后畅通无阻地开至毕勋路梧桐树浓荫深处。车门开处，走下一位头戴礼帽、颇具风采的中年男子。此人正准备将一份刚刚获得的紧急情报交给中共地下党党员陈养山。他就是当时颇有名气的国民党中央组织部特派员鲍君甫。

鲍君甫，又名杨登瀛、刘君珊。1901年出生，广东中山县人。1919年18岁时赴日本留学，从日本明治学院肄业，回国后曾参加学生军。不久，又到日本大阪日支经济通译社任译员，后在上海日本人办的基督教青年会做事。他精通日语，社交广泛。

鲍君甫，1901年生，广东中山人。成为我党第一个重要的反谍关系后，为保卫我党中央机关的安全发挥了重要作用。

1919年鲍君甫从日本回国后，来到日本人办的基督教青年会做事，并且参加了五四运动；1924年，鲍君甫加入了改组后的中国国民党，成为国民党左派成员。在五卅运动的风暴中，鲍君甫结识了青帮中人、洋务工会负责人杨剑虹。

此时，杨剑虹在上海伊文思洋行书店供职，鲍君甫借到书店买书的机会常与杨联系。杨剑虹是广东人，是鲍君甫的同乡，陈果夫、陈立夫的亲信，是国民党中央组织部调查科上海特派员。

1925年底，陈养山在上海秘密设立的国民党中央交通局工作，局长是恽代英。交通局的工作任务是将广州出版的大批进步书刊转发全国各地，以防被北洋军阀控制的邮局没收。

1928年2月，蒋介石操纵召开了国民党二届四中全会，夺取了党政军大权后，就着手建立特务机构，在国民党中央组织部内设立党务调查科，全称为

“国民党中央组织部调查科”。它是中统的前身，也是国民党最早的特务机构。第一任科长是陈立夫，第二任科长由张道藩担任，开始进行秘密的特务活动。

陈立夫，1900年生，浙江湖州人。1928年2月，国民党中常委推定蒋介石兼任组织部长。蒋介石采纳陈果夫的建议，另设调查科，专门了解、调查、打击异党。陈立夫由此成为调查科的第一任科长。

当年3月又由陈立夫、张道藩、杨剑虹等人在上海筹建侦探机构。时任党务调查总干事的杨剑虹正苦于人手不够，能够放心使用的人更是难得。正在他左右为难之际，一个人影闪进他的脑海。这人不是别人，正是他的同乡好友、几年前在上海经常与他来往的鲍君甫。他当即决定由鲍君甫来负责筹建的具体事宜。他找到鲍后如此这般一说，鲍君甫答应了杨的聘请，杨就迫不及待地将其带到陈立夫家。

鲍君甫与陈立夫相识后，因性情相投也结为好友。他们在上海法租界金神父路皇宫饭店定了个房间，时常聚在一起吃喝玩乐。陈立夫还经常带着鲍君甫到一家日本餐馆吃饭。为了更自由地出入国民党中央党部和见到陈立夫，鲍君甫便向陈立夫要了一张出入国民党中央党部的通行证。

一次，陈立夫对鲍君甫说：要在上海设立“清共”机构，消灭在租界内的反国民党分子，限制他们的活动，尤其是要特别注意“醒狮派”“安福系”“交通系”“改组系”及“中国青年团”等组织的活动。他要求鲍君甫广泛联系各个社会团体、机关及学校，搜集各种资料及情况，及时向他汇报。

听了他们的言谈，鲍君甫在思想上产生了疑虑：鲍君甫想做国民党的官；但当侦探整共产党，鲍觉得若不告诉共产党，不仅对不起朋友，而且不取得共产党的帮助什么事都办不成，甚至会有生命危险。经再三考虑，他想出了一个两全齐美的办法，即帮共产党做点事，弄点共产党的消息，这样既可以在国民党做官、又可以没危险。于是他一方面接受了国民党的任务，同时又决定同共产党建立关系。

鲍君甫知道陈养山是共产党员，他在1925年即同陈养山相识，那时陈养山经人介绍向鲍学习日语。

当时陈养山在国民党中央宣传部上海交通局任发行科长，鲍君甫常到交通局帮陈养山发行书报。陈常将书报送给鲍，他很高兴，说把这些书报译成日文能得到较高的稿费。有时陈托鲍办事，鲍也肯帮忙，于是两人便成为要好的朋友。

1928年春节后，陈因组织农民暴动失败从家乡潜回上海，因为一时接不上党的关系，就暂时避住在鲍君甫的家里。不久，陈在一家报馆找到一份谋生的职业。

这年4月中旬的一天，陈养山在报馆突然接到鲍君甫的电话，约他晚上到静安寺路的一家白俄咖啡馆喝咖啡，并暗示说有一件大事须与他商榷。

陈养山便问是什么大事。鲍君甫顿了顿，说：

“电话里说不清，也不便说。”

临挂电话时，鲍君甫生怕陈养山失约，反复强调：

“记住呀，是白俄咖啡馆。你千万要记得来呀！”

当天晚上7点钟，陈养山如约进入咖啡馆时，鲍君甫早已恭候多时了。

陈养山落座后，首先致歉：

“鲍兄想必久候多时，养山来迟，实在抱歉。”

“你我又不是一两天的朋友，何必客气！”

“不知鲍兄有什么大事相商？”

“是这样的……”鲍君甫忽地降低声调，凑在陈养山耳旁道出了事情原委：

“今年2月，蒋介石夺得党政军大权后，为了对付各派系的反对势力，尤其是共产党和进步人士，在组织部下面设立了一个党务调查科，归陈立夫，张道藩掌管。最近陈立夫，张道藩让杨剑虹在上海以办案为名，筹建一个调查机构，杨邀我参加办案。我想听听老弟你的意见。”

介绍完情况，鲍君甫瞅了一眼陈养山，开诚布公地说：“不瞒老弟讲，要我这人为国民党做事可以，但如果当侦探、搞反共，又不告诉共产党，不仅对不起你这个共产党朋友，而且不取得你们的谅解，恐怕什么事情都做不成不说，只怕这颈上吃饭的家伙也保不住喽!”说着把随身带着的一份搜捕名单交给陈养山。

由于事情来得如此突然，陈养山一时还未回过神来，他不由怔怔地问，“鲍兄到底准备做何具体打算呢?”

“我经过再三考虑，决定暗地里也帮你们做事。当然喽，同时，我又能从你们这里弄点真假情报。这样一来，我就既可以做国民党的侦探，又不必有生命之虞！”

“这件事我还做不得主。不过，既然鲍兄如此看重老弟，我一定会尽快给你转来我们的答复。”

其实，陈养山当时也举棋不定：如果真如鲍君甫所说，他能在国民党的心脏机关为我们提供情报，那岂不等于从敌人营垒中拉出来了一个反间谍关系?倘若弄巧成拙，则岂不会殃及党的安全?

“怎么办?”辞别鲍君甫后，陈养山在心底反复问自己。最后，他打定主意，决定按照组织原则，连夜将这个情况写成材料，通过他所在的中共闸北区委上报党中央定夺。

周恩来在仔细研究了陈养山的材料后，指示陈赓约陈养山谈话，详细了解鲍君甫的情况。嗣后，陈赓在陈养山的安排下，专门约鲍君甫见了一次面，直接了解鲍君甫同国民党的关系。晤面时，鲍君甫明确表示愿意将掌握的一切情况提供给共产党。

了解了详细情况后，陈赓向周恩来作了专门汇报，并提出了自己的意见：我认为鲍君甫比较可靠，因为他历来同情革命、而且在目前的情形下他仍与我党的一些同志相处融洽。因此，我认为他可以做我们的内线人物。

周恩来沉吟了一下，说：像鲍君甫这样一个人，政治上虽然不是很可靠，但在隐蔽斗争中，只要我们加以正确引导，是完全可以为我们所用的。至于是否使用鲍君甫，我将同罗迈(即李维汉)、亦农等同志商量后才通知你。

周恩来想了想，又对陈赓说：考虑到特科工作的特殊性，今后，由你做我的单线联络人。同时，我还考虑了一下，你应该有一个化名，你看叫王庸怎么样?

几天后，周恩来正式通知陈赓，说中央已同意谨慎使用鲍君甫。他还交待说：今后先暂时由你跟鲍君甫单线联系。至于他个人有什么要求，你可以先酌情答复他，然后向我报告。还有，陈养山同志以后就归你使用了，免得你当个光杆司令。

陈赓遂主动约鲍君甫见面。见面时，陈赓高兴地紧紧握住鲍君甫的双手，对他说：君甫兄，经请示中央，同意你做我们的内线，希望你忠实地为我党工作。

鲍君甫表示感谢共产党对他的信任。陈赓对他说以后，我们也算是一家人了。一家人不说两家话，希望你利用同杨剑虹的特殊关系，尽量多地接近陈立夫、张道藩，争取尽快取得他们的信任和重用。同时，希望你能在近期内迅速展开工作，多接近市党部、淞沪警备司令部、市公安局和英法租界巡捕房。你有什么要求，我们会尽量满足你。

“我一定尽力而为！不过，张道藩最近要在上海举行婚礼，他有意让我具体操办。现在，我手头确实有点紧……”

“这很好呀！这是接近张道藩的最好的机会了。你放心，至于你打给张道藩的包封，我会随时替你准备好！”

原来，刚刚接替陈立夫出任党务调查科主任一职的张道藩，是个十足的伪君子。他是贵州盘县人，20世纪20年代初曾留学法国巴黎，学习西洋油画，和徐悲鸿可谓师兄弟。这时，他一边私下追求画坛宗师徐悲鸿的夫人蒋碧薇，一边又在上海宣布与一名法国女人结婚。为了把婚礼办得轰轰烈烈、风风光光，他特地邀请洋派人物鲍君甫替他具体操办婚事。

鲍君甫接到陈赓的指示后，很卖力气地帮张道藩布置洞房、筹备婚礼，忙得不亦乐乎。待到张成亲那天，高朋满座，热闹非凡。鲍君甫还亲手奉上了一份厚礼：100块大洋。须知，当时国民党一名正式特务的月薪才只有95块大洋！

婚礼结束后，张道藩自然对鲍君甫感激涕零。他极为爽快地说：“君甫兄，以后你尽管放心大胆地做事。凭你的才干，前途是无量的。记住，今后不管遇到什么麻烦，只管来找我就是！”

鲍君甫这次给张道藩操办喜事，留给了大家一个印象：他是张道藩的贴心死党！

半年以后，张道藩升任国民党中组部秘书兼侍从室秘书，后来历任国民党中宣部长、中央文化运动委员会主任委员等职，抗战时期还随蒋介石出席了开罗会议。但不管职务升迁与否，他始终对鲍君甫心存感激之情。因而，三年后因顾顺章叛变而被捕的鲍君甫仅坐了半年牢，就被他保释出来。当然，此是后话。

当时鲍君甫经常陪张道藩、杨剑虹出入警察局、巡捕房，需要一部小汽车。中央特科满足了他的要求，还给他配了一名保镖，叫连德生。

连德生原是电车公司售票员，五卅运动时很英勇，以后去过苏联，回国后调到特科工作。连德生是中共党员，实际上是党组织同鲍君甫之间的联络员。从此以后，连德生每天陪鲍君甫到处跑，陈养山就把一些事情交给连德生办理。在连德生与鲍君甫密切交往后，陈养山便从鲍君甫的四川北路家中搬了出来。

1928年年中陈立夫专程来到上海，在《中国新闻报》4月15日第一版上刊登了蒋介石的手谕："特派杨登瀛在沪协助办理重要案件并处理之。此令。"1929年冬还任命鲍君甫为国民党中央党部组织部调查科驻沪办事处主任。鲍君甫接到任命后便搬到上海闸北恒业里44号居住。

鲍君甫任国民党中央组织部调查科驻沪特派员时将自己的办事机构设在了这样一个过街楼上。据说这个过街楼位于上海北四川路（今四川北路）大德里的对面。

1929年冬，陈赓替鲍君甫在上海北四川路大德里对面的过街楼上设立了一个办事处，由中央特科的安娥（原田汉之妻）负责将鲍君甫收集到的情报拿到办事处，誊抄后送给陈赓处理。

鲍君甫打着国民党中央特派员的招牌，实际上是在中共中央特科的指挥下，在上海国民党的军警机关和帝国主义的侦探机关内独立地进行活动。他几乎可以不受任何人管束，唯一同他保持密切关系的就是陈立夫。鲍君甫还代表国民党在租界的法院出庭，参加重大案件的陪审。与此同时，调查科主任徐恩曾还派高中厦协助鲍君甫工作。1929年底，由于深得陈立夫的信任，徐恩曾曾多次将陈立夫交下来的上海方面的重大案件，全部交给鲍君甫办理，由此，中共中央特科对上海敌探机关的动向有了进一步了解。

1928年5月，鲍君甫根据陈赓的指示，巧妙周旋，不露痕迹地与上海淞沪警备司令部、侦缉队、公安局、工部局、巡捕房等机关建立了关系，结识了国民党上层重要人物茅功、谭绍良、钱大钧、熊式辉等。鲍君甫由于是国民党中央党部派出的特派员，地位较高，收入也较多。淞沪警备司令部每月也给他100元的车马费，1929年徐恩曾当调查科长时，每月还给他500元。由于鲍君甫在上海公安局还以督察员的名义任职，每月另有40块大洋饷银。自陈赓派给任务后，每月由陈赓亲自送给鲍君甫400元，直到他被捕为止。

1928年七八月间，杨剑虹因涉及贪污案自杀。蒋介石正式委任鲍君甫为国民党中央组织部调查科驻上海的特派员，成为国民党上海特务机关的负责人。他在国民党特务机关内用的假名是杨登瀛。从某种角度讲，当时国民党在上海的特务机关，是由中共特科替它配备人员的。

鲍君甫上任后，第一步是要取得上司的信任。开始时陈立夫等虽不知鲍与共产党的关系，但还是有些不放心，杨剑虹曾命令鲍参与搜捕共产党，但事先并不告诉他搜捕地点和搜捕什么人。鲍心里明白，为骗取杨剑

徐恩曾，1898年生，浙江湖州人，早年留学美国，攻读电机，后主持国民党的调查工作，长达14年之久。

虹的信任，他故意表现出积极搜捕共产党的样子。

鲍君甫当上特派员以后，中共特科一方面利用鲍的关系派人打入国民党警察局、侦察队、宪兵队中去，另一方面尽力巩固鲍在国民党内部的地位。对一些叛徒，特科通过鲍君甫说是假叛变，与共产党仍有“勾结”，借国民党的手搞掉他们。有时特科故意布置一些假机关，让敌人去破坏，使鲍取得国民党的信任。

鲍君甫的活动范围很广，当时英国巡捕房的政治处主任兰普逊，认为鲍君甫是一个专家，与鲍君甫关系很好，什么情况都告诉鲍君甫，有疑难问题都找鲍君甫商量，他那里的材料鲍君甫都可以看，有时巡捕房抓人也让鲍参加。鲍就把得到的各种情报及时与中共特科联系，因而使特科基本上掌握了英捕房的情况。为了同兰普逊保持密切的联系，鲍君甫在取得了特科的同意后，给兰普逊送了不少东西，包括一部汽车。

1930年上半年，陈赓通知鲍君甫，我党有两个地方机关暴露，巡捕房及华界（中国地界）当局准备去抄查，我党面临着遭受重大损失的危险。鲍君甫接到任务后，立即行动，将文件等重要资料及时转移，使敌人搜查时扑了个空。上海北火车站华界旁边有一个双开间的门面房屋，是我党隐蔽的宣传机关，不料被叛徒出卖。陈赓知道后将计就计，趁敌人还没有动手，赶紧将宣传品、旗帜等物全部转移，然后再叫鲍君甫向敌方打电话。鲍君甫接报后，就带着公安局、巡捕房的人前去搜查，结果仅搜到一些用处不大的宣传品，交至公安局后，不明真相的局长分外高兴，当场嘉奖了鲍君甫，还签发了手谕：“以后鲍督察员来报告消息，当应立即行动。”于是鲍君甫的威信顿时提高。

为了使鲍君甫进一步应付和麻痹敌人，陈赓、陈养山有选择地常送一些不很重要的共产党文件，如我党的宣言、传单、党的公开刊物《红旗》《布尔什维克》等给鲍君甫，并将有关文件优先送给他看，鲍君甫以此作为接近敌人、取得信任的资本。

每次陈立夫、张道藩到上海，鲍君甫都投其所好，取得他们的欢心。最使陈立夫看得起鲍君甫的，是他与租界巡捕房建立的良好关系。过去国民党调查科总想与巡捕房搞好关系，但外国佬总是不理睬，一些重案要案，租界当局开庭审判，从不要国民党人参加庭审。国民党要鲍君甫同巡捕房建立良好关系，目的是让巡捕房随时协助捕人。陈赓也提出要鲍同巡捕房建立联系，目的是获取情报。所以鲍上任伊始，就用很大精力做这方面的工作。他除在办案时同英巡捕房探长兰普逊、帮办谭绍良建立工作关系外，还同他们建立私人感情，成为知心朋友。兰普逊和谭绍良认为鲍同淞沪警备司令部关系密切，想利用鲍君甫替他们办事。1928年8月，谭绍良要鲍君甫打听他们的两个人失踪是否是被淞沪警备司令部关起来了。鲍君甫就找到钱大钧询问，果有此事。当鲍君甫回到巡捕房时，这两个人已经被放回来了。谭奉英工部局之命，拿出200块大洋给鲍君甫，鲍君甫予以拒绝：你认错人了。这件事给巡捕房的印象很深。还有一次，兰普逊要求鲍君甫弄一份淞沪警备司令部的印鉴式样。鲍君甫通过警备司令部副官处长茅乃功，把司令部和所属各处的印鉴式样都搞到了，兰普逊如获至宝。从此鲍君甫就赢得了英巡捕房的信任。凡租界审理的案件，总是请鲍君甫出庭，鲍君甫在租界处理紧急案子时，可以不履行常规审批手续。后兰普逊又将鲍介绍到法租界巡捕房当顾问。从此鲍君甫名声大振，所以当杨剑虹因重大贪污案被处死后，鲍君甫就成了陈立夫心目中的第二个杨剑虹，成为国民党上海特务机关的领导人。鲍君甫的权力更大了，陈赓指导他抓紧时机与国民党军警宪特机关和租界工部局、巡捕房等机关建立关系，并与国民党上层人物密切往来，以便获取情报。

从1928年10月到1929年12月这段时间内，陈赓除对他进行政治争取外，还设法提高他的社会地位，陈赓还经常给鲍君甫一些公开刊物，有时也给他机密性不大的党内文件，使他有吹牛报功的资本。从陈立夫到张道藩、钱大钧、叶秀峰、徐恩曾，都对鲍君甫表示信任，可说是言听计从。这个时期，鲍君甫从国民党警宪机关特别是巡捕房了解到许多情报，都及时送给陈赓，有几次敌人的搜捕行动都空手而回。而陈赓为掩护鲍免遭敌人怀疑，曾故意布置一个机关让敌人去破坏。

从1929年12月至1931年4月，是鲍君甫得到国民党调查科主任徐恩曾重用的时期。他为了拉拢陈果夫、陈立夫和上海市警察局长陈希曾，给他们各买了一部不纳税的汽车，并亲自将送给二陈的汽车运到南京。陈立夫交下来的重大案件，凡与上海有关的，都嘱徐恩曾让鲍办理。

这时陈赓发现鲍君甫在上海敌探机关的地位有了显著的提高，但给中共特科办起事来却不如以前那样痛快，有些畏首畏尾，陈估计他可能怕与共产党的关系被国民党调查科发现。针对这种情况，陈赓就从政治上帮助他、鼓励他，注意使用也注意保护，使他感到共产党组织对他的关心。当得知徐恩曾向他要情报时，就给他编一些假情报，让他送给徐恩曾，取得徐恩曾的欢心。鲍君甫解除了顾虑，继续积极地为中央特科工作。

鲍君甫是中央特科在国民党特务机关发展的第一个秘密情报员，在陈赓耐心教育、争取和领导下，为中国共产党做了许多有益的工作。他从国民党和租界侦探机关，及时获得敌人破坏我党领导机关的情报，为保卫中央机关的安全作出了重要贡献。同时在周恩来、陈赓直接领导下，参与营救被敌人追捕的中央委员任弼时，营救共青团中央书记关向应，营救政治局委员彭湃和杨殷等四同志(因故未成功)，协助侦察叛徒白鑫、戴冰石、陈慰年、黄第洪的行踪，以及报告山东省委书记叛变等，都发挥了很重要的作用，是特科在敌人营垒复杂关系中发展使用非党情报员的一个范例。

使用鲍君甫的事实证明，周恩来同志指示中央特科大胆使用敌人营垒中各种可以利用的人员的方针，是完全正确的。鲍除了向我党提供国民党特务机关和帝国主义捕房阴谋破坏我党组织的情报，还为我党营救战友和清除叛徒、内奸起过重要的作用。例如：

1929年11月17日，中央政治局委员任弼时同志，去华德路竟业里参加共青团江苏省委扩大会议。这个开会地点被敌人发现，英捕房在会址埋伏了便衣。而我们的同志来不及报警，当任弼时走上台阶叩门，门开了一半时，屋内出现了一些探头探脑的陌生人。他发现不对头，正要转身离开，便衣已抓住了他的臂膀想挣脱已不可能了。敌人逼住在这个屋里的妇女说出他的姓名，这个妇女看了任弼时一眼说：“不认识”。敌人不相信，这时这个妇女四岁的孩子向任弼时扑过去，敌人不由这个妇女辩解，就给任弼时戴上镣铐，推向囚车。此时任弼时乘机迅速把暗藏在衣兜的字条放入口中咽下。

敌人将任弼时押解到捕房后，从他身上只搜出一张车票，别无任何凭证。在审问中任弼时说他叫彭德生，是从江西来上海投亲谋职的失业青年，因记错了门牌被误捉来的。敌人对他严刑拷打，但始终得不到任何口供，就将他当作嫌疑犯转押到监狱。

任弼时同志被捕后，党中央令中央特科营救。陈赓遵照中央指示，让鲍君甫设法营救。鲍君甫利用自己同英捕房的关系，向英捕房说被捕的彭德生是他手下的人。这样英捕房就看同鲍君甫的关系，把任弼时释放了，使任弼时逃脱了敌人的残害。

1931年关向应调回上海领导工联工作。不久。上海工会组织遭到破坏，关向应被捕。

敌人将他押解到英巡捕房，在审讯中关向应发现敌人还不知道他的身份，便化名李世珍，说是刚从外地来沪谋生，有个亲戚在酱油店附近，来打听亲友住址的。敌人因问不出他的身份，就暂时将他关押在英巡捕房。

关向应被捕后，陈赓让鲍君甫去英巡捕房打探情况。鲍从英捕房政治部西探长兰普逊处了解到，经过初审没有弄清被捕者的身份，但对从酱油店抄来的那一大箱文件很感兴趣。

陈赓将这些情况向周恩来汇报后，周恩来指示先从这批文件入手，设法把重要的文件抢救回来，然后再设法营救关向应。于是陈赓让鲍君甫去英捕房活动。

鲍从英捕房听到国民党想把这箱文件弄走。英捕房不同意，说此案是英捕房侦破的，不肯把这箱文件交给国民党，双方正在据理力争这箱文件的归属。陈赓让鲍君甫告诉兰普逊：这箱文件很重要，并表示愿意帮助鉴别文件内容。兰普逊正想从这箱文件中挑出重要的文件据为己有，便对鲍说："那就交给你来鉴别吧。"鲍佯说自己很忙，但表示可以另想办法。于是，陈赓按周恩来的指示，派刘鼎前去"鉴别"。

鲍把刘鼎作为自己请来的"专家"介绍给兰普逊，并把刘鼎领到存放文件箱的房间，关上门让刘鼎仔细查阅全部文件。刘鼎将其中机密文件抽出来藏在身上。临走时手里故意拿了几张油印文件，对捕房的人说："我带回去研究研究。"过了几天，陈赓让鲍君甫告诉兰普逊：被捕者是一位学者，抄来的这些文件全是学术研究资料。兰普逊见不是政治要犯，就把他转到淞沪警备司令部关押。

由于关向应始终没有暴露身份，国民党又没有捞到这批文件，也以为并非要犯，也就不再深究。

黄慕兰，1907年生，1926年入党，1928年末任中央秘书处秘书兼机要交通。1931年1月，负责对外联络，并与潘汉年建立单线联系。

随后，黄慕兰接到潘汉年的指示，要完成周恩来营救关向应的重任。黄慕兰通过上海滩著名律师陈志皋，以及陈的父亲陈其寿（同盟会会员），多方活动，营救出了关向应。

1931年4月，发生了中共中央特科负责人顾顺章被捕叛变的事件。

顾顺章叛变后，地下党立即派陈养山对鲍君甫加紧进行气节教育，指出：“只要你矢口不讲，国民党不敢对你怎么样！”并告知鲍君甫，“不管形势怎么变化，共产党是不会忘记你这个朋友的”。还告知鲍君甫，“一旦被捕，要意志坚定，只要你不开口，他们不会把你怎样的！”

因为当时形势紧迫，陈养山已不能再多去鲍君甫家，只能用电话取得联系，把人约出来密谈，几次都是与鲍君甫的妻子见面，除了对她进行安慰，他还代表组织给了她一笔钱。告知她：“有什么要求和困难，随时来找我。”把找他接头的暗号和地方通知给鲍君甫的妻子。

在一次会面中，陈养山告诉鲍君甫的妻子：请你转告鲍君甫不要跑，即使被抓起来，也不要讲。陈养山还帮她分析说：“这样是最好的办法，不会出什么大问题，张道藩会来帮忙的。也请转告君甫兄，你们鲍家的事，我们中国共产党是要管到底的。”

鲍君甫被抓起来后，又是陈养山约鲍君甫的妻子秘密商议，他告诉她：“快把租的大房子退掉，搬到你母亲家去住，这样会更安全一些。有什么困难随时找我。”鲍君甫的妻子搬到娘家去后，陈养山又去看望她，还代表党组织送钱给她。

因顾顺章叛变告密，鲍君甫被逮捕，关押于南京宪兵司令部，他始终没有供出中央特科工作的情况。敌特审问他时，他总是说：“我的事顾顺章完全知道，我没有什么好讲的。”此后，鲍君甫在狱中始终缄口不言，1932年一二八事件以后，位居国民党要位的张道藩暗中活动，果然将鲍君甫释放出狱。后来，国民党特务机关又故意将鲍君甫逮捕，让他在狱中对中共被捕人员做劝降工作。1933年3月陈赓被捕后，在狱中与鲍君甫相遇。鲍君甫通过关系，在狱中对陈赓予以照料，陈赓很感动，对鲍君甫说：“今后共产党要得天下的，到那时我们绝不会忘记你。”鲍君甫对陈赓说：“哪怕明天就叫我上刀山下油锅，我也决不后悔交了你这样一个朋友。”

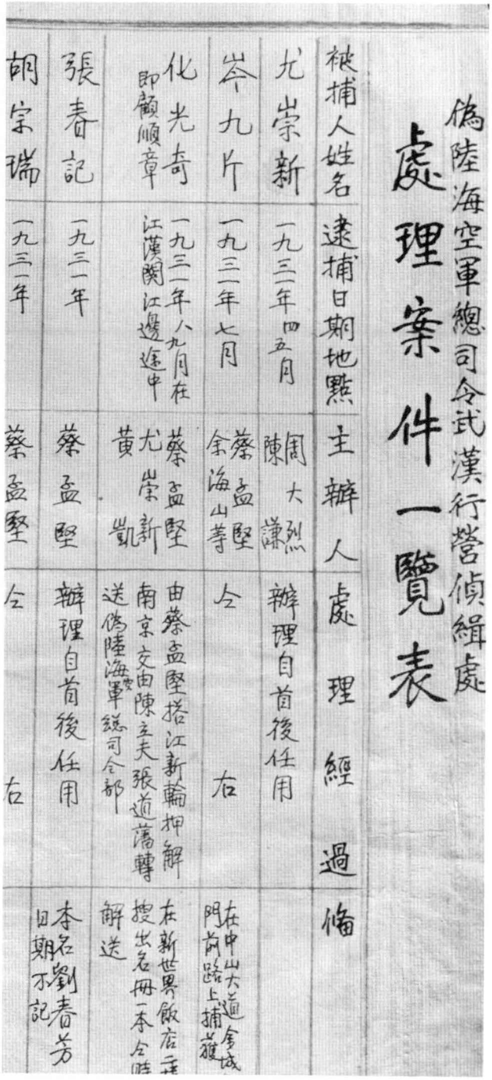
偽陸海空軍總司令武漢行營偵緝處
處理案件一覽表

被捕人姓名	逮捕日期地點	主辦人	處理經過	備
尤崇新	一九三一年四五月	周大烈 陳謙	辦理自首後任用	在中山大道參城門前路上捕獲
岑九斤	一九三一年七月	蔡孟堅 余海山 等	仝右	
化光奇 即顧順章	一九三一年八九月在江漢關江邊逮中	蔡孟堅 尤崇新 黃凱	由蔡孟堅搭江新輪押解南京交由陳立夫張道藩轉送偽陸海軍總司令部	在新世界飯店搜出名冊一本仝時解送
張春記	一九三一年	蔡孟堅	辦理自首後任用	本名劉春芳
胡宗瑞	一九三一年	蔡孟堅	仝右	日期不記

有关顾顺章叛变投敌的原始记录

这时周恩来、陈赓等已相继离开上海，或赴天津或到苏区。1934年国民党再度启用鲍君甫，任南京反省院副院长，但此时的鲍君甫已经完全脱离国民党特务系统，与共产党也脱离了联系，生活归于平淡。

时过境迁，世事沉浮。1949年，当解放军攻进虎踞龙盘的南京石头城后，鲍君甫已经是一个以文为名，在南京街头摆小纸烟摊为生的一介平民了。

1950年10月，全国范围内开展了镇压反革命运动。1951年1月南京市公安局开始了反动党团特务人员登记工作，第一天就有1500多人登记，到第五天已有4200多人登记，其中有原国民党军委会军政部副部长、西北行辕少将参谋长等高级官员，但也有少数人员顾虑重重，在等待、观望。鲍君甫就是其中之一。由于鲍曾担任过国民党政府感化院和反省院的院长，故被市公安局逮捕，很快移送法院。经法院有关领导审批，准备处以重刑。这时，鲍提出大革命时期曾为中共地下党组织做过工作："1926年由陈养山引荐打入敌人内部并由陈介绍参加共产党，在1930年至1931年打入国民党期间，并任国民党中央组织部调查科驻沪办事处主任，担任这个职务是经过中共中央特科负责人陈赓同意的。在上海期间凡有搜捕中共党员时，我总是事先通知陈赓，使其转移躲避，后因叛徒告密，我和陈赓都被国民党逮捕，先后关押在南京市白下区羊皮巷首都特别刑事法庭看守所，后又被关押在瞻园路宪兵司令部看守所等处，在狱中遇到了陈赓，当时我在甲级号房，陈赓在丙级号房，我设法通过关系将陈转到条件较好的甲级号房，至1937年我被释放后，我即与中共失去联系，我绝无叛党出卖组织情事。故要求陈赓同志作证。"

时任市法院第一任院长的鞠华对此案非常重视。1951年7月市法院两次给时任云南省人民政府主席陈赓发函，希望证实鲍在大革命时期的政治身份。陈赓于1951年11月24日给鞠华院长亲笔回信，其内容如下：

南京市人民法院鞠院长：

关于鲍君甫（又名杨登瀛）之供词是否属实一事，据我所知，鲍确系1927年起即与我党发生关系，1931年以前在工作上曾和我联系，在此期间对党贡献颇大，我被捕时曾在南京宪兵司令部与我同狱，此时表面上还好，以后任伪中央感化院院长，据说表现不好，其他详情不知……，仍以注意，管制为好，特此函复。

并致敬意

陈赓

11月24日

陈赓这封信肯定了鲍在大革命时期作出的贡献，为法院审判此案提供了重要证据，使鲍君甫的命运发生了转机，法院又进一步查实，取得了大量我党高级干部证词，经法院研究对鲍予以释放，判处管制一年。

鲍君甫被判管制后住在南京玄武区大树根，后搬至随园，无生活来源。1952年11月时任司法部副部长陈养山闻讯后，立即写信给南京市公安局三位局长，多次强调“鲍君甫在大革命后对我党的保卫工作有很大的贡献，而且救出了许多我党负责同志……”信中说，“我与陈赓同志商量给鲍作些救济，或想其他办法帮助一下”。1956年3月，南京军区专程派人送鲍君甫去北京，鲍君甫在北京受到陈赓、李克农、陈养山等人的会见。陈赓详细询问了鲍君甫的生活情况，并委托国防部安排其生活，在北京协和医院为其安装了假牙，制作了呢料制服、皮鞋等物，然后鲍君甫在专人陪同下在北京逗留了三个星期。以后陈赓只要到南京都到鲍君甫家看望，对其生活给予关心。

三、战斗情谊，传奇将军与陈养山的故事

陈赓的一生是军人血火风雨的一生。他1922年加入中国共产党，1924年入黄埔军校第一期学习，毕业后留校工作，参加了平定商团叛乱和讨伐陈炯明的东征。1926年赴苏联学习，次年回国参加了南昌起义，随后在上海中共中央机关从事情报工作。土地革命战争时期，历任红军团长、师长，步兵学校校长，军区及纵队司令员等职。新中国成立后，任西南军区副司令员兼云南省军区司令员，中国人民志愿军第三兵团司令员兼政委，中国人民志愿军副司令员，中国人民解放军副总参谋长兼国防科委副主任，国防部副部长。1955年被授予大将军衔。他不仅战功彪炳，而且在中国共产党的秘密斗争战线、政权建设、统战工作、院校创立、国防科研等多方面亦勋绩赫赫。原中国人民解放军总参谋长杨得志曾满怀深情地说过："陈赓同志不仅在红军内部，就是在敌人营垒中也是很有影响的传奇式人物。"

陈赓

1927年，陈赓参加南昌起义后，在南下广东的途中腿部负伤，被秘密送回上海治疗。伤愈后，陈赓被周恩来选中，进入刚成立的中央特科。在很长一段时间里，陈赓化名王庸，担任特科二科（情报科）科长。在1928年至1931年的四年期间，陈赓协助周恩来领导整个中央特科，成为我党隐蔽战线最杰出的情报工作者。

在陈赓将军的传奇生涯中，有不少传奇故事，而他和陈养山建立中国共产党第一个反间谍情报关系和在天津的隐蔽斗争则是至今广为人们传诵的"点睛之笔"。

1928年初，从情报科成立开始，陈赓和陈养山就到中央特科工作。当时陈赓和顾顺章往来较多，他和顾顺章曾一同去前苏联学过情报、保卫工作，

在1928年初到1931年间又一起在中央特科工作。

陈赓的事情顾顺章知道得特别多，就连陈赓的家人、亲戚、朋友，顾顺章也认识不少。陈赓的夫人王根英，就是1933年12月顾顺章领着敌特分子到她娘家把她抓走的。

王根英在抗日前线

顾顺章叛变后，周恩来立即让人通知陈赓马上隐蔽起来，以免遭到敌人暗算。

陈养山从1928年开始，即在中共中央特科工作，几次和顾顺章见面，顾顺章对他的情况也比较知底。为了应付敌人的突然袭击，周恩来也派人立即通知陈养山，叫他必须马上撤离。

当时，陈养山以《申报》记者的身份为掩护，住在上海北浙江路、海宁路的一个弄堂里，党派人告知陈养山：“顾顺章已经叛变，肯定会到上海来抓人，你必须撤离躲藏起来”。要他立刻离家在外面先住一个星期。

陈养山做了一些必要的安排，就离家出走。随后他躲到一个在上海美术专科学校读书的同乡那里，这个同乡叫俞同良，当时俞同良住在美术专科学校附近的一个二层栈楼里，楼下是个小商店，陈养山和俞同良都住在楼上。

为了隐蔽、安全，陈养山很少出门，时常在家中待着。俞同良会给他买些馄饨、小笼馒头、大饼、油条之类的小吃。有时，趁人少不注意时，俞同良也会把自己这位同乡好友带到学校食堂里吃饭。

就这样过了一周左右时间，陈养山才回到了自己的住处，一打听，战友们都很安全，这才放心。

这时，党组织又派人来和陈养山联系，让他找一所房子，同陈赓暂时住在一起，并告诉陈养山“所找的房子条件要好一点，像是写字间房子，扮作商人模样，还要有前后门都能走，不易被人注意的地方，宁可多花些钱”。

陈养山按党组织的要求，四处打听，到处活动，终于找到了一个适当的地方。

这个隐蔽住处是在原跑马厅旁，南京路上华安公司后面一个三层小楼，都是写字间，挂了不少公司的牌子，很是安静，并且前后门都通着，便于应付敌人的突然袭击。

陈养山在三层小楼内租了一个写字间，虽然房租贵一些，但还是较满意的，随后他先搬了进去，并把这一情况及时向党组织作了汇报。

三天后，陈赓也搬了进来，并对这个隐蔽住处较满意。除了外出活动外，他们就这样隐蔽着住了下来。

1931年1月初，中央特科计划在北方开展情报工作。其中一个关系是担任过国会议员的胡鄂公（化名吴南湖）。他是北洋军阀时代的国会议员，在旧官场做事较久，同很多上层人物都有往来，对国民党内部派系争斗情况较熟悉。他凭借诸多社会关系，同我党取得联系，经常向我党提供重要情报。中央特科让他以他的社会身份和官场关系开展情报工作，并安排杨献珍做他的助手。

1931年春末，天津、北平、顺直省委党组织多数遭受破坏。安子文、周仲英、陈原道、刘亚雄等一批负责干部被捕。法院刚刚受理，尚未定案。这是一个极好的营救机会，党中央将营救任务交付给胡鄂公和杨献珍，要他们设法通过一切关系营救被捕的同志出狱。

30年代初时的刘少白在北京

这时，国会议员刘少白正在营救其女儿刘亚雄和女婿陈原道。刘少白利用国会议员的地位结识了天津法院的上层人物，经多方活动，终于使法院答应花5000块大洋，可以把这批人犯放出去。

胡鄂公得知此情况后，便找到刘少白。他俩同是国会议员，原本是要好的朋友，而且都秘密地在为我党做事。刘少白把营救的情况告诉了胡鄂公。胡见营救有望，便去上海将此情况报告了党中央。

陈赓和陈养山住进写字间后，因这里都是做生意的，敌特不太注意，交通也较方便。他俩白天隐蔽，夜晚出去活动，倒也安全。可是陈赓在上海认识的人太多，许多特情关系都来往过。党组织怕他出事，决定派他同陈养山去天津执行一项特殊任务，即天津、北平、顺直省委党组织多次遭受严重破坏，许多负责同志和党员被捕，要他们去调查天津的情况。

党中央指示他们去天津的任务，一是营救被捕的同志。调查被关在什么地方，协同胡鄂公和杨献珍进行援救。二是考察在天津能否建立特科性质的机构，保卫党组织的安全。三是清查叛徒的情况。了解哪些叛徒对党威胁严重，必须加以镇压。

陈赓、陈养山、王根英（陈赓夫人，她刚从敌方逃出）一行人，于6月16日，由熟悉天津情况的"红队"成员邵扶民陪同离开上海。因坐中国船恐出问题，便选定一艘开往塘沽的英国货船。从上海港的太古码头上船，经过四天四夜到达塘沽。第二天一早改乘火车到达天津，邵扶民把他们领到法租界的交通旅社住下。

邵扶民别名张麻子、蔡麻子，是上海某医科学校的毕业生，曾开过自办小医院，我党有的同志负伤后就秘密到他的医院救治。以后邵扶民参加了中央特科，他长相虽瘦，个头不小，是有名的神枪手。这次他是被派往东北工作。到天津后他把陈赓他们安顿好后，就去沈阳了。

后来陈养山《在天津的战斗》一文中回忆说："我们乘的是一条英国货船，住的是个大通铺。船的速度很慢，要坐四天才能到天津。记得在船上还发生了一件事，船上有一个茶房给旅客端饭，邵扶民同志发现这个茶房有麻风病，立即向船方提出不能让这个人干这个工作，以防传染。陈赓、我还同邵扶民开玩笑，说是多亏带来个医生，否则会得传染病的。船到了塘沽，码头上冷冷清清，我们下船看了一下，只见一片荒凉，什么东西也没有，很贫穷，想下馆子吃饭都找不到地方。我们又上了船，第二天上午八九点钟到了天津。邵扶民同志把我们带到四面钟世界旅馆。邵和旅馆老板很熟，他向老板介绍说，我和陈赓是到天津来做买卖的。在旅馆里，陈赓同志一家住一间房，我住一间，邵扶民大概没有住，买了火车票就去东北了。"

陈赓和陈养山从上海动身时，都是商人装扮，28岁的陈赓着灰色的丝绸衫、绸裤、布鞋，陈养山也是商人着装。

他们对旅社老板说，此来是要在天津开商店，陈赓是老板，王根英是老板娘，陈养山是账房先生。

天津党组织遭受的破坏异常严重。白色恐怖笼罩全城，他俩奔波了半个多月才接上党的关系。稍后同杨献珍接上了关系，初步了解到被捕同志被关押的地方。当时，杨献珍化名“杨仲仁”，陈养山化名“老王”。

陈赓和陈养山在交通旅社住了个把月，恐久住惹人生疑，便搬出另找住处。陈赓一家住进一所出租的民房；陈养山搬到大同公寓，同杨献珍同住协力进行营救工作。

1937年的杨献珍

一天清早，杨献珍买回几张当天的报纸，在《大公报》上看到一则消息：昨晚在汀洲会馆破获共党机关。杨献珍看了这则消息十分吃惊，心想：顺直省委书记殷鉴曾派河北省委互济会党团书记赖德，来大同公寓找过我，赖德就住在汀洲会馆。莫非……杨献珍越想越担心，立即将此情况报告给了陈养山。

陈养山是一位处事十分机警、干练的情报人员，他当机立断，决定马上搬家离开大同公寓。但杨献珍说他已约陈赓上午8时来大同公寓，然后同去国民饭店与刘少白会面，需将转移的新地址通知陈赓。陈养山说：“不行，现在已经出事了，不小心还会出差错，必须马上离开大同公寓。”于是他俩立即搬出了大同公寓。

陈养山立即去同陈赓取得联系。然后独自一人在一家烧饼铺的楼上，租到一间很小的民房住下。

杨献珍立即去国民饭店同刘少白联系。恰巧刘少白由于获悉北平家中出事，已离开国民饭店返回北平。

1931年7月的一天，胡鄂公从上海回到天津。他告诉杨献珍，中央已同意花钱赎买被捕的安子文、刘亚雄等同志，钱也带回来了，要杨献珍马上去同刘少白取得联系。杨献珍把当时发生的局势变化等复杂事件告诉了胡鄂公，说刘少白已回北平，失掉联系。但胡鄂公还是坚持要杨献珍去北平，按他写的地址去找刘少白。同时，胡鄂公将他写的《开展北方政治情报工作大纲》交给杨献珍，让他抄写五份，到北平后秘密交给五个情报关系人。这五个人中，有西北军将领张克侠、何基沣等。

杨献珍到北平后先送“大纲”，已经送出四份，这时他就想去找刘少白，可他不知道刘少白的地址在哪儿，就向第四个情报关系人打听是否认识刘少白，关系人称“认识”，并愿领杨献珍去找刘少白。结果，杨献珍不但没有找到刘少白，反而被国民党宪兵逮捕。

杨献珍被捕的消息传到天津后，营救工作被迫停顿了下来。于是陈赓同陈养山集中力量清查叛徒。他俩陆续发现了一些叛徒，逐渐掌握了不少情况。

有一天他俩正在街上行走，迎面走来一个面目黧黑、身材高大肥胖的人。陈赓轻声对陈养山说：这人是叛徒，把他盯住。然后机敏地拐弯走开了。

此人叫张克云（张开运），是天津有名的大叛徒。他曾在苏联留学，回国后在天津叛变，疯狂地出卖自己的灵魂和别人的生命，给北方党组织造成极大危害。陈赓因同他相识，所以马上避开。

陈养山盯了几天，查清了这个叛徒住在华界一家小旅馆里，经常在华界和法租界的几个旅馆出入，频繁地同叛徒、特务接头，活动相当猖狂。他的存在对北方党组织的安全是一个很大的威胁，陈赓向党中央作了汇报，建议除掉这个叛徒。不久，张克云这个罪大恶极的叛徒终于得到了应有的惩罚。

陈赓因怕被张克云认出来隐蔽了几天。陈养山独自一人单独活动了几天，发现了不少叛徒。法租界的法国公园是个交通要道，英、日、法租界的许多条电车线路经过那里，每天黄昏时都有一些叛徒在那里活动，有的在同特务接头，有的对革命者跟踪盯梢。陈赓和陈养山便常到这里来观察叛徒的活动，因他们只有两人不好采取行动，只能设法认识他们，跟踪了解他们的活动情况，研究他们的活动规律，以便报告党中央，调集力量加以处置。

陈赓、陈养山经过一段时间调查，逐渐掌握了相当一批叛徒的姓名、特征、住处、来往关系、活动规律等情况。有一天晚饭后，他俩在劝业场转悠，突然碰见四个叛徒。因他俩这几天几乎每天同这些叛徒见面，可能引起了这些叛徒的猜疑。但对方人多，他俩怕吃亏便迅速避开，由于对天津的地形不很熟悉，他俩各自转了三四个小时才甩掉叛徒的跟踪。

第二天，陈赓找陈养山碰头研究工作，他俩都感到天津的叛徒相当猖狂，竟然敢在大街上横冲直闯，公开接头、跟踪盯梢，确实威胁党组织的安全。于是决定陈养山立即回上海汇报情况，建议党中央派“打狗队”来天津镇压叛徒。

陈养山汇报后在上海待命。半个月后中央派“王老头”同他去天津，察看了现场及叛徒的集中点和活动规律，以便考虑镇压叛徒的具体方案。“王老头”在天津待了一段时间便回上海去了。

8月下旬，天津党组织有个唐山的工人党员同陈赓接上了关系。这个人姓鞠，过去表现很好，有老婆、孩子。陈养山就搬过来和老鞠同住。陈养山住楼上，老鞠一家住楼下。陈赓一两天来一次，有时商谈工作，有时一同出去活动。

9月初一天下午二三点钟，陈养山让老鞠去买份报纸。本来只需十分钟，可直到天黑老鞠也没回来。正在焦急等待时，陈赓来了。根据情况判断肯定是出了问题，他俩马上离开鞠家。陈养山又回到交通旅社去住，老板见“账房先生”来了，很热情地招呼住下。

第二天向天津的同志打听老鞠的情况，果然是被捕了。鉴于这种情况，他俩继续留在天津会有危险，便决定立即回上海向党中央汇报情况。

由于认识陈赓的人很多，如坐火车恐路过南京时碰见叛徒不好办；如乘轮船，天津去上海的船一周只有一趟；若再住下去又不安全。为了不使叛徒、敌特发觉，他们决定，先坐晚上10点钟的火车，经过济南前去青岛，再从那里坐船回上海。本来，从旅社和陈赓的住处出发，都离天津总站较近，但因那里叛徒较多，容易出事，于是他们改到偏僻的南站上车。

这天晚上，陈赓用纱布包着头部，装作受伤的样子；他的腿脚本来就受过伤，当时故意拄着拐杖，一瘸一拐的走着。第二天顺利到达济南，这时已是中午时分了。下了火车后就去吃中饭，下午又坐火车到了青岛。在青岛换乘日本邮船，一天一夜就到上海了。到上海后，他俩住在天津路谦泰旅馆，这是个商人聚集的地方，比较隐蔽。他们回上海后不到20天，就传来了九一八事变的消息。

陈赓和陈养山一致认为，天津这个地方比上海小，没有回旋余地，不易隐蔽，很难建立特科性质的机构。他们这次的天津之行，基本上完成了党组织交给他们的任务。返沪后不几天，陈云代表党组织来谦泰旅馆看他们。陈赓向陈云汇报了他和陈养山在天津了解到的情况。陈云让“两陈”不要上街，特别是陈赓尽量不要出旅馆门，因为认识他的人很多，以防出危险。

这时，中央对陈赓的工作有了新的安排，让他把工作交待给别的同志。过了两天，中共中央决定调陈赓到鄂豫皖苏区的红军中去工作。这时，刘鼎来找陈养山谈话，要他仍留在上海，继续在中央特科做情报工作。

四、功不可没，“红队”的特殊任务

“红队”，俗称“打狗队”。它在20世纪20年代末和30年代初，为保卫党中央和上海地下党的安全，打击国民党间谍特务，镇压叛徒内奸，进行了英勇的斗争，屡建奇功。陈养山在回忆文章中说：“‘红队’的产生有一个过程，它是随着革命形势的发展和斗争的需要逐步形成的。”

早在1925年“五卅”大罢工后，各工会系统为了维持罢工新秩序，防止工贼和反动派的破坏，纷纷组织起工人纠察队，其队员主要是从工会中的积极分子和共产党员、共青团员中物色挑选组成的。它的任务是：维持本厂、企业的罢工秩序；调解工人阶级内部的纠纷。它直接隶属于本厂工会领导和指挥。上海工人第三次武装起义时，缴获了伪警察局的部分枪支，以后又缴获了军阀部队一些武器装备，这样工人纠察队就慢慢武装起来了。

1925年6月下旬以后，帝国主义及其走狗加紧了对罢工的破坏，他们一方面利用部分工人罢工后生活发生困难的情况挑拨离间，瓦解分裂工人队伍；另一方面还利用流氓、工贼有组织有计划地袭击罢工的领导人、工会负责人和积极分子，有的同志被他们秘密打死或打成重伤。

针对这种情况，党组织和工会一方面积极设法帮助有困难的工人群众解决具体困难；同时对破坏罢工的流氓、工贼，视情节轻重，或提出公开警告，或给予坚决打击。为了对付少数明目张胆地破坏罢工不听警告继续作恶的工贼，从工人纠察队中选拔少数会打枪的同志，担负镇压流氓、工贼的任务。干掉这些作恶多端的人，工人群众是拥护的，社会上也是同情的，结果粉碎了敌人的阴谋，巩固了罢工斗争的顺利进行。

从“五卅”时期到上海工人第三次武装起义前，工人纠察队是没有枪支的。上海工人第三次起义时，先缴了警察局的部分枪支，后来又缴了军阀部队的一些武器，工人纠察队就武装起来了。

蒋介石1927年发动四一二反革命政变背叛革命以后，加紧对革命的镇压，中共党内也出现了叛徒和内奸，危害极大。血的教训，使党中央和中共江苏省委深感有必要抽出一部分同志组织起来，经过专门训练来对付国民党特务分子和叛徒的破坏。于是，在原来工人纠察队的基础上，由中共江苏省委挑选了政治上可靠、枪打得准，并且对上海情况熟悉的党员同志，组成短小精悍，用手枪武装起来的一支战斗队，专门担负起镇压特务、叛徒、内奸的任务。为了区别起见，与党团军旗颜色和党领导的工农红军称号相一致，称这支队伍为“红队”。它是党建立的最早的负有特殊使命的队伍。

党中央在武汉的时候，也有一支类似中共江苏省委“红队”的队伍。党中央机关从武汉搬到上海后，也将这支队伍带到上海。这样，在1928年时，上海出现了两支“红队”，分别属于党中央和中共江苏省委领导。因为情报工作尚未完全开展起来，两支队伍在实际工作中出现了不少问题，又不容易统一指挥，因此，党中央决定，将两支“红队”合二为一，通知中共江苏省委和各革命根据地在工人和红军中，挑选出一些对党忠诚、党性强、作风正派、身强体壮、机智勇敢、能百步穿杨、有一定对敌斗争经验的优秀团员送中央特科，再经过周恩来逐一目测、谈话后确定下来。这样，中共中央领导的一支崭新的“红色恐怖队”正式成立。任命刚从苏联学习回国的谭余保负责这个队伍，由中央特科三科即行动科领导、指挥（该科科长开始是顾顺章，后为陈赓）。它的任务就是专门负责镇压党内出现的叛徒、内奸和国民党的特务、宪兵、军警，帝国主义的包探、巡捕，保卫党中央机关和中央领导同志的安全，营救被捕的中央领导同志。

“红队”成立以后，就初露锋芒，集中力量连续镇压了几个公开的叛徒，引起叛徒的极大恐惧，再不敢那样猖狂活动了。这支被称作“打狗队”的“红队”，当时在上海很出名。开头一个时期，国民党特务警宪和外国的包探、巡捕都晓得共产党有“四条枪”。他们从历次在上海发生的案件分析，认为当时“打狗队”所有的武器就是四条手枪。但是，这“四条枪”可以横冲直闯，在上海打遍天下，使敌人十分震惊和惶恐。当时党在社会上的活动几乎是半公开的，巡捕、警察都不敢动它；有时发现传单，他们也不敢干预。直到党的活动有人告发，巡捕方能着手破案。他们出动捕人的时候，也是吵吵嚷嚷，把人轰走。

但在“红队”成立初期，因为尚未建立起反间谍的情报工作系统，不能事前制止敌人的破坏，只能在事后查明叛徒的活动，予以镇压。由于初期缺乏工作经验，也曾在行动中发生过这样那样的偏差。直到1928年中央特科成立情报科后，“红队”的工作才起了根本性质的变化。因为通过情报工作，可以及时从敌人内部得到叛徒奸细活动的情报，不必太费周折，就能准确及时地镇压叛徒。有时还能事先发现敌人的阴谋，做到先发制人，防患于未然。这样可靠的信息使“红队”犹如多了耳目，使他们行动快、选择准、打得狠，工作更加主动，执行任务也更加顺利。“红队”曾在这个时期完成许多艰巨的任务，而没有发生问题，这同情报科反间谍工作的紧密配合是分不开的。

到1929年下半年，“红队”的力量发展到了顶点：人员共有40多名，主要武器有勃朗宁、左轮、驳壳枪，另有一批化学手榴弹，能使敌人流泪，大家管它叫“流泪弹”。在开始行动以后，遇有敌人追捕，就扔出去，迟滞敌人（自己戴上特制的眼镜，不受影响）。当时三科还能从外面随时调动枪支，甚至能够调来机枪（这个时期，特科在国民党军队驻浦东的炮兵营中建立了联系），还能从洋行里买枪，并由洋行派人送来。遇到重要行动的时候，一科派人到米店购买成批大米，把米袋装上卡车作为“红队”射击的掩体，搞成一个活动的堡垒开到现场射击敌人。特科的交通工具，有小型汽车、摩托车，但主要是靠自行车活动。这些自行车都是不登记的，没有牌照号码，到了紧急关头扔掉了事。

1930年初，中共中央在上海英租界赫德路召开了全国苏维埃代表会议（原定开代表大会，因代表不齐，改为代表会议）。为了保障这次会议的安全，中央特科进行了周密的布置：在赫德路租了一座四层的红楼，临时开设一座“医院”。一楼是特科的工作人员，二、三楼是供与会代表住宿的“病房”，四楼是供举行大会用的会议厅。一楼由一科派人充当门房、账房等职，负责接待偶然闯进来求诊的一般病人，并且负责应付查电表，收水电费等琐事，防止外人进入大楼。同时，负责这次行动的陈赓让刘鼎出面，在近邻处另租一间房子住下，布设机关，成为“医院病人”迅速转移的通道，遇事可以从红楼顶转到刘鼎住房顶上，再经过他的住屋溜出大门。为了确保安全，三科还派出“红队”携带武器前往卫护。有的骑自行车在附近巡逻，有的化装成小商贩在楼房的周围望风，有的在会场警戒，准备一旦被敌人发觉，遇有巡捕前来搜捕的时候，立即持枪抵抗；同时指定专人负责引路，带参加会议的代表穿过刘鼎的住屋转移出去。为此，陈赓等曾经多次到医院里检查、筹划。当时，一科曾为参加会议的同志租了一些旅馆，还准备了适合各种身份的比较阔绰的服装。各地代表到达上海后，先在指定的旅馆住下，经过初步审查后，就作为“病人”逐个送进“医院”。代表进了医院，住进病房，即与外界隔绝开来，不许外出。开会以前，这里完全按照普通医院的秩序办事，医生、护士、厨师以及服务人员完全同一般医院一样，照章办事。到开会之日，方才进入会场。这次会议共开两天。会毕又把代表逐个地送出医院，分散住进各个旅馆。这样，只有几天光景，这家新开设的医院，就像海市蜃楼一样倏忽不见，人员全都走得无影无踪。

还是在这一年，中央特科又在卡德路专为“红队”举办了一个短期的训练班。恽代英、周恩来向“红队”的队员作了多次政治报告，也正是在这时，陈养山由于多次聆听他们的报告，革命的信念更加坚定了。陈养山也参加了当时的秘密工作技术和秘密工作纪律的训练。训练的项目是：熟悉敌人警、宪、特机关和流氓帮会的情况；熟悉上海各街道里弄的名称、路线和居民住宅的具体情况等；学习化装术以便能够切实有效地隐蔽自己和对敌人进行侦察、监视；学习猜破敌人密码、用显墨水书写密函以及自己被捕后打开镣铐、在汽油里掺糖以破坏敌人汽车等技术；学习射击术，等等。每次学习射击术，都是租船出长江口，到海上去学练打枪。正是由于党的无微不至的关怀，使“红队”具备了极好的政治素质和较强的战斗力。中央特科以“红队”作为保卫党的主要力量，在当时无情地镇压叛徒奸细，营救被捕的中央负责同志，对于党的安全起了重大的作用。他们在中外强大敌人严密统治的上海行动神出鬼没，在长期尖锐复杂的斗争中百炼成钢，上演了无数轰轰烈烈的精彩表演，展现了无数可歌可泣的英雄业绩，在上海人民的心里留下深刻的记忆，至今还笼罩着一层神秘的色彩。

中央特科“红队”在镇压叛徒奸细的英勇斗争中锻炼成长，国民党的特务、内奸、叛徒，一听到“红队”的名字，便谈虎色变，惶惶不可终日，“红队”成为保卫中共中央的一支重要力量。虽然“红队”的成员不多，存在的时间也只有七八年，但它在白色恐怖下为保存党的组织，发展革命势力、夺取民主革命的胜利，建立了不少功勋；也为党中央日后建立正规的警卫队提供了宝贵的经验教训。

“红队”在中央特科领导下，屡建奇功。其中许多案件侦破、处置得很及时，有力地打击了敌人，保卫了党的组织和同志。

陈养山在回忆中央特科的文章中，曾多次介绍过当年“红队”战斗的实例：

1. 处决叛徒何家兴（贺家兴）

1928年4月下旬，陈赓亲自指挥“红队”惩治出卖罗亦农的叛徒何家兴（陈养山叫他贺家兴）。罗亦农1920年参加中国社会主义青年团，1921年中国共产党成立后，被派往莫斯科东方大学学习。1925年春回国，先后在广州、北京负责党的重要工作。1926年1月调任江浙区委书记（兼管上海市党部的工作），曾经参加领导上海工人举行的三次武装起义。1927年4月，在党的第五次全国代表大会上，罗亦农当选为中央委员，旋即被派往南昌任江西省委书记。同年11月在中央临时政治局扩大会议上，被选为中央政治局委员、中央组织局主任。1928年4月中旬，罗亦农从中共湖北省委调上海党中央工作。15日那天早晨，他到爱文义路（现北京西路）、赫德路一带去接头，正在等人的时候突然遭逮捕，由英租界捕房押到国民党龙华警备司令部。由于罗亦农原是敌人悬赏追捕的中央领导同志，被捕次日，上海中外报纸即传出消息，帝国主义者和国民党反动派莫不额手称庆，所谓“首要已擒，共祸可熄”。中共中央知道情况后，由周恩来组织特科想尽办法营救。不久，又探听到罗亦农将被引渡到国民党淞沪警备司令部的消息，准备在解押途中由“红队”秘密武装劫救。上海广大革命工人和市民群众，对罗亦农的被捕也都万分愤慨，因而群起营救。帝国主义分子和蒋介石等怕在押解途中发生意外，所以提前到4月18日引渡，21日未经任何审讯即下令将罗亦农枪杀于上海西郊，致使营救计划没能实现。

罗亦农，1902年生，湖南湘潭人。1921年加入中国共产党。1927年11月当选为临时中央政治局常委，并任中央组织局主任。

为了查清罗亦农被捕的原因，陈养山和“红队”的战友专门做了深入细致的调查、分析，通过鲍君甫在巡捕房的内线关系很快查清，出卖罗亦农的叛徒是何家兴、贺芝华（又叫郝芝华）夫妇。他俩都曾在莫斯科东方大学读过书。从苏联回国后，两人都在罗亦农领导下做秘书工作。他们知道许多党的机密，掌握许多中央负责同志的地址。

陈养山说：当时我党工作人员，每人每月生活费只20元，自然满足不了他们享乐腐化的需要；他们迷恋资产阶级生活方式，追求个人物质享受，甚至不遵守党的地下工作规定，曾受到罗亦农多次严肃地批评，因而对罗亦农怀恨在心，继而向帝国主义的巡捕房密告，以领取10万元犒赏为代价，出卖中共中央在上海的十几处机关。为了取得敌人的信任，他们首先出卖的便是罗亦农。

中共特科为了进一步查明这两个叛徒出卖罗亦农的真凭实据，曾经暂时把他们安置在一家小旅馆里。在取得确凿证据后，决定予以镇压。在一个静寂的夜晚，一组“红队”队员以迅雷不及掩耳的行动，突然冲进这对叛徒夫妇寄居的旅馆，当“红队”队员闯进卧室的时候，他俩还未明白过来，何家兴已被击毙在床上，他的老婆吓得连忙钻进床下躲藏起来，也受重伤并被打瞎了一只眼睛。旅馆里面开枪的时候，旅馆外面燃起响声震耳的鞭炮，掩护“红队”队员在完成任务以后全部安全离开现场。

2. 镇压内奸戴冰石

1928年8月下旬的一个下午，戴冰石又演出了一场“苦肉计”，想以此掩盖自己叛变革命，充当内奸的丑恶嘴脸。

戴冰石是上海人，蒋介石“四一二”大屠杀之前，曾经在上海总工会机关工作过，大革命失败后，他按照上级指示隐蔽了很长时间，一直没有接到出来工作的通知，平静而没有精神负担的生活使他渐渐滋长了贪图安逸的思想情绪，在与组织失去联系一年多的时间里，他不知多少次暗自祈祷，共产党再也不要找到我了！

共产党还没有找到他，国民党却先来找他了。“四一二”以后，尽管国民党反动派在大上海撒下了天罗地网，要把共产党人一网打尽，甚至丧尽天良地屠杀了几千万共产党人和革命群众，但是他们还是整天提心吊胆，仿佛到处都闪动着共产党人的身影。为了进一步落实蒋介石的“清党”计划，国民党的特务组织又机关算尽，准备让一些过去在共产党外围组织工作过的人伪装积极进步，打进共产党地下机关内部，更多地掌握中共情况，等待时机彻底铲除共产党。于是，戴冰石就成了国民党特务组织的一个合适的人选，因为他在工会工作时公开了身份，而他时常表现出的偏激和冲动，使敌人隐约觉察到了他这个人身上的弱点，认为可以引诱又可以利用。在金钱和封官许愿的诱惑下，戴冰石终于走出了他曾经陶醉其中的宁静的等待，又积极地活跃在工人中间，不时痛骂国民党反动派的凶残和国民政府的黑暗统治，博得了周围工人群众的好感，也得到了地下党组织对他的信赖。

大革命失败后，党的组织遭受严重损失，要恢复和开展工作，首先得有人去干。由于正值用人之际，戴冰石很快被吸收到党的地下机关中工作，不久，又被吸收为中共党员。

在英租界区内的平凉路路口上，有一家专门经营纸张文具的铺面，实际就是当时中共中央机关的一个秘密联络站，戴冰石的小姨子也在这里帮忙。平素，这个机关主要是用于传递消息，有几个党中央机关的交通员经常往来于这里，一些宣传品和党的文件都是经这里送往外省，偶尔，也在这里召开会议，戴冰石就被安排在这里，表面上是店里的伙计，实际上负责收发文件。由于上级党组织跟这里保持单线联系，而戴冰石的具体工作又限制他了解到更多更机密的中共情况，因此，敌人一直不急于破获这个机关，以免因小失大，暴露了戴冰石的身份。

在国民党特务组织那边，戴冰石也是与上司直接保持单线联系，所以即使是当时为我党提供了许多重要情报、在国民党上海特务组织中居于显赫地位的鲍君甫也对此事一无所知。

8月份的一天，鲍君甫奉命把上海淞沪警备司令部的一封密封公函送往英捕房的政治部。在这里担任要职的华籍政治部的帮办谭绍良把公函拆开一看，立即约鲍君甫一起带了十几个中外捕探，直接来到平凉路上的这家文具店搜查，在后屋的阁楼上和小库房的文具纸张的包装盒里，搜出了还没来得及带走的大批中共文件，谭绍良命令捕探们当场逮捕了七个人，戴冰石的小姨子也在其中。

三天后，这被捕的七个人被引渡到淞沪警备司令部，交由中方审理，正好由鲍君甫具体负责。第五天一大早，戴冰石居然直接来找鲍君甫，请鲍立即把他的小姨子放出去，直到这时，鲍才知道了戴冰石的真实身份。

陈养山在回忆这场战斗时说："鲍将情况立即报告给我们，让我们审查处理戴冰石。不久，戴冰石去找鲍君甫，要求把他的小姨子放出来。鲍与我们联系后，答应了他的要求。"

原来，在鲍君甫被委任为国民党南京政府特务组织驻上海的特派员之前，戴冰石已经通过上海的特务组织直接与南京政府国民党党务调查科的实权人物杨剑虹取得了联系，戴冰石深知杨剑虹决定着他升官发财的命运，便死心塌地地抱住杨剑虹的大腿不放。在中共党的地下机关工作了大半年以后，戴冰石急于干出个样子来请功领赏，也为向其主子表忠心，便直接向杨剑虹提交了破获平凉路党的秘密机关的计划，希望通过这次行动达到两个目的：一是在下级机关交通员按常规来取文件的时候，一举捕获多人，如果能在这些人中打开缺口的话，就可以破获更多的秘密交通站，使共产党组织上下脱钩，指挥失灵；二是由于这个机关被破坏，戴冰石就有可能被安排到中共中央其他更重要的机关去工作，了解更多的情况，以便于捕获到共产党的更重要的领导人。戴冰石提出为了达到第二个目的，必须使他本人不在被捕之列。但是为了避免引起怀疑，他便想出了一个"苦肉计"，提议让敌人逮捕人时把他的小姨子也带走。杨剑虹非常赏识戴冰石的这个计划，当即表示：只要英巡捕房把人一交给上海龙华淞沪警备司令部，就立即释放他的小姨子。

这些情况，杨剑虹都没有告诉鲍君甫，只是曾在不久前对他说过：过些日子我交给你一个人，这人已经打进共产党的内部并且取得了信任，一旦时机成熟，他会提供重要情报。

戴冰石的小姨子被引渡到淞沪警备司令部两天了，还不见放人，戴冰石心中焦急，更加上老婆整天跟他哭闹不止，逼得他狗急跳墙，直接向鲍君甫把全部老底都端了出来，并请求鲍履行杨剑虹的承诺。

鲍君甫了解到这个情况后，当天晚上就与陈赓联系，汇报了所有细节和过程。陈赓立即向党中央作了汇报。

党中央非常重视这一情况，很快就把查核的结果通知了陈赓：戴冰石确实是破坏平凉路秘密机关的内奸。同时指示“红队”，在短期内将这个内奸除掉。

此时此刻，戴冰石正躲在家里暗自高兴呢，秘密机关出事的那天，戴冰石借故没到机关去，事后，他装作万分焦急的样子，找到与他直接联系的同志，请求组织马上安排他新的工作，接头的同志告诉他：注意隐蔽，别暴露目标，等待上级指示。

9月初的一个早晨，戴冰石的老婆买菜回到家中，突然发现菜篮子里有一个像筷子那么粗细的小纸卷，急忙拿出来交给了戴冰石，戴接过来打开一看，只见上面写着：

德水：

家乡来人，请于即日午后三点到湖北路安东旅馆3号房找张先生面谈。

表兄

民国17年9月2日

字条里的“德水”就是戴冰石的化名，“表兄”则是指平时与戴冰石单线接头的中央机关联络员，“张先生”是指上级党的领导。

戴冰石手里捏着字条，苦苦思索了许久。去吧，万一共产党已经发现他是内奸，那么他此去必死无疑。不去吧，万一真是上级党组织来人安排他更重要的工作，他岂不是错过了一次立功领赏的机会？最后，他把牙一咬，发狠地说道：“去！”

为了确保安全，他让老婆把一封亲笔信送到鲍君甫手里，“必须面见杨特派员，等他有了回话再回来”。在信中，戴冰石要求鲍在那天下午要对他采取保卫措施，并且事先在安东旅馆打好埋伏，如有意外，就公开交火，若无意外，就等戴冰石和“张先生”接头离去后，再悄悄地撤离现场。

鲍君甫看罢信后，对戴冰石的老婆说：“回去告诉他，一切放心，我马上安排。”

鲍君甫的确按照戴信中的要求采取了保卫措施，但整个行动比戴冰石要求的晚了15分钟，于是，这个阴险的内奸的命，就丢在这15分钟里面。

为了顺利完成镇压内奸戴冰石的任务，“红队”拟定了两套执行方案：第一套方案，在安东旅馆3号房里用匕首刺杀戴冰石，不用枪械。第二套方案，倘若这个内奸到旅馆门前不进里面去而又转回去，就用子弹结束他的性命。

“红队”之所以选下这个时间和这样的地点，主要是考虑到掩护问题。初秋的上海，午后3时，街上人多拥挤，便于“红队”队员扮成各种各样的买卖人、过路人、住店客人，埋伏在安东旅馆附近，一来是为了配合保护旅馆3号房里执行任务的同志，随时准备接应里面的同志；二来是为了直接实施第二套方案，坚决避免由于戴冰石中途变卦而造成行动计划落空。

将到3点的时候，戴冰石头戴一顶凉帽，鼻子上卡着一副墨镜，来到了湖北路的南路口，他一眼瞥见鲍君甫站在路边的树荫里点燃一支香烟，好像在等什么人，心中不由得一喜。他大摇大摆、胸有成竹地迈进了安东旅馆大门。

走到3号房门口，他轻轻地敲了四下，房门虚掩着，他用手一点点推开门，走进屋里。靠窗台边上，背朝着门站着一个人，戴冰石刚说了一个“张”字，身后门“砰”的一声已经关死了，还没等戴冰石转过身来，一只粗壮有力的大手已经卡住了他的脖子，一个声音沉沉地、一字一顿地送进他的耳朵：“叫你这个内奸死个明白！”

这时，院子里传来杂乱的脚步声和人们的说话声，声音越来越近了。屋子里窗边站立的另一位“红队”队员已经快步走到门边，一把冰凉的匕首顷刻间刺进了戴冰石的心脏。这个一心等待升官发财的卑鄙险恶的内奸，终于受到了应有的惩罚。

3. 枪决敌密探陈慰年

1929年夏天的一个傍晚，英租界巡捕房政治部的帮办谭绍良给鲍君甫介绍了一个人，这个人的名字叫王松生。谭绍良对鲍君甫说：王松生这个人对共产党的事知道得不少，大有利用的价值。

这时，王松生不过是游荡在上海滩的一个流氓，没有职业，也不想干力所能及的工作，整日游手好闲，一心想靠置卖政治情报发财，在肮脏阴暗的社会角落里，为卑鄙丑恶的行径寻找市场，也为自己谋求生路。

8月末的一天，王松生找到鲍君甫，从裤兜里拿出一份刚刚搞到的《中央通告》，问他要不要。《中央通告》是当时中共中央的秘密文件，这样绝密的东西，王松生是从哪搞到的呢？鲍君甫意识到，在王松年背后，还有更危险的人物，必须想办法把躲在幕后的重要角色引出来才行。于是，鲍君甫佯装兴奋和十分重视的样子把《中央通告》留下，顺手给了王松生一笔钱。又再三嘱咐他：“办事要加小心，再有共产党的秘密文件立刻送过来！”

当天，鲍君甫将这绝密情况连夜告诉陈养山，陈养山通过中共中央的地下联络站转告陈赓，说鲍君甫有紧急情况要和他面谈。

第二天晚上，在利都影院的大厅里，陈赓的夫人王根英装扮得如同阔少妇一样，一只胳膊轻轻搭在陈赓的胳膊上，微笑着朝鲍君甫点着头，仿佛在听他们谈论有趣的事情。在声音一阵高一阵低的交谈中，鲍君甫把王松生的情况作了全面的汇报，陈赓指示他一定要把王松生背后的人查清楚。

王松生又给鲍君甫拿来了两份中共中央文件，鲍君甫一边给他钱，一边问他，还有没有别的什么秘密刊物，以后可以继续提供给他。王松生故作神秘地对鲍君甫说：“我的这些文件都是从一个共产党那里搞来的，绝对可靠。”鲍君甫装作很感兴趣地说：“那好哇，改天把他带来我们认识认识。”

出卖文件给王松生的人叫陈慰年，他已经在小沙渡路西街口一处党的秘密接头点工作一年多了。这个接头点对外是一间理发馆，陈慰年的公开身份就是理发馆的勤杂工，暗中是具体负责党中央文件的收发接转工作。三个月前，陈慰年悄悄通过关系，到国民党上海龙华淞沪警备司令部自首，表示“悔过自新，弃暗投明”，从此“效忠党国”，愿意尽自己所能为扫除共产党效劳。

为了在共产党内安插下自己的耳目，敌人让陈慰年继续在这个秘密机关里干下去，一般情况下按时提供中共中央文件，除非有重大情况，否则不许暴露身份，就这样，陈慰年这个无耻的叛徒，摇身一变就成了淞沪警备司令安插到共产党地下组织中的奸细了。

陈养山介绍此案时说：“原来陈慰年是一个已打入我们内部的国民党警备司令部的密探。”陈慰年从警备司令部拿到了出卖秘密文件的钱，可他为了赚更多的钱，又把同样的情报出卖给了英巡捕房豢养的走狗王松生，这才在鲍君甫面前露出了马脚。

鲍君甫和陈慰年接上关系以后，陈慰年就不再通过王松生转卖文件了。频繁接触后，鲍君甫把陈慰年的底都给摸清楚了，便把这些情况都如实通报给了中央特科，中央特科又通过其他途径进一步核实了陈慰年的情况，决定处决这个危险的叛徒。

一天，陈慰年又来送中共中央的文件了。鲍君甫作出非常满意的样子，说晚上请陈慰年和王松生在淞沪酒楼吃饭。

一对叛徒和流氓真是受宠若惊，席间，陈慰年和王松生争相向鲍君甫这位国民党南京特务组织在上海的大红人献殷勤。鲍君甫答应，把王松生也介绍到“组织”中来，于是，这个靠在英租界巡捕中得到一点残羹剩饭维持生活的流氓无赖，摇身一变成了国民党上海特务组织的一只狗。

酒席之后，喝得醉醺醺的陈慰年摇摇晃晃地走回自己家，一路上，嘴里哼着小调，庆幸自己这一步自首投敌的棋走得真高。

其实，这桌酒席，已经是“红队”准备镇压的一个小序曲了，化了装的“红队”队员根据事先约定好的暗号，在鲍君甫的这桌酒席上认清了陈慰年的体貌特征。并且，一直尾随陈慰年到家中。

第二天，陈慰年家弄堂口上，新摆出了一个连环画书摊，从早到晚，总有孩子或者大人围在那里，这条弄堂，顿时热闹了许多。

这个书摊是“红队”准备刺杀陈慰年的又一计划。半个月后，“红队”已经对陈慰年的生活规律、进出弄堂口的大概时间摸准了，并且，还了解到了他的社交范围和经常接触关系密切的人。

一个艳阳天的中午，有几个孩子在书摊前聚精会神地翻阅着连环画等书刊，弄堂口大树下有坐在藤椅上打盹的老人。此时，陈慰年又在弄堂口出现了。一个身着警服的人在弄堂口一闪，也跟在陈慰年身后不远走进弄堂，弄堂的另一端出入口，一个沿街叫卖冰棒的“老人”慢慢地迎着陈慰年走过来。

离陈慰年还有几步远时，卖冰棒的“老人”突然神速地扬起手，只听一声枪响，陈慰年踉跄了一下，转身往回跑，和正从后面走来的“警察”撞了个满怀。“警察”往旁边一闪，手起刀落，这一次，陈慰年挣扎了几下，到底还是倒在地上。胸前的枪伤在流着血，心口处并排插着两把飞刀，在短袖衬衫上只留着两柄短短的黑色刀把。

弄堂外面的大道上，响起了人们的嘈杂声和零乱的跑步声。卖冰棒的“老人”已经几步窜出了弄堂口，拐到另一条路上，高叫着“冰棒”“冰棒”……

4. 击毙叛徒白鑫

击毙叛徒白鑫，也是中央特科最出色的一次行动。这次行动，也是陈赓通过侦察，获得准确情报后组织进行的。

白鑫是黄埔军校的一期生，1927年曾在叶挺的二十四师教导营任党代表，1928年参加广东海陆丰革命根据地工作。1929年调上海中央军委工作。叛变前他任中央军委秘书。那时候，中央军委经常召集有关部门开会，由军委书记周恩来主持，军委秘书白鑫当然参加。开会的时间和地点，有时还由白鑫通知，而这次出事时的开会地点就在白鑫家中。

彭湃，1896年生，广东海丰人。1924年加入中国共产党。1928年当选为中央政治局候补委员。

1928年8月24日夜，中共中央农委书记兼江苏省军委书记彭湃、中央军事部长杨殷、中央军委委员颜昌颐、江苏省军委委员邢士贞、上海总工会纠察队副总指挥张际春等五位中共重要领导，正在上海沪西区新闸路经远里白鑫家开中央军委会议时，突然几辆红皮铁甲车载着国民党军警特务荷枪而来，把整幢楼房团团围住。特务们径直跑到楼上，拿出事先带来的照片逐一核对，然后不问青红皂白，将彭湃等五人全部逮捕。

陈养山说："本来周恩来同志也要参加那次会议，临时因有急事要处理未到会，方得幸免。"敌人为了掩人耳目，之后还把白鑫一起押走。

事件发生后，周恩来立即召开同中央特科各负责人的紧急会议，商量营救办法并了解被捕原因。陈赓根据周恩来的指示，立即通过特科安插在敌人内部的关系调查了解，很快获悉彭湃等五人的被捕是由于叛徒白鑫的告密。白鑫当时任中央军委秘书，他的弟弟白云深却在南京国民政府军政部储备司任司长。白鑫曾暗中让他老婆潜往南京与白云深联系，很快便通过白云深，搭上了国民党市党部常委、特工头目范争波的关系。早在彭湃等五人被捕前一个月，白鑫就向国民党市党部秘密自首。此后，白鑫又把周恩来、彭湃等将在他家召开中央军委工作会议的重要情报报告给范争波，作为他卖身投靠国民党的政治资本。

在侦察到告密者是白鑫后，陈赓立即向周恩来作了汇报。周恩来迅速向有关人员发出白鑫叛变的通告，并要求陈赓迅速组织营救彭湃等五人的行动。

陈养山在谈到这场战斗时说：叛徒白鑫罪大恶极，对我们威胁很大，必须除掉才能免除后患。我们很快弄清了他的情况，原来他叛变后就住在范争波的家中……

经过一番侦察，陈赓、陈养山从鲍君甫那里获悉：敌人将于8月28日将彭湃等五人从上海警察局拘留所解往龙华警备司令部。

陈赓迅速将这一消息报告给周恩来。周恩来当即下令特科所有会打枪的人一齐出动，埋伏在囚车经过的途中，准备截车营救。

伪上海市警察局

那一天，“红队”队员和许多人一起，化装成拍电影外景的摄影队，武器装在一只皮箱里面，指定专人骑带马达的脚踏车送到现场。他们还准备了装好大米的卡车，打算用它挡住囚车，迫使敌人停车后立即下手。这次行动，事先经过周密布置，出动了中央特科的全部工作人员。他们有的化装成小贩，有的装扮成过路的行人，一起来到现场，摆成一个“劫法场”的阵容。但由于送武器的人（“三民照相馆”老板范梦菊，后来叛变）来迟了，加之事先未能将枪内润滑油脂清除，不能立即使用，营救未能实现。彭湃、杨殷、颜昌颐、邢士贞四同志最终被敌人杀害。

彭湃等四人遇难的消息，激起了地下党组织对叛徒白鑫的无比憎恨。陈赓根据周恩来的指示，加紧了对白鑫行踪的侦察。当时中共在敌人内部的重要关系鲍君甫，以国民党中央组织部调查科驻上海特派员的身份，找到白鑫的住处同他谈话，问他有什么计划，还有什么线索，从白鑫口中套出他将赴南京，进一步向国民党中央出卖党的机密，然后制订一个更大的计划，妄图将中央机关工作人员一网打尽的情报。鲍君甫将这一情报告诉陈赓后，陈赓便要鲍君甫命手下人严密监视白鑫的行踪，严防这个叛徒离开上海。

为了保护叛徒白鑫，国民党上海市党部故意施放烟幕，极力掩盖白鑫告密的真相。1929年9月14日，上海国民党机关报《民国日报》，在发表枪杀彭湃等四人的消息时，故意另发一则消息说：白鑫曾在黄埔学校毕业，“前以受人之愚，误入共党，罪状较轻，已由蒋主席负责保出，业于前日带往南京，听其戴罪立功，以观后效”。但实际上，白鑫当时根本未离开上海，而是住在国民党市党部常委、特工头目范争波的家中。

一天，白鑫带着两个保镖，化装后秘密来到达生医院找他认识的医生柯达文看病。过去白鑫常来这里看病，但他并不知道他信任的医生柯达文正是中央特科的柯麟。那时中央特科的人均有合法身份做掩护。柯麟和贺诚便化名柯达文、贺雨生在上海威海卫路开了一家“达生医院”，用以掩护党中央机关的活动（党中央当时每月在这个医院开一次会）。柯麟认识白鑫多年，白鑫很相信他的医术，常去他的医院看病，但一直不知道他的真实身份。在获知白鑫叛变的准确消息后，陈赓曾专门对柯麟作过交代，说白鑫最近患疟疾，可能会来看病或请你出诊，届时请及时汇报。

原来，白鑫害怕被“红队”刺杀，叛变后一直东躲西藏，最后干脆住进了大特工头目范争波的公馆。在得到一大笔赏金后，白鑫经主子批准，准备秘密逃往意大利暂避风头，出国的时间定在11月11日。陈赓获得这一情报后，立即进行了周密的布置。他先让人在范争波公馆附近租下住房，秘密监视范宅的一举一动，接着，又让鲍君甫亲自去范争波家，核实白鑫动身的准确时间。在一切都摸得清清楚楚之后，特科和“红队”的成员立即开始了行动。

这天下午，“红队”队员邵达夫、谭忠余、王德明、赵一帆、吴蓝甫、陈永嘉、陈养山、左光余等，化了装埋伏在霞飞路和合坊第四弄43号范争波公馆的附近。当晚10点钟，范争波的汽车开进弄堂，停放在范宅后门口。接着，范争波的保镖韩云秀又去霞飞路苏州汽车公司，雇来一辆号码是6730的汽车。两辆汽车都停在范宅后门口，范宅的保镖和佣人开始搬运行李上车。大约11时左右，白鑫穿一条藏青色西裤，上面罩一件灰哔叽的衬绒袍子，脚上黑皮鞋擦得贼亮，由范争波兄弟和前来送行的王容川陪同，在七名保镖的簇拥下，满面春风地从43号后门出来，走向停放汽车的地方。他们刚走到东王弄口，“红队”队员突然由对面弄堂中冲出，只听大喝一声“不许动！”拔枪便向白鑫射击。因为被簇拥在人群中，白鑫没有被枪弹击中。他拔腿就跑，企图夺路逃命。保镖韩云秀当即拔枪还击，枪弹尚未射出，已被“红队”击毙。其余人争相逃命。乱枪中，范争波连中三枪，重伤倒地；他的弟弟范争洛身中六弹，当场毙命；王容川左足中弹，倒在地上装死。看门的巡捕林汉臣、王宝元，一个被当场击毙，一个抱头鼠窜。白鑫这时拼命向北狂奔，同时拔出手枪还击。“红队”队员紧追不舍，前后夹击，终于把这个罪大恶极的叛徒打死在71号门墙下，子弹由前额洞穿后脑，脑浆迸流，当场毙命。

5. 秘密处决黄第洪

1924年初春的上海，一个瘦削的青年在南京路上漫无目的地走着，为了求学，已经从扬州来到上海半年了，但是至今还没有找到自己的归宿，这个青年就是黄第洪。一位朋友介绍他去广州，听说孙中山先生要在广州办陆军军官学校，这正是一个好机会！

1924年5月，黄第洪成为广州黄埔陆军军官学校的第一期学员，在那里，他加入了中国共产党，并且同周恩来熟识起来。

从黄埔军校毕业后，黄第洪被党组织送到苏联学习，和平、宁静、劳动人民当家作主的生活，使他过早地体验了“坐”江山的惬意。1930年4月，组织上指示他回国，先到上海，参加第一次全国苏维埃代表会议，然后去苏北开展党的地下工作。

大会结束后，中央特科派专人护送黄第洪登上了北去的列车，护送的同志万万没有料到，就在第二天，黄第洪又回到了上海，并且，他根本没和党的组织打任何招呼，而是径直找到自己的姨母家。大上海的都市生活，对他充满了诱惑。

黄第洪的姨父姓曹，在上海开了一家典当铺，家里颇有些钱财。姨父去世后，只剩下姨母和表妹两人，无力经营那么大的店铺，就把典当铺盘给了别人，娘俩带着两个佣人，日子过得悠闲、富足、自在。只是家中人丁稀少，老太太颇有些凄凉之感。

5月25日，黄第洪敲开了姨母家的门，老太太见自己的外甥出息了，长得一表人才，神气十足地走到自己面前，乐得嘴都合不拢了，根本不问他从哪来到哪去，就高高兴兴地留他住了下来。

6年前，表妹玉香还不过是个黄毛丫头，站在黄第洪的面前，羞羞地什么也不会说，而那时的黄第洪，一个十足的流浪汉，玉香也并没真正看得起表哥。如今，玉香出落得亭亭玉立，19岁的大姑娘，又受过良好的教育，站在黄第洪的面前落落大方，谈吐自然，极有修养，那娇美的面貌和充满青春活力的身影一下子就抓住了黄第洪的心。两个人一见钟情，出成双，入成对，整日形影不离。膝下无子的姨妈更乐得外甥做女婿，亲上加亲，喜滋滋地张罗着给女儿办喜事。

没想到，7月的一个深夜，姨妈却把黄第洪从家中赶了出来，黄第洪不但没做上乘龙快婿，还又一次成了流浪汉。原来，六年前黄第洪流落上海时，曾经结交了几个朋友，这一次，老相识们又找到他，他瞒着姨母，去逛堂子、进赌场、下餐馆。时间一久，花天酒地的生活没有金钱作保障，黄第洪就想出了一个坏主意，他一连从姨母家偷出十几根金条，姨母发现后，气得昏死过去，醒来的第一件事，就是让他立即滚出家门。

离开了姨母家，他仍没有去苏北地区工作的意思。于是，在闸北区的一个小客栈里暂时住了下来。在微弱的灯光下，黄第洪给周恩来写了一封信，说自己回到苏北后身份暴露了，敌人追捕得很紧，搞得自己没有立足之地，不得不回到上海，请周恩来无论如何给他在中央机关里安排个工作。

周恩来虽然工作异常繁忙紧张，考虑到他们在黄埔军校时的关系，考虑到他刚从苏联回国，更从巩固、发展、壮大革命力量着想，马上给他写了回信，约定同他进行面谈。

一个生活上追求舒适、享乐，甚至不惜做贼来满足自己的腐化、奢侈追求的人，还能真正为追求国家民族的解放去勇敢斗争，不怕献身吗？更何况，在上海的白色恐怖下，每一天几乎都有共产党人和革命群众被捕入狱，甚至惨遭杀害！黄第洪的革命意志已经彻底动摇了，他不过想拿自己可以得到共产党重要领导人的行踪消息做王牌，准备向国民党反动派献上见面礼罢了。

一接到周恩来的回信，黄第洪就又给蒋介石写了一封密信。他以黄埔军官学校第一期学员的身份告诉“蒋校长”，他在共产党里很不得志，他有重要机密要直接同“蒋校长”面谈。

把“铲共”视为自己的首要任务的蒋介石，并非难忘旧日的“师生”之情，而是重视黄第洪所说的“重要机密”。蒋介石看了黄第洪的信后，亲自把信转给了大特务头子陈立夫，陈立夫自然也不敢怠慢，又立即批转让党务调查科主任徐恩曾处理黄第洪的自首案。徐恩曾又把具体工作交给了国民党中央驻沪特派员鲍君甫去做。

鲍君甫和黄第洪接头的时间地点和暗号都确立了。7月14日上午10点，鲍君甫一手拎皮包，另一只手里拿了一张当天的《上海日报》准时来到南京路邮局，坐在邮局大厅里为客人准备的长木椅上，漫不经心地看着报纸。10分钟、20分钟，半个小时过去了，鲍君甫站起身来离开了接头地点，黄第洪根本没露面。

三天以后，同一时间、地点和暗号，鲍君甫又如期前往，结果，半个小时后，他又悻悻而归，黄第洪再次失约。经过两次试探和暗地监视，黄第洪终于露面了，又是三天以后，鲍君甫与黄第洪接上了关系。鲍告诉黄：“我以南京特派员身份向你保证，你的安全不会有问题，只是，你怎样向我们证明自己的自首是不掺假的呢？”

急于表明自己“诚意”的黄第洪，向鲍交待了自己与周恩来的关系，供出也已经约定好周恩来跟他会面的时间地点，并且主动提出，下一次会面时，把周恩来的亲笔信拿来。然而，这个出卖灵魂的投敌变节分子，不知道下一次等待他的竟是一颗惩处邪恶的子弹！

鲍君甫与黄第洪分手后，感到事情严重，不能迟疑，就迅速报告给了中央特科的刘鼎，刘鼎又连夜找到特科负责人陈赓，把黄第洪自首投敌，并且出卖了周恩来的情况作了全面汇报，陈赓马上把此事转告中央。周恩来指示：密切监视黄第洪的行动，深入调查核实其叛变自首的情况，一经认定，立即秘密处决。

中央特科又开始了一次新的重要配合作战。

7月26日，就在周恩来约定黄第洪谈话的当天，一大早，黄第洪接到鲍君甫的手令：

11点。城隍庙西街口。务将家伯亲笔信拿来。

堂兄

字条上“家伯亲笔信”，指的是周恩来给黄第洪写的亲笔信。“堂兄”是鲍君甫事先定好的自己的落款。黄第洪见到指令后，没有产生任何怀疑，突然觉得自己升官发财的日子到了，兴奋地做着准备，按约定的时间朝城隍庙方向走去。

黄第洪刚刚在城隍庙西街口道边的树荫下站定，就见到由东向西，一队轻骑飞驰过去，还没等他看清楚骑自行车人的面孔，就听“啪啪”两声清脆的枪响，冰冷的子弹已经穿透了他的胸膛，顿时，他倒在血泊之中，停止了呼吸。

街上，警笛响起，军警、特务、巡警急匆匆向黄第洪倒下的地方跑来。行人吓得紧贴墙根背对大街站着，一动也不敢动。

远处，“红队”的轻骑们只留下一路尘烟。他们神出鬼没铲除叛徒的行动，保卫了周恩来和中共中央的安全，使机关算尽的国民党反动派的阴谋，又没有得逞。

中央特科的有效工作，把敌人惊得简直无法相信已经出现的事实，徐恩曾亲自来上海视察工作，他与鲍君甫面对面地坐着，忧心忡忡地说：“真奇怪，怎么共党的消息这么快呢？”鲍君甫以同样沉重的心情点着头，若有所思地说：“我小心又小心，还是让共产党抢先一步，问题到底出在哪里呢？”

陈养山在谈到这个案例时说：

一九三〇年，有一个叫黄第洪的黄埔一期学生，他从莫斯科回国返抵上海后，看到国民党到处吹嘘“剿匪胜利”，他便对革命悲观失望，决心叛党投敌。他直接写信给蒋介石，表示愿为效劳，信中还声称他返回上海后直接同周恩来见过面等。蒋介石对他的效忠信很重视，直接交给特务头子徐恩曾办理，而徐恩曾将此事交给了鲍君甫办理。鲍拿到此信后，立即交给了我党。

我们接到此情报后也很重视，一查确有黄第洪其人，并且还是周恩来同志直接联系的，这是一个很危险的敌人。为了危害周恩来同志，他曾写信约周恩来同志在先施公司旁边的邮局里见面，我们派人在那里等他，但他很狡猾，始终没敢露面。他因做贼心虚，经常搬家，后来我们加紧侦察，终于找到了他的住址，及时把他收拾掉了。粉碎了敌人企图危害周恩来同志的阴谋。

五、重庆办社，“三陈”相伴战友情

重庆是国民党统治的中心，也是特务间谍机构的中枢，大大小小的谍报机关如蜘蛛网一般遍布这个雾都山城。重庆又是国民党的西南反共基地，国民党的党、政、军、宪、警、特首脑机关都设在这里。白色恐怖异常险恶，中共地下组织屡遭敌人的严重破坏，斗争十分残酷，要开展活动困难很多，基本无法活动了。

1935年春，蒋介石的嫡系势力扩展到了四川。重庆蒋介石营地、军委会政训处驻重庆通讯股、康泽的别动队等先后成立。川东军阀刘湘，为了巩固自己的势力，成立“武德学会”，借此团结内部同蒋介石嫡系对抗。

为掌握敌人的动态，打开情报工作局面，1935年8月，当时的中央特科负责人王世英派陈昌[①]、刘其珍夫妇去重庆开辟情报阵地。

陈昌夫妇到重庆后，通过国民党特务头子康泽的秘书袁福禄的关系，打入别动队做试用情报员。但没有干部、没有经费，很难打开局面，于是请示组织派人。

1935年9月，上海临时中央局派陈养山化名为陈仲英到重庆，协助陈昌开辟情报阵地。陈养山是中央特科资历较深的一位成员，他自1928年中央特科成立时即调入中央特科的情报科工作，一直在上海从事情报工作。1935年9月中央特科结束时，原决定派他去苏联学习，因四川急需干部，故改派他去四川。

陈养山到达重庆后，经向陈昌了解情况，认为重庆有很多关系可以利用，如：重庆行辕、别动队、刘湘的地方势力、武德学会、四川和贵州的失意军阀、政客等。但没有干部，没有经费，确实很难开展工作。于是陈养山立即回上海，向留在上海的联络机关汇报情况，请求解决干部和经费问题。

陈养山于10月下旬回到上海后，向联络人邱吉夫汇报，邱表示可以派人

---

① 陈昌，又名贾绍谊，四川仪陇县人。1927 年 12 月加入中国共产党，先后在武汉、豫南、福建等地从事地下工作。抗日战争时期先后在长沙、桂林、上饶、皖南等地的国民党军队中从事策反工作。解放战争时期在重庆从事农运工作，1948 年底被国民党逮捕。新中国成立后在重庆市公安局工作，1958 年受“左”倾错误迫害于 1960 年被折磨致死。

陈养山、陈克寒

去，但经费无法解决。他让陈养山在上海等待，与派去的人同回重庆。可是，11月上旬邱吉夫突然被捕，陈养山与上级失去了联系。他经多方设法于12月中旬才接上关系，组织决定派陈克寒随他去重庆。

陈养山、陈克寒回到重庆后，即同陈昌认真地分析重庆和四川各派势力的具体情况。正在研究如何开展工作时，探听到四川实力派人物刘航琛办的新四川通讯社因效益不好，无利可图，拟停办。

陈养山在上海中央特科工作时，办过通讯社，懂得用通讯社作掩护搜集情报的作用。那时，办新闻通讯社的风气盛行，陈养山常以新闻记者的身份进行活动，利用公开合法的形式开展情报工作，获得了许多极其重要的情报。当时他的公开身份是上海《申报》记者，同上海的许多报社、通讯社都有联系。新四川通讯社要停办的这个机会很难得，决不能放过。于是决定同刘航琛商量，由我们接办这个通讯社。并具体研究了如何开展工作。

经多方打听，探知刘航琛曾是四川军阀刘湘的国民革命军第二十一军的财政处长，因敛财有方，颇得刘湘的信任，现任四川省财政厅长兼四川省银行总经理，肯定同军界有联系。于是决定由陈昌设法通过康泽的关系，先同刘航琛取得联系，然后再同他协商由我们接办通讯社的事宜。

陈昌的活动能力很强，很快就同刘航琛取得了联系。于是便抓紧时间同刘航琛协商接办通讯社的问题。

经几度协商，最后以我们优先转发他们的新闻稿，他们就无偿的将新四川通讯社的社牌、印章交给我们接办为条件达成了协议。

陈养山在追忆这段战斗历程的《回忆“新四川通讯社”》中说道：

到四川后，我们三陈（陈昌、陈养山、陈克寒）认真地分析了重庆和四川的具体情况，正在研究如何开展工作的时候，探听到四川实力派人物刘航琛曾办过一个“新四川通讯社”，因无利可图将停办。我们也想办个通讯社，因立案手续和经费等问题不好解决，没有办成。这个机会很难得，决不能放过。于是经过几度协商，以我们优先转发他们的新闻稿为条件，他就无偿地将通讯社的印章、牌子交给我们主办。这样，我们就可以通讯社为掩护，更广泛地开展活动，真是如虎添翼。

50年代的陈克寒

协议达成后，特科很快在上海替他办了一个南华通讯社上海分社，还在武汉设立了一个分社。尔后，中央特科就利用这家南华通讯社开展情报活动，获得了许多很有价值的情报，并为中央特科工作人员的活动提供了不少方便，起了很好的掩护作用。

通讯社办起来了，由陈昌任社长，陈养山任总编，陈克寒当记者。但经费还是没法解决，陈养山便将自己所有值点钱的东西全部卖掉，用作通讯社的活动经费。结果他自己连基本生活都无法保障，有时一天只吃一个烧饼度日，非常艰苦。但他的工作热情很高，经常白天当总编，晚上当印刷工人，什么工作都带头干。

陈养山的党性很强，不管任务多重，斗争多么残酷，他从没有动摇过，而且经常教育大家要提高警惕，加强组织纪律性。他常对大家说：“决不能忘记我们是党的地下情报工作人员，我们的工作是打入敌人心脏的工作，如有失误就会给党的事业带来损失。”

为了给新四川通讯社找个“靠山”，解决经费和情报来源，“三陈”决定同国民党重庆行辕政训处(情报处)建立联系。

经协商，以陈养山做政训处的义务情报员，给政训处提供一些情报；政训处每月给陈仲英100元作为通讯社的经费为条件达成了协议。这样，新四川通讯社就有了“靠山”，就可以打着重庆行辕政训处这块招牌，大胆的开展情报活动。

为了提高新四川通讯社的社会地位，“三陈”把国民党中央社的新闻广播改头换面，写成“本社专电”，又利用陈克寒在上海报界的关系，从上海寄来一些特约稿或“专电”，搞得神乎其神。当时浙江人很吃香，陈养山和陈克寒都是浙江人，有人以为他们是奉某要人的指令来重庆办新闻社，在四川建立基地的，于是对他们很恭维，许多报社都争先采用新四川通讯社的稿件。于是“三陈”便借机主动与各报社、通讯社加强联系。如与《商务日报》《新蜀报》的一些进步人士陶敬之、温嗣翔、侯珍昌等人建立感情，并通过他们进行统战工作。这样，新四川通讯社很快就成为重庆新闻界颇有声望的后起之秀了。

此外，“三陈”还利用敌人各派系间的矛盾，煽风点火，使事态扩大，促使狗咬狗的斗争激烈化。如当时重庆市政府秘书黄应乾(市党部委员、中统分子)为新任市长李鸿混(刘湘派势力)修建公馆强占民房一事，是宪兵三团团长袁家佩侦悉的，新四川通讯社发稿曝光后，引起重庆市政府同宪兵三团互斗。又如军统复兴社与中统CC派争夺国民党重庆市党部领导权，新四川通讯社发稿揭露，结果引起双方在市党部殴斗的丑剧。

就这样，经过数月努力，“三陈”获得了大量军事、政治、经济方面的重要情报，如：国民党中央和地方军阀的党、政、军动向的情报；军力配备及互相斗争的情报；国民党军部和党部与地方各派系之间争权夺利的情报；重庆经济界与浙江资本家的矛盾，以及各种社会情报。这些情报主要来自国民党党政首脑机关，既机密、准确又及时，价值很高。

此外，“三陈”还探知重庆行辕新闻检查所所长李介民（中共叛徒），窃获了中共用化学通信的秘密方法。“三陈”立即将此情况向中央作了汇报，以便采取防范措施，避免党组织再遭敌人破坏。

“三陈”除办通讯社外，还秘密领导和参加了重庆、成都的抗日救亡活动，如：组织重庆民众声援成都民众反对日本在成都设立领事的斗争；支援绥远人民的抗日斗争等活动，以及参与领导各种抗日救亡团体和大中学校的抗日救亡宣传活动。

当时红军已经结束长征到达陕北，全国抗日救亡运动正在高涨，西南已成为蒋介石的战略后方，“三陈”就是在这种历史背景下，深入到敌人心脏进行了一场特殊的战斗。他们利用公开的合法身份，采取办通讯社的形式，巧妙地掩护隐蔽斗争的举措，取得了成功。在这场斗争中，陈养山发挥了重要的作用。

1936年7月间，陈养山、陈克寒回上海汇报工作，这时中央已派冯雪峰到上海接关系。住了将近一个月，才决定把陈养山调到西安工作，陈克寒调回陕北党中央，不再回重庆。陈昌因积极参加抗日救亡活动，引起国民党特务头子康泽怀疑，1937年初被迫由重庆转移到万县。新四川通讯社的工作就此结束了。

1987年8月，81岁高龄的陈养山在回忆这段往事时说：

我们就是在这样的特殊条件下，深入到敌人心脏进行了一场特殊的斗争。

这个“新四川通讯社”实际上是由重庆行辕情报处出钱，我们广泛利用国民党中央党政机关及地方军阀各派势力的矛盾，采取联络各方社会人士，团结新闻界、文化界的进步人士的方法，搜集大量情报和进行统一战线工作的工具。对这样一个有极端复杂的政治背景和合法活动条件的通讯社，谁能怀疑它是共产党的情报机关呢？

这已是50多年前的事了，当时在一起战斗的三陈，只有我还活着，他们都不在人世了：克寒是前几年去世的，陈昌因受极左错误的迫害，于1960年就被折磨致死，直到1981年才得到彻底平反的。这些无名英雄的革命活动，很少为人所知。

第三章
从敌占区回到延安

一、西安事变隐蔽战线高奏凯歌

1936年12月12日爆发的西安事变，是中国革命史上的一个转折点，对于中国现代史有深远的影响。

1936年，日本帝国主义不断扩大对中国的侵略，蒋介石坚持不抵抗政策，叫嚷“攘外必先安内”，继续进行内战。东北军和十七路军的首领张学良、杨虎城因受中国共产党抗日民族统一战线政策及人民抗日运动的影响，认识到“剿共”没有前途，与红军实现了停战，并要求蒋介石联共抗日。蒋介石不仅拒绝张、杨的要求，而且调整嫡系部队至豫陕边境，压迫张、杨继续进攻红军。12月上旬，蒋到西安督战，并屠杀当地抗日青年，张、杨于12日发动了西安事变，在临潼华清池扣押了蒋介石。

西安事变前后，我党隐蔽战线上无名英雄的秘密工作始终在进行。这里记述的有李克农秘密会晤张学良，还有王世英密晤杨虎城以及陈养山密会杨虎城的秘书宗绮云。

当时隐蔽战线上的指战员们对东北军的统战联络工作和情报工作在紧张地进行着。我党同张学良将军结成统一战线的基础是：东北军在陕北劳山和榆林桥等几次向我进攻的战役中，都遭到严重失败，这使东北军特别是张学良本人大为震惊，认识到“剿共”是一条死路；东北军广大官兵不愿因打内战而作无谓牺牲，都想打回东北老家去。红军在长征中打败了国民党大量军队，到达陕北与各方面红军会合后，不仅军事力量有发展，党的政治影响也迅速在全国扩大，成为决定中国命运的强大力量；张学良开始认识到共产党和红军是真正抗日的，要抗日必须同中共合作，否则就不可能实现抗日；张学良心里也明白，蒋介石要他“剿匪”，实际上是借共产党的力量来削弱和消灭东北军，施展排除异己、坐山观虎斗的阴谋诡计。因此，他同蒋介石的矛盾日益尖锐起来。

1935年10月下旬，红军在陕北榆林桥战役中歼灭了东北军主力六一九团（属王以哲一〇七师），并俘虏了团长高福源。中央优待这些俘虏，曾带高福源等到瓦窑堡附近中央红军部队中参观，向他们宣传到底谁抗日，谁不抗日。

高福源看到了实际情况，非常感动，认为红军是真正抗日的，他要见一见红军负责同志。当时是先由中央联络局局长李克农接见，然后由彭德怀找他谈话。

随后高福源带着我党领导人的密信回到了张学良将军身边。

高福源见到自己的统帅张学良后，说这次是红军派他回来的，有许多情况要向张学良报告。随后，这位七尺汉子慷慨陈词，声泪俱下：中国要是继续内战下去，不只是东北军有灭顶之灾，东北失地没有收复的日子，就是整个中国也危在旦夕。……我们应当响应共产党的号召，联合起来与全国人民携手抗战，洗去背在身上的历史罪名。副司令应与共产党联合抗日啊！话说完，高福源双膝落地，长跪不起。他知道，说出这些话的时候，他的性命已经不属于自己了。他在等待张学良的裁定。

高福源哪里知道，他的担忧和恐惧是多余的。一席话，把张学良和王以哲说得双双落泪。张学良恳切地表示基本上同意高福源的意见。并让他休息一两天就赶快回去，请红军方面派一位正式代表来，正式商谈一下。并让他今后放心做这一工作，如果遇有不测，他的家属生活和子女教育都由张学良和王以哲负责。

1月16日，心情振奋的高福源奉命回到陕北苏区，把详细情况一一向李克农作了汇报。李克农很高兴，领着他去见毛泽东主席和周恩来副主席。中央领导十分赞赏高福源这一举动，毛泽东当场拍板，任命李克农为中共中央全权代表，去同张学良、王以哲会谈。

李克农等到洛川后因张学良有事去南京，直至3月4日才同张学良谈判。谈判内容主要是李克农针对张学良提出的问题，阐明我党的政策主张，揭露蒋介石对外妥协投降，对内消灭异己的阴谋，用事实来说明东北军只有同我党联合抗日才有出路。

李克农等这次去洛川同张学良、王以哲谈判，主要的收获是：（1）了解了张学良愿意抗日；（2）张学良承认红军是抗日武装，可以同红军做朋友；（3）张学良愿意给红军以接济，军事上彼此妥协，暂时不打；（4）建立了电讯联络。并同王以哲订立口头协定如下：（1）确定互不侵犯、各守原防的原汉。（2）红军同意恢复六十七军（王以哲任军长）在鹿县（今富县）、甘泉、肤施（今延安）公路上的交通运输和经济通商。（3）肤施、甘泉两城现驻六十七军部队所需粮秣等物，可向当地苏区群众购买。(4) 恢复红区白区之间通商。此协定于3月5日开始实行。

李克农回来时，红军已经东渡。3月16日，他追到山西石楼前线，见到毛泽东和中央负责同志，汇报了洛川会谈情况。毛泽东很重视对东北军的争取工作，认为李克农这次单枪匹马，工作搞得很好。毛泽东指出：红军东渡是对的，一定要争取东北军，起码是要和他们妥协，不打，保存抗日力量。中央决定由周恩来去同张学良会晤。

1936年4月9日，周恩来和张学良在延安举行秘密会谈。他们谈得很坦率，也很融洽。会谈中，张学良承认红军是真心抗日的，“剿共”与抗日不能并存。表示不愿打红军，但现在不能离蒋，财政上也要靠蒋，故处在苦闷中。张说：对国民党要人中，他只佩服蒋尚有民族情绪和领导能力，故希望蒋抗日。同时，也承认蒋的左右有很多亲日派，蒋不能下抗日决心，而且极矛盾。如果蒋真降日，他就辞职而另干。他认为，根据他两年来的观察，蒋介石有可能抗日。他主张他在里面劝，共产党在外面逼，促使蒋改变错误政策，走上抗日的道路。周恩来表示愿把这些意见带回去，提请中共中央郑重考虑后再作答复。这是促成中共中央在4个多月后作出“逼蒋抗日”决定的一个重要因素。

与此同时，我党隐蔽战线的指战员也加强了对西北军的统战联络工作和情报工作。汪锋奉命去联系，王世英、南汉宸、陈养山等紧密配合，积极活动。

任陆军第十七路军总指挥时的杨虎城

我党同杨虎城将军领导的嫡系部队的关系建立比较早，也比较深。当时杨虎城是陕西地方实力派的首脑，担任十七路军总指挥、西安绥靖公署主任。他有抗日的要求，也有一定的进步思想。在党中央和中共陕西省委领导下，早在杨部三十八军（军长赵寿山）和新三十五师（师长孔从周）中先后建立了党的地下组织，进行了大量工作，经过努力团结了进步官兵，使该部成为抗日民族统一战线中的典范。

1935年12月5日，中央派汪锋带毛泽东的亲笔信去找杨虎城。动身前，毛泽东说：目前政治形势对我们很有利，也有很多有利条件，我们提出“西北大联合”，争取同张学良、杨虎城将军搞好关系，然后才有全国的大联合。并指出：谈判成功的可能性是大的，但也有一定的危险性。谈判一定不要决裂，要谈和。周恩来对汪锋说：你到那里先从侧面了解杨先生的思想动向，要找找杜斌丞先生。

汪锋在西安递交了毛泽东的亲笔信，三次会见杨虎城，多次找杨虎城的参议杜斌丞恳谈，完成了中央同杨虎城的第一次直接联系，因为杨虎城过去不认识汪锋，对汪的来历总有些不敢相信，因此，杨虎城派人到天津邀请王世英或南汉宸(南1931年担任过杨的秘书长。王、南当时都是华北联络局的负责人)去西安面谈。原因是，1935年11月杨虎城在南京参加国民党五大时，王世英和南汉宸曾派申伯纯到南京去见过杨虎城，并向他介绍我党《八一宣言》内容和“停止内战，一致抗日”的主张，劝他同共产党联合抗日。杨虎城欣表同意，并要申伯纯回天津向南汉宸、王世英问明联共抗日的具体办法，南当即写信，提出六项办法，由申带交杨虎城。

1935年12月下旬，王世英正要去陕北向党中央汇报工作，便以党的负责人身份，应杨虎城的邀请来到西安。王世英和杨虎城是旧相识，这次见面又正是杨虎城处境不利的时候，蒋介石正采取各种办法压他，他同张学良的关系也没有搞好。第一次见面，杨虎城就问：“汪锋是不是你们的人？”王世英说：“是的。你把他和我一起送到陕北去吧！”第二次见面，杨虎城绕了很大的弯子，因为他部下一个师长冯钦哉已同蒋介石勾结，怕暴露。他要王菊人(从前是党员，与王世英相识)把王世英引进一幢新盖房子的一个房间，把门锁上，不让旁人知道，他自己假装要休息，到另一房间脱衣睡觉，等到他的卫兵马弁出去玩了，他才穿好衣服，找王世英单独谈话。谈话的主要内容是：目前不要公开派人同他谈判，红军不打他，他决不会打红军。双方达成了合作的初步协议。另外还给王世英500块大洋。王世英和汪锋由杨虎城的团长中共党员阎揆要送到陕北根据地，并用500块大洋买了大批自来水笔、墨水等文具，带往陕北。1936年3月中旬，王世英赶到山西隰县大麦郊地区(今属交口县)，向毛泽东和中央负责同志汇报了杨虎城的情况。1936年4月王世英从陕北出来，又一次同杨虎城见面，说明基本上同意他的意见，我党不公开派代表，也不建电台，但要派人秘密联系，建立秘密交通线。

1936年夏华北危急，蒋介石置外患于不顾，一心内战，10月，蒋亲到西安，逼张、杨进攻陕北红军。图为张学良、杨虎城陪蒋介石游兴平县茂陵（汉开帝墓）。右起第三人为杨虎城，六为张学良，七为蒋介石，十为冯钦哉，十一为邵力子。

由于对张学良、杨虎城的统战工作都进行得很成功，打开了局面，需调集干部对东北军和西北军开展统战工作。此时，陈养山和陈克寒从重庆去上海，向联络站汇报所获得的重要军事、政治情报。本打算汇报后即返回四川，但在汇报后，接到中央指示，陈养山和陈克寒均不再回四川工作，陈养山调陕北学习；陈克寒调陕北工作。

1936年7月，陈养山到达西安后，被分配到党中央西安情报站，从事参与联络西北军的工作。要他以记者身份做掩护，协助吴奚如办《文化周刊》。在西北军中宣传我党反对内战，联合抗日的主张。

《文化周刊》是张学良出资，由东北军的秘密核心组织抗日同志会创办的，是一份指导抗日救亡运动的刊物。该刊物的主编是左翼作家吴奚如，经常给该刊物撰稿的有左翼作家徐平羽、丁玲等人。该刊物每期印行5000份，

宋绮云

畅销西安、兰州乃至整个西北地区，大力宣传团结抗日的主张，对推动抗日救亡起了积极的作用。

陈养山联络西北军是通过杨虎城的秘书宋绮云(中共秘密党员)的关系介入的。宋绮云是王世英领导的军委系统的情报人员，同陈养山相识。当时宋是西安西北文化日报社的社长，陈养山通过宋，在该报社谋得记者身份。尔后又通过宋结识了西北军的许多中层军官及报界的进步人士。这些人多数是对我党深表同情的，特别拥护我党停止内战、共同抗日的主张，诚心诚意愿为我党做些事。由于这些人的社会接触面较广，又有一定的社会地位，陈养山通过同他们接触，搜集到许多社会情况方面的情报。

西安事变发生后，12月19日，周恩来率中共代表团到达西安，为保持同党中央的联系，决定在西安设立“红中通讯社西安分社”。周恩来指定由陈养山负责筹建，调集的人员有陈克寒和陈泊(布鲁)。红中社西安分社建成后，决定由陕西省委李一氓负责，陈养山仍回西安情报站工作。

红中社西安分社，是新华社的前身“红中通讯社”的分社性质，它的任务是向西安的报社和社会团体，印发西安红军办事处抄收的红中通讯社的新闻和我党发布的文告、宣言等。

西安事变后，全国军民奋起要求国民党抗日。我党的抗日民族统一战线政策深得人心，抗日救亡运动蓬勃开展。在这种局势下，国民党被迫从对日妥协转为同意抗日；从坚决反共转为不得不同共产党进行第二次合作。这种大好政治形势，是开展统战工作最好的有利时机，同时也是西安情报站获取情报的社会基础。西安情报站抓住广大人民普遍要求停止内战、共同抗日的愿望，放手向各阶层开展抗日统战工作。如西北军的一些老关系、陕西几次暴动失败后失掉党的关系的同志、主张抗日的开明士绅、教育界的抗日救亡团体、东北军和西北军中的进步军人及社会名流等。这些人对我党在西安事变中的正确主张很赞赏，都积极向我党靠拢。因此西安情报站在很短的时间里，就建立了较好的社会基础。

情报工作必须服从政治斗争的需要。根据当时的政治形势，西安情报站着重收集了以下几方面的情报：(1) 西安国民党军政要人的言论、行动及工作部署。(2) 国民党对陕甘宁边区的各种破坏活动计划。(3) 国民党特务对我党的监视、限制和捣乱的情况。(4) 国民党对去延安的青年进行欺骗、绑架和暗杀的情况。(5) 国共谈判情况及人民的反映。(6) 国民党军队在陕西的部署和变动情况。(7) 国民党对东北军和西北军的处置。(8) 国民党与日本的关系及在西安的活动。(9) 人民群众对我党我军的意见和反映。

这些情报主要来自以下几方面人士：

1.中、上层各界人士。西安有一大批从西北军退下来的老军人，他们不满国民党对西北军的态度，但对我党解决西安事变的主张深表钦佩。他们通过各种关系同我们联系，有的还表示愿为我党工作。由于他们的社会接触面较广，又有一定的社会地位和政治影响，我们通过同他们接触，了解到了社会的政治动向。

2.同党失掉联系的人员。陕西党组织曾发动过几次暴动，但都失败了，由于白色恐怖，部分党员与党失掉了联系。这些人中有的已在国民党政府机关或教育部门谋得职业，不想再找党；有的已自首或叛变。我们在同他们接触中，发现多数是好的，仍愿再为革命工作。这些人同各方面的人士有联系，能为我们提供一些社会情况。

3.国民党军队中的进步分子。东北军和西北军中的一批中层军官，他们有的想加入我党我军，有的对我党深表同情，愿为我党做事，他们通过各种渠道同我们取得了联系。

在国民党军队中的一些黄埔军官，他们有的是想了解我党的政治主张，有的是愿为我们提供情报。我们在同这些军官接触中，收集到了一些军事情报。

4.公务人员、社会名流、开明士绅、知识界中的进步分子。这些人同我们联系的目的，各不相同，除个别有个人打算外，多数是诚心诚意愿为我党做些事的，有些已同我党或抗日团体建立了联系。

5.国民党军政机关中掌管机要工作的人员。对这些人员，在联系方式上，我们针对他们的社会地位、工作职业、活动能力等不同情况，采取不同的联系方式。通过我们同他们接触，发现绝大多数是诚心诚意积极为我们工作的，他们提供的各种情报，有些是冒着风险得来的。

党中央西安情报站，是1936年春，在全国人民普遍要求停止内战、共同抗日，全国的政治局面由国共内战，向联合抗日转变的形势下建立起来的。开始仅有三四个人，以后发展到七八个人，先后在这个情报站工作的有戚元德、陈养山、陶诗泳、罗青长、蹇先佛、程子平、于忠友、肖福贤等人，负责人是吴德峰。

1938年陈养山在西安情报站工作时同家人合影

西安情报站设在西安市西大街曹家巷21号，是一所前后两层院子的独院，它的对门是西安市女师附小的后门。这所学校的许多老师都是具有爱国思想的青年，他们拥护我党抗日救亡的主张。为接触这些爱国青年知识分子，对他们开展抗日救亡的宣传教育，1937年陈养山将其长子建宇送入这所学校上学，以此作为联络这些进步青年的媒介。结果卓有成效，许多老师通过同我们接触，同我们建立起了感情，愿为我们做事。例如，有一次戚元德外出办事，被特务跟踪，她机敏地进入女师附小，佯说要接建宇回家，张老师看出她是遇上了麻烦，便让她从学校的后门走脱，帮助戚元德甩掉了跟踪的特务，化险为夷。

1937年7月卢沟桥事变后，全面抗战的烽火点燃，全国抗日救亡运动不断高涨，西安情报站的工作更加繁忙，陈养山每天早出晚归，身边带有两个孩子多有不便。而且那时日本飞机经常骚扰西安，陈养山很为孩子的安全担忧，于是请求组织将他的子女送往延安。恰巧1938年底有一批干部调延安工作，党组织便将陈养山的长子建宇(八岁)，随这批干部送往延安。

抗日战争初期，西安是国共双方都非常注目的地方，是情况较为复杂的城市，这里驻有蒋介石的嫡系胡宗南的军队，国民党和陕西省的特务机关，张学良的东北军，杨虎城的西北军，还有陕西军阀的残余势力，及我党的一些叛徒，鱼龙混杂。在政治环境这样复杂的城市从事情报工作，没有机敏的斗争艺术是会有风险的，但西安情报站从未出过事。

陈养山在西安情报站工作期间，化名陈鸣钧，是以西北文化日报社记者的身份作掩护，从事情报和统战工作的。在四年时间里，他交了不少党外朋友，做了若干工作，获得了许多很有价值的情报。这一时期，陈养山配合南汉宸、刘鼎、宣侠父、徐彬如、宋绮云等同志，积极开展统战工作。经常在西安莲湖公园作为党的秘密联络点的蒋自明经营的莲湖食堂，同杜斌丞、李敷仁、高崇民、杨明轩、韩卓如、车向忱、许忠权等著名爱国人士相会，商讨抗日救亡大计，他为推动抗日救亡运动和促进抗日民族统一战线的建立进行了大量艰苦工作，奉献了自己的一份力量，并做出了显著的成绩。西安情报站由于建立了较好的社会基础，收集了许多很有价值的重要情报。

西安情报站是在没有任何经济来源的情况下开展工作的，但工作很有成效，基本上掌握了西安地区敌人的情况。因此党中央对西安情报站的工作给予了较高的评价。

二、回到延安，整风学习为作战

抗日战争进入相持阶段后，敌人为破坏抗战和革命根据地，派了大批奸细混入革命根据地。

此时，陈养山在经历了16年残酷的白区隐蔽斗争生活后，奉召调延安中央社会部工作。

1940年6月的一天，西安情报站负责人吴德峰通知陈养山说："接中央通知，调你回延安中央社会部工作。你把工作移交一下速去西安办事处接头。"

陈养山移交完工作后，立即回到家中。他对妻子章素贞说："母亲病危，需立即回上海探视，你赶快收拾行装，立刻动身，我去雇车。"

不一会儿，陈养山雇来两部人力车，他让章素贞同三个子女乘坐一辆，自己携带行李乘坐一辆，直奔西安火车站。

到达火车站后，陈养山让章素贞去买车票。章素贞说她身边的钱不够，陈养山故意摸摸衣兜说："糟糕，钱包丢失了。这样吧，你们在原地等候，我去向朋友借钱。"

章素贞付清了车费，望着两个车夫远去后，陈养山速去七贤庄八路军驻西安办事处接头，请办事处派人速去火车站将章素贞母子四人接回办事处。此时，陈养山才将实情告诉章素贞：不是去上海探视母亲，而是去延安；说钱包丢失是故意做戏，预防人力车夫是跟踪的奸细，所以没有直接来办事处。

几天后，陈养山便随其他几位回延安中央社会部的同志，乘坐汽车回到革命圣地延安。

陈养山长期在白色恐怖的敌占区从事秘密工作，常要同敌特接触，稍有不慎就有被捕被杀的可能，他时时、事事、处处特别机警，神经始终非常紧绷。现在回到自己人中间，神经上有一种松弛自由的感受，神情特别坦然和愉快。

陈养山回到中央社会部的当天，部长康生便接待了他们一家人。陈养山同康生早就相识，20世纪30年代他在上海中央特科工作时曾同康生共过事。老友重逢，彼此都很亲热。在谈说间，当康生得知章素贞还没有入党的事时，严肃地批评陈养山说："章素贞1929年便参加特科，十几年来一直掩护你的工作，从未出过问题，成绩显著，是一位无名英雄，你至今没有帮她解决组织问题，实在太不应该。”事后，康生指示组织部门尽快为章素贞解决组织问题。由于章素贞已经历了革命斗争的实际考验，已符合党员条件，同年底便由罗青长、丘金同志介绍入了党，并破例批准候补期为六个月。

对陈养山的工作安排问题，康生向陈养山征求意见。陈养山表示他对情报工作比较熟悉。几天后，他被分配担任中央社会部地方工作科科长，负责指导各根据地的锄奸工作。不久，成立了情报干部训练班，便被调任情报干部训练班主任。

对章素贞的工作安排，由于她的文化水平不高，不能胜任业务工作，便被安排担任部托儿所的所长。章素贞就任后，对工作特别勤奋，事事处处都能以身作则，尤其能精心地抚育孩子，使每个孩子的身心都得到了平衡发育，深受孩子家长和同事的好评。为此，1941年李克农副部长在“三八”妇女节纪念会上对章素贞进行了表扬。

1941年，潘汉年领导的情报关系，打入了日本在香港的情报机关，需派干部去加强力量。派谁去最妥当？

康生经再三考虑，觉得陈养山是最佳人选。陈养山是干练的老情报干部，既懂日语，又同潘汉年相熟，便于配合工作。于是决定派陈养山夫妇同去。

当年11月，陈养山偕同夫人章素贞和小儿子震宇离开延安计划先到重庆，然后去香港。当行至陕西宝鸡时，被国民党发难阻滞。经请示中央社会部，命陈养山去西安八路军办事处待命；章素贞携带小儿子去重庆八路军办事处分配工作。

那时，重庆办事处的工作人员，工作任务十分繁忙，经常早出晚归，无空照料子女，而机关没有设立托儿所，只能克服困难自己设法解决这个矛盾。章素贞到达办事处后，听说她在延安中央社会部当过托儿所所长，有管理孩子的经验，于是，邓颖超大姐便找章素贞谈话，征求她对建立托儿所的意见。章素贞表示听从组织的安排。这样，就成立了托儿所，分配章素贞担任托儿所所长。托儿所成立后，章素贞积极工作，精心地照料孩子，使几个原来年幼多病的孩子很快恢复了健康，使那里的孩子都衣着整洁，食宿有了规律，身体也慢慢地变得白白胖胖了。对此，家长们都很满意，不断称赞托儿所的工作做得好。为此，章素贞还得到了周恩来和邓颖超大姐的表扬。

1942年2月，陈养山被召回延安中央社会部。因他长期在敌占区从事秘密工作，从未得到学习的机会。其时正值延安开展整风运动，便分配他到中央党校学习。

与他在同一支部学习的有：宋时轮、王鹤寿、向仲华、雷任民、付雨田、贾政、高朗山、白向银等同志。

这是陈养山参加革命以来第一次得到的学习机会，因此他对这次学习机会十分珍惜，学习特别勤奋刻苦。过去他长期在敌占区工作，很少看到中央的文件，因此对党的方针、政策、策略等问题了解得很肤浅，对工作中的是非和成绩也模糊不清。通过学习理论和文件，他把自己的工作实践同理论、文件，对照起来进行检查，大开了眼界，对以往工作中的是非和成绩有了明确的认识。政治上、思想上、理论上都得到了很大的提高，懂得了运用马列主义的立场、观点、方法研究问题和处理问题。

中央党校的整风运动，以学习整风文件，互相交流意见，座谈心得开始，大家敞开思想，畅所欲言，一时间出现了和风细雨、心情舒畅的局面。至6月开始，出现了过火斗争的现象，以批判李国华的思想作风，发展到批判吴奚如、王实味的政治问题，连续开大会批斗，调门不断升高，许多同志被牵连被定为叛徒、特务、托派。

鉴于这种情况，自10月开始，从改造思想转为组织审查，调整支部机构，进行审查干部的工作。此时，陈养山被推荐担任第七支部书记。当时第七支部常同由范式人、林一心负责的第五支部及由莫文骅、曾志、康克清负责的第六支部一起开会，进行审查干部的工作。江青、叶群就是在这三个支部接受审查的。

据陈养山、宋时轮回忆，江青的历史问题被列为向校党委汇报的内容。

1934年江青在上海被捕后，一两个月后即被释放，问她是怎样被释放的，她不仅含糊其词说不清，而且装疯装哭，耍流氓手段。因很难审查下去，故未作结论。

叶群的社会关系很复杂，自己的经历也不清楚，参加过“三青团”，还在国民党的中央电台做过事。但因没有证据也未作结论。

1943年春，在康生的策动下，又开展了所谓的“抢救失足者运动”，使整风运动违背了改造学习、改造思想的初衷，制造了许多冤假错案，冤枉了不少同志，造成了极大的混乱和损失。在这股逆流中，陈养山没有随波逐流，实是难能可贵。

1943年10月，整风运动进入审干甄别阶段。此时，党的七大也即将召开，各根据地出席七大的代表陆续集中到中央党校学习，为此中央党校改组领导机构，由毛泽东亲任校长，彭真任副校长，37岁的陈养山被任命为中央党校干部科科长，负责七大代表的审查工作，并被编入高级干部学习讨论《两条路线问题》的小组。

1943年4月21日，中国共产党第七次全国代表大会举行了预备会议。参加大会的代表，无论正式的、候补的，除有病、有事请假者外均出席了会议。大家把参加七大看作是非常崇高的事情。七大代表总共755名，其中正式代表547名，候补代表208名(无表决权)。共分中直(包括军直系统)、陕甘宁、晋绥、晋察冀、晋冀鲁豫、山东、华中和大后方八个代表团。

陈养山参加了七大的预备会议。

在预备会议上，任弼时首先报告大会筹备经过。他说：七大早应举行，但因战争关系，交通分割，迟至今天才开。这固属缺点，但也有其积极方面。因为在延期当中，首先是充分发展了我们的力量。现在党员有120万，党领导的军队近100万，解放区人口近1亿。经过锻炼，党已成为全国政治的决定因素。七大在这样的基础上召开，其意义与作用是非常伟大的。其次是党的思想更加一致。经过整风、路线学习和审查干部，使党内思想一致，组织上更纯洁。六届七中全会通过的《关于若干历史问题的决议》正是党的空前团结的反映。这是对七大的思想上的准备，其意义也是非常伟大的。任弼时还就七大代表的产生经过、七大的议事日程和报告草案的准备情况一一作了说明。

毛泽东就七大的工作方针问题作了报告。他说：这次大会的方针是“团结一致，争取胜利”，简单讲，就是一个团结，一个胜利。胜利是指我们的目标，团结是指我们的阵线、我们的队伍。我们要有一个团结的队伍去打倒我们的敌人，争取胜利；队伍中间最主要的，起领导作用的，是我们的党。没有我们的党，中国人民要胜利是不可能的。他还指出：我们党在24年的历程中，尝尽了艰难困苦，轰轰烈烈，英勇奋斗，不怕牺牲。当然，党内在一个时期也有不同意见，主要在三个问题上：第一，什么是敌人，什么是朋友；第二，如何组织队伍；第三，如何打法，发生过意见分歧。昨天七中全会基本通过了历史决议案，交给七大以后新的中央采纳修改。我们的大会要向前看，而不是向后看。我们现在还没有胜利，前面还有困难，我们必须谦虚谨慎，戒骄戒躁，全党要团结得如兄弟姊妹一样，为全国胜利而奋斗，不达胜利誓不罢休。

1943年4月23日至6月11日，中国共产党第七次全国代表大会在延安隆重举行。毛泽东在大会上致开幕词，朱德、刘少奇、周恩来、林伯渠和在延安的日本共产党代表冈野进，先后在开幕典礼上发表了讲话，肯定中国共产党取得的伟大成就和毛泽东主席的正确领导，预祝七大成功召开。

中国共产党第七次全国人民代表大会会场

毛泽东在大会上作了政治报告。他写了一个书面政治报告，即《论联合政府》，发给大会代表，每人一册。这个书面报告，分析了国际国内形势，总结了抗战中两条路线的斗争，阐述了中国共产党的一般纲领和具体纲领，并指出了中国人民应当争取打败侵略者、建设新中国的前途。这个报告的内容已为人们所熟知。刘少奇作了《关于修改党章的报告》，朱德作了《论解放区战场》的军事报告，周恩来作了《论统一战线》的重要发言。任弼时、陈云等在会上发了言。

为了教育全党多读书，提高马列主义水平，毛泽东在七大上再次提议读五本马列著作。这就是：《共产党宣言》《社会主义从空想到科学的发展》《社会民主党在民主革命中的两种策略》《共产主义运动中的“左派”幼稚病》和《联共(布)党史》。

党的七大对陈养山一生的影响是深远的，特别是毛泽东主席提到的马列“五本书”和毛泽东的《论联合政府》，一直是他一生的必读书。

2004年7月，陈养山的儿子陈建宇和孙子陈国宝来上海，向国家安全教育馆移交陈养山的珍藏遗物中，就有一本泛黄的《共产主义运动中的“左派”幼稚病》和一本《论联合政府》。

同是党的七大代表的关复山在回忆他与陈养山这段难忘的经历时说：

我和养山同志相识并不早。可是若从我最初单方面认识他算起，时间可又不短了。远在1941年，我在延安枣园学习时，就认识了他。每逢枣园机关召开干部大会，人们都围坐在那些大梨树下，这时候总会看到一位朴实长者的面孔，那就是养山同志。其实，说起来养山同志的年龄比我也不过只大八岁半，可是由于饱经忧患，历尽艰辛，他早已有个和蔼可亲的长者风姿了。

1942年初春，我以中共七大代表的身份入延安中央党校第一部学习。不久即开始了整顿三风的学习运动。大约就在此刻，这个面孔熟悉的人，又常常出现了。

人人都说延安整风好。在毛泽东同志亲自发动和领导下，从1942年春党中央发布“四三决定”开始，大家学习整风文件，互相交流意见，座谈心得，渴望能改造自己。一时之间，确实出现了敞开思想，畅所欲言，和风细雨，心情舒畅的局面。可是好景不长，大约只有两三个月。从那年夏天开始，中央党校就出现了过火的斗争。以批判李国华的思想作风开始，发展到批判吴奚如、王实味的“政治问题”，连续开大会，调门不断升高，极尽挖苦诽谤之能事。在这中间，有一批老资格的“左”倾狂热分子，极力推波助澜。到了入冬的时候，干脆抛弃了思想上的学习改造，转到组织上的审查，更进而发展到1943年春夏的所谓“抢救失足者运动”。这就走上邪路，适得其反，违背了整风运动的初衷，造成了极大的混乱和损失。我看，这股逆流来自一些“左”倾狂热分子对整顿三风英明方针的抵制。不少年轻的知识分子党员干部，开始时对于共产党领导中还有宗派主义之说，是怎么也难于理解和接受的。可是，事态的发展，倒是以上述反面教材的顽强表现而解开了他们的惶惑。在这些过火斗争中，按说资历深厚的养山同志，似乎也该跟上这股潮流跑，何况当时他是中央党校一部的支部书记之一，而且还担任着中央党校干部科长，位居校领导骨干之列呢。但是，在那些过火斗争中，谁都没有看见过养山同志有极“左”的幼稚表现。这真是难能而可贵。

1944年底，晋绥军区调查局急需配置领导干部，中央情报部根据贺龙的提议，派陈养山担任晋绥军区调查局长。陈养山又回到了隐蔽战线工作。

三、三问康生，战友鲜血同志泪

1937年春秋之季的苏联，也正是苏共中央政治局委员基洛夫被人暗杀身亡的第三个年头。

1934年的基洛夫遇害案也震惊了中国共产党人，更影响到当时的旅苏中共党支部。当时任中共驻共产国际代表团团长的是王明，副团长是康生，他们领导旅苏党支部。

“镇反肃托”运动刚一开始，早已胸有成竹的康生，就跳了出来。他与王明立刻成立了一个肃反办公室。王明亲自挂帅，康生是副帅。但实际上，大权却在康生手里。

运动一开始，康生就先来一个下马威。他通过苏联的公安机关，手里拿着“叛徒”“特务”“间谍”“托派”和“汉奸”等帽子，凡是给他提过意见的，就给他扣上一顶。只要他看谁不顺眼，就可以从“包”里掏出一顶给谁戴上。

“我历史上没有任何问题，要说工作上有错误，我不否认，至于叛徒、特务、托派，同我沾不上边。”被康生点名的几个重点人物，萧寿煌、欧阳新、贺昌之都不约而同地这样回答。

然而，到1937年曾在中央特科与陈养山共同战斗过的武胡景、萧寿煌、欧阳新、贺昌之等战友，在苏联清党时血洒俄罗斯国土，被秘密处决了。

1940年陈养山回到延安中央社会部不久，便听人说30年代被派往苏联学习的原中央特别委员会中央特科干部武胡景、欧阳新、萧寿煌、贺昌之等同志，在苏联清党时都被以“托派”“特务”“叛徒”之嫌被苏共保安机关处决了。

陈养山对这个消息感到很震惊：这几位同志在上海中央特科工作时，都是冒着生命危险，不怕苦、不怕死地同敌人进行斗争的英雄，怎么到了苏联反而成为“托派”“特务”“叛徒”了呢？他不相信这是真事。于是便去问康生。

康生对他说这几个人历史上有问题。

陈养山问他们几人是否都有历史问题，康生回答说不清楚。话说得很含糊，似乎不愿多谈。陈养山没有得到圆满的回答。

由于这几位同志在中央特科同陈养山一起工作时，从未听说他们有历史问题，而且1935年中央特科结束派往苏联时，是经临时中央审查过的。因此陈养山根本不相信他们会有历史问题，于是他又一次去问康生。

康生回答说这几个人在特科工作时，工作中有问题。

陈养山问都是些什么问题，康生列举了一些同工作毫无关系的事。显而易见是推脱之辞，陈养山对康生的回答很不满意，也不相信。

1942年整风运动期间，陈养山再次去问康生。康生有些不耐烦地说他当时在法国，不清楚被杀的具体情况。

鉴于这种情况，就无法再继续追问了。但陈养山觉得，这些同志的被害情况康生应该最清楚。因为当时康生是我党派驻共产国际代表团的副团长，这样重大的问题，不可能不知道。而他却非常含糊地作了三种不同原因的解答，其中必有不可告人的隐情。况且，当时同这几位同志同去苏联学习的特科干部，还有康生的妻妹苏枚，苏枚怎么没有被害？显而易见，康生对这几位同志肯定犯有不可告人之罪。可是当时没有确实的证据，只能不了了之。但对这件事他一直疑云难消，下决心要设法查清这件事。后来查清这几位干部确实是康生借用苏共肃反的机会阴谋杀害的。事实如下：

这几位同志在中央特科工作时，康生担任特科的行动科长。他曾以“汉奸”“叛徒”“特务”的名义冤杀过不少同志。这几位同志知道康生的这个底细，因此他把这几位同志视为眼中钉。他以萧寿煌、贺昌之、欧阳新是“叛徒”“特务”“托派”的罪名，通过苏联保安机关将这三位同志逮捕，关进监狱。一天晚上，康生亲自提审萧寿煌、贺昌之、欧阳新，逼他们承认是“叛徒”“特务”“托派”。他们三人异口同声地说：“若说在工作上有错误，我们不否认。在历史上我们没有任何问题。你说我们是‘叛徒’‘特务’‘托派’，请你拿出真凭实据。”康生恶狠狠地说：“我说你们有历史问题，你们就是有历史问题。”不久，这三位同志就毫无证据地以“叛徒”“特务”“托派”的罪名，被苏联保安机关杀害了。

杀害了这三位同志后，康生除去了一个心腹大患。但在康生的心中，武胡景也是必须设法除掉的。

武胡景是山东人，1929年曾在中央组织部工作，同康生是同乡同事，他最清楚康生的底细，而且是高级干部，曾任中共北满特委书记、中央军委干部、中央特科负责人等职，1935年派往苏联学习。一天，康生在我党驻共产国际代表团招待所遇见了武胡景。他见武的身体不好，便劝武住院治病。不久武胡景果然被送进医院治病。康生去看望武，对他说："为了保密起见，上海中央特科的工作情况，就不必对外透露了，这里的情况很复杂。"然后，他问武胡景："你来莫斯科后听到什么有关我的议论没有？"武胡景说："王明对人是一打二拉，自吹自擂，独断专横，在国内就让人怨恨，来苏联后依然如故，很不得人心。听说你是他的帮手，跟得很紧，是不会有好结果的，希望你不要跟着他转。"

然而，武胡景没有料到，他的这几句诚恳的忠言，竟触犯了康生和王明。因此，武胡景就被列入了康生的黑名单。不久，在康生的策划下，武胡景被以叛徒兼特务的罪名，送交苏联保安机关处了死刑。

这就是康生在苏联借苏共肃反之机，谋害我党干部的铁证。1976年在清算林彪、"四人帮"的反党罪行时，陈养山向党中央揭发了康生的这桩罪行。

陈养山30年代在上海中央特科同康生共事时，就对康生的处世为人有所耳闻，通过这件事，使他更进一步认识了康生的人品。自此他在同康生的交往中，一直对康生采取谨慎警惕、敬而远之的态度。

康生此人是一个思想偏激、为人处世阴险狡诈，政治上一贯投机钻营的阴谋家、野心家。1930年他追随李立三，积极推行"立三路线"；尔后，王明窃得领导权后他又紧跟王明，充当鼓吹王明"左"倾教条主义路线的急先锋，覆手打击犯"立三路线"错误的同志。而当王明路线受到批判时，他又改换门庭，装扮成批判王明路线的"英雄"，骗得了毛泽东对他的信任。

1942年延安整风时，康生搞"抢救运动"，诬陷了不少同志。毛泽东对康生的做法是不满意的。他虽然对干部队伍不纯的情况也估计过重，但他对中央苏区时肃反扩大化的错误一直记忆犹新，因此他一直强调不能重犯过去的错误，不能搞"逼、供、信"。1943年7月1日，毛泽东写信给康生，要他在《防奸经验》第六期上刊登这样几句话：

防奸工作的两条路线：正确路线是："首长负责，自己动手，领导骨干与广大群众相结合，一般号召与个别指导相结合，调查研究，分清是非轻重，争取失足者，培养干部，教育群众。"错误路线是："逼、供、信。"我们应执行正确路线，反对错误路线。

毛泽东对正确路线所概括的要点，就是被称之为审干工作“九条方针”的内容。

就在这个月，毛泽东在枣园同绥德专员袁任远谈话，询问绥德搞“抢救运动”的情况。毛泽东说：不要搞逼供信，你逼他，他没有办法，就乱讲，讲了你就信。然后，你又去逼他所供出的人，那些人又讲，结果越搞越大。我们过去在肃反中有很沉痛的教训。我们这次无论如何不要搞逼供信，要调查研究，要重证据，没有物证，也要有人证。不要听人家一说，你就信以为真，要具体分析，不要轻信口供。对于有问题的人，一个不杀，大部不捉。杀人一定要慎重，你把人杀了，将来如有证据确实是搞错了，你虽然可以纠正，但人已死了，死者不能复生只能恢复名誉。另外，也不要随便捉人，你捉他干什么，他能跑到哪里去。毛泽东的担忧之情，在他反反复复地陈说上述内容中流露出来。

7月30日，毛泽东在致彭德怀电中，再次重述了审干工作的正确路线，即“九条方针”，指出：“必须拿这种实事求是的方针去和内战时期损害过党的主观主义方针完全区别开来，这种主观主义方针就是逼、供、信三个字。”

在进行以反主观主义为主要内容的整风运动中，发生了“主观主义方针”盛行的“抢救运动”，不能不使毛泽东震惊。中央总学委随即在8月5日发出的一份通知中，要求延安对失足分子的“抢救运动”告一段落。

在“文化大革命”中，康生又同林彪、“四人帮”搞在一起，整了一大批党的高级干部，其中许多是他知道对党有功的同志。康生得到了应有的历史惩罚，1980年党中央决定将他开除党籍。他的骨灰也被从革命烈士公墓中抛出，这就是一切阴谋家、野心家要落得的必然下场。

1979年2月15日，陈养山在北京给中央写信，揭发康生30年代在苏联残害我党干部的罪行：

1935年中央特科结束后，一些干部有的分配到其他城市和部门工作，有一部分分配去苏联学习。我所知道的分配去苏联学习的有四位干部，即：萧寿煌(广东大浦人)；武胡景(侯志同志的爱人)；欧阳新(湖北人，1929年前曾在苏联学过炮兵，形似外国人，我们都喊他老大或老王)；贺昌之(湖北人，我们喊他老胡，听说其妻曾在内蒙工作)。这几位同志是在1935年春到夏之间，先后去苏联的。他们到苏联后再也没有听到他们的消息。

1940年我从西安回到延安后，曾打听过他们的情况。听说在苏共清党时，他们都被以托派、特务之嫌枪决了。听后我很震惊！不相信这是真事。因为他们在上海中央特科工作时，冒着生命的危险，不怕死，不怕苦地同敌人进行坚决的斗争，从未有过任何悲观情绪，怎么到了苏联反而成了“托派”、“特务”呢？我很想不通，于是问过康生三次。第一次康生说他们历史上有问题。我问几个人都有问题？他说他不清楚。话很含糊，似不愿多谈。

第二次我又问康生。他说他们在中央特科工作时工作中有问题。我问什么问题？他说了些无甚关系的话。

第三次我再问康生，他说那时他在法国，被害情况他不清楚。这样就无法再问了。

这些同志的情况，康生最了解，但他非常含糊地作了三次不同原因的解释。这清楚地说明康生对这几位同志犯了无法告人之罪。

附：

陈养山致中央组织部的信

中央组织部并国家安全部：

1979年2月，自我揭发康生诬陷杀害原上海中央特科的四位同志(被害的尚多，我仅知四位)以来，有两位同志的家属给我来信。有的反映他们党委正在调查落实；有的反映至今尚未进行调查，更谈不上落实了。

康生罪行的揭发已有十年，对于已经牺牲的同志的历史，必须作出公正和符合实际的结论，这不仅对被害的同志和家属是最大的愿望及安慰，也是党的应有的责任，而且是对现代青年的重要教育。被害同志的家属不可能了解被害同志的工作和活动情况，故此对被害同志的革命历史，应由当地县和地、省党史机构同其家属共同进行调查，写出正式结论。如其家属现有实际困难的，还应予以补助。要求当地县、地、省党史机构进行调查，必须请中央组织部发出通知，否则当地党史机构是不大愿意负起调查任务的。

以上建议请考虑为荷。

附上四位同志的简历。

致

敬礼！

陈养山

1988年6月14日

第四章
在晋绥边区的奋战

一、情报纪事，陈养山晋绥经历

晋绥边区是抗日战争时期我党领导创建的主要革命根据地之一，全境东起平绥(大同集宁段)、同蒲铁路，西至黄河，南迄汾离公路，北达绥远包头、百灵庙、武川、陶林一线，地域辽阔，战略位置极为重要。在抗日战争和解放战争时期，它不仅是保卫陕甘宁边区和党中央的重要屏障，而且是西北和华北的战略枢纽；是华北、华中、华南各解放区与中央取得联系的唯一交通要道，也是通往外蒙和苏联的国际交通线。但从经济、文化上讲，是个穷困、落后的地方，人口稀少，有的县只有三万多人，斗争是极为艰苦的。

罗长青说："晋绥地区的确是个战略要地，所以中央专设了晋绥分局。这个地区背靠蒙古、苏联，当时，如果斯大林格勒失守，世界革命将会出现一个黑暗时期。在敌人搞我们的情况下，万一形势紧张了，我们怎么办？当时的形势的确很紧张，我们党为了保障最后的胜利，进行了正确的领导。往远处看，我们在大青山建立了根据地。我们根据中央的指示，贯彻万一形势有所变化怎么办的精神，开展了具体工作，所以一直到解放战争，我们的工作都是起了很大作用的。如蒋介石发动第三次反共高潮，1947年胡宗南偷袭延安，晋绥都预先提供了情报。"

晋绥边区群众基础好，离党中央又近，党中央对晋绥的工作支援极大。中央情报部对晋绥地区情报工作很支持，从一开始就多次派干部前来帮助筹建，并不断经晋绥派出情报人员和运送电台到敌占区，一些重要关系也交晋绥管理。中央领导的重视是情报工作取得胜利的根本保证。

晋绥地区情报工作的主要方向：在近距离是日伪以及蒋(介石)、阎(锡山)、傅(作义)所占领的太原、大同、归绥、包头、榆林，在远距离乃是西安、石家庄、北平和天津等大城市。

在整个革命战争时期，晋绥地区的敌我斗争都是残酷复杂的，生活也是艰难困苦的。正是在这种情况下，晋绥情报机关不仅为祖国的解放事业作出了重要的贡献，而且培养锻炼出来了一支坚强精干的情报工作队伍，在对敌斗争中，他们是前哨，是尖兵，他们有的壮烈牺牲，有的被捕后坚贞不屈英勇就义。

情报人员的高贵品质和机智勇敢的形象，永远留在党的情报工作史册中。

党组织在总结陈养山革命一生中有关晋绥地区一段对敌斗争的经历时说："1945年初至中华人民共和国成立前，陈养山同志参与领导了晋绥解放区的政法工作，历任中共晋绥分局调查局局长、晋绥边区公安总局副局长、局长、中共西北局委员、社会部部长、陕甘宁边区公安厅厅长、西安市公安局局长。这一时期，他认真贯彻党的七大制定的争取全国胜利的总路线，领导广大政法干部，放手发动群众，开展对敌斗争，并参与领导接管大中城市工作，在肃清匪特、保卫边区、建立和巩固革命政权工作中取得了显著成绩，积累、总结了丰富经验。"

1945年初期，中央情报部为落实"要认真积极开展沦陷区工作；加强提高与发展武工队工作；军事上积极有组织地打击敌人；加强与开展内线工作；贯彻一元化领导，组织党政军民力量，发挥总体战；发展民兵，开展爆破运动；继续加强边缘区工作"的精神，根据晋绥地区隐蔽战线斗争的形势，派陈养山、冯基平、梁寒冰等来加强晋绥调查局的工作，调查局由中央晋绥分局直接领导。首先进行了甄别工作，解放干部，并重新组建各科室和各情报工作站。局长陈养山(后增设副局长周仝)，下设干部科、交通科、研究科、书报科、总务科，从部队和晋绥党校物色了一批基干人员准备进行派遣，并积极选派交通人员同原内线关系恢复联系，还及时建立了从各情报站到调查局，经绥德到延安的书报情报传递交通线。

走马上任后，陈养山为了加强晋绥基层情报工作，陆续派了不少干部下基层任职。

4月2日，晋绥调查局又进行第二次大批的派遣工作，共派往攻占大城市的情工干部计20多人，有去天津的，有去北平，有去石家庄的，还有去太原的。

4月，晋绥公安总局发出关于加强内线工作的指示后，公安系统的情报派遣工作开始引起重视，并得到恢复。总局陆续建立了三个情报工作站，即河西工作站，主要进行榆林地区工作；忻崞工作站，主要进行大同地区工作；文水工作站，主要进行太原地区工作。

5月19日，陈养山领导的晋绥调查局发出工作报告与工作计划，向中央情报部汇报了自年初恢复工作以来四个多月的工作情况，并谈到六点体会，其中特别强调解决交通问题是情报工作的先决条件。

8月1日，太原站获悉伪军与阎锡山的代表秘密会谈的重要情报，陈养山获得情报后及时向中央情报部作了汇报。

9月，上党战役后，阎锡山对晋军进行了整编，该整编方案由我太原情报关系获得并送出，曾受到晋绥军区领导的赞扬。

12月15日，中共中央在《1946年解放区工作的方针》的指示中，要求各地区大力开展“高树勋运动”。

同日，为适应新形势，加强统一领导，经充分酝酿和中共晋绥分局讨论。中央同意之后，晋绥公安总局与晋绥调查局实行机构合并，局长谭政文，副局长陈养山。

12月16日，调查局发了《关于合并给各站的信》，说合并可以达到统一领导，实行“攻防统一”。情报工作有了下层群众基础，将更有利于工作开展，可以抽出大批干部充实基层。12月26日合并完成，合并后的晋绥保安处，下设三室十科。

1947年3月2日，贺龙、李井泉在公安会议上讲了话，贺龙说：“八、九年来，同志们做了不少工作，在民族抗战中参加了对敌斗争，瓦解挤掉了敌人，

1947年晋绥边区公安总局部分干部合影（前排左二为陈养山）

供给了延安很多书报，对中央研究敌情，提出方针有很大帮助，对国特工作也搞得不坏，如榆林的特务，曾拿过我们的津贴，供给我们情报……”“对内地区的特务、义务特务怎样搞，可以好好地研究”。

3月18日，我军撤离延安，中央机关转移到晋绥。晋绥地区开始了大规模的土改运动。

4月7日，中央情报部部长李克农在晋绥公安会上讲话时说：“情报工作与保卫工作的角度距离很远。情报工作要求范围广， 成分也复杂，工作方法方式也不同，要求灵活，保卫工作不同，它有严肃性与原则性，要有明确的阶级立场。这两部分要取得结合，如果不从思想上认识清楚，往往容易把责任推到别人身上”。

3月，晋绥公安总局发出《关于准备占领城市工作的通报》并印发了中央关于总结城市工作经验的指示，指出：“全国革命胜利的局面即将到来，加强对敌占中心城市的了解，以配合最后消灭敌人、收复城市及收复城市以后的工作，成为情报工作中心任务之一。情工人员应在思想上明确：我们现在就是作城市工作的，而且是起党的耳目作用的，今后应加强研究城市工作，学习党的政策，把我们的工作与形势、与党的任务更密切的结合起来”。当时提出要了解的主要城市是太原、榆次、大同、归绥、包头。

1948年，太原站派人进太原把伪军统局太原站兴县潜伏组拉出破获，少校组长崔耀南投诚起义，逮捕了台长张守德，缴获电台、密码，送华北局社会部，受到表扬。

4月9日，中共中央决定，“晋察冀与晋冀鲁豫合并，成立统一联系，应向各色各样人取得联系，上下级关系也是一样，应该以各种形式向上面反映情况。欲先取之，必先予之。现在我们情报工作是放不开，把自己捆得很死”。“情报工作……要在下面培养干部，就地生根，……重拉不重派”。

晋绥公安总局在公安局长联席会议期间，为交流经验，提高工作，编印了一些内线工作参考资料。

1948年4月13日，陈养山在晋绥公安局长联席会上作了关于情报工作的讲话，他说：日本投降后，从民族斗争为主到以阶级斗争为主的转变，我工作零乱，无准备，对阎（锡山）傅（作义）情况缺乏基础，失掉了很多时机，和平协定后，思想麻痹，强调公开合法斗争，工作受到影响华北地区的华北局，将原属太岳区沿同蒲路洪赵以南、蒲洲以东的路西各县，均划归晋绥解放区接管，将原属晋绥之太原附近各县，划归华北解放区管辖。

5月，解放军攻克晋南重镇临汾，晋南全境解放。中共晋南工委成立，作为中共晋绥分局的派出机关，由西北局副书记马明方兼任书记。

6月间，晋绥公安总局根据中共晋绥分局的决定，由陈养山局长和李甫山副局长带领一批干部到临汾接管晋南地区的公安工作。

6月15日，为配合晋中战役，总局决定加强太原工作，太原站在交城沙沟开会，由冯晋臣传达上级指示，确定情报、爆破、瓦解“三大任务”，搜集情报工作、派遣工作、交通工作“三大工作”，对情报工作人员作了布置。

1948年，中情部致电陈养山称：“你们此次在晋南破获保密局一部组织，对晋绥今后反特斗争有重要意义，望注意总结经验，追查线索，注意证据，继续深入侦破”。

二、再创佳绩，贺龙麾下立新功

罗青长在晋绥地区情报史资料征集领导小组座谈会上的发言中曾提到，贺龙对情报工作和陈养山曾作过如下评价：“你们的工作很重要，一般人是不了解的，但我是了解的。南昌起义以后，我到了上海，就是通过特科，具体说是通过陈养山同志安排，把我隐蔽在上海后又秘密运送到洪湖的。我亲身体会到，你们的工作，再花多少钱都是值得的。”

1944年底，晋绥军区调查局长周逸病重。贺龙向中央情报部提议把陈养山派到晋绥军区担任调查局长。

贺龙为何如此赏识陈养山？此事是有原因的：贺龙原是国民党第二十军军长，1927年8月1日他参加我党领导的南昌起义后，国民党悬赏十万大洋缉拿贺龙。1927年11月初他辗转来到上海。为确保他的安全，党中央委派陈养山负责贺龙的安全，承担掩护任务。1928年1月中旬，贺龙离开上海去湘鄂边开创革命根据地，党中央又委派陈养山为贺龙布置交通线。陈养山领命后两次都出色地完成了掩护任务，确保了贺龙在上海期间的安全。此事给贺龙留下了深刻的印象，他对此事一直念念不忘，常深有感触地对人说：情报保卫工作是一项很了不起的工作，陈养山这个人也是一个很了不起的人。因此他点名要求调陈养山到晋绥军区担任调查局长。

陈养山接到中央的调令之后，便很快移交清中央党校干部科的工作，去晋绥边区工作。

为加强党对情报工作的领导，1945年1月，晋绥军区将调查局移交中共晋绥分局直接领导。此时，陈养山从延安前往晋绥调查局就任。在临行的前一天晚上，中央情报部李克农副部长在枣园中央情报部宴请陈养山及随他去晋绥调查局工作的梁寒冰、冯基平、聂元素等同志。席间，李克农向他们交代任务：到晋绥后要尽快抓紧时间解决“抢救运动”后的甄别工作，及时调整机构，开展业务工作。同时要把原来派到敌区，已失去联系的同志尽快联系上，并设法进行新的派遣。此外，要积极抓好收集敌伪书报的工作。陈养山表示一定照办。

1月中旬，陈养山一行人到达晋绥调查局时，原局长周逸、副局长邹大鹏都已回延安。大部分干部正在“抢救运动”中受审查，业务工作处于停顿状态，暂由晋绥军区政治部锄奸部代管。调查局已形同虚设。

鉴于这种状况，陈养山首先全力投入了甄别工作。甄别工作开展后，他一再强调：甄别工作是关系到一个同志的政治生命和调查局工作的恢复和发展的大问题，一定要把这件事做好；一定要严格掌握政策界限、重调查研究，重证据，不轻信口供；一定要实事求是地做结论。他不仅亲自听取各甄别小组的汇报，还亲自进行调查研究，并亲自同认为问题较复杂的同志谈话和作甄别结论。

如王树楷的甄别工作，陈养山自始至终地认真听取各方面的意见，并认真地参加了讨论研究。王树楷的问题，主要是他在大同工作站期间，没有请示上级，擅自到北平收集平绥沿线敌伪活动的情况，恰巧他所在的军分区破获了一个特务案件，从而怀疑王树楷有问题。

经反复调查核实后，陈养山指出：王树楷去北平前没有请示是工作上的失误，在政治上没有发现他同这起特务案有联系。没有事实根据的怀疑是不对的，应予平反。王树楷对组织的信任十分感激，放下了思想包袱，满腔热情地走上了业务岗位，投入了新的战斗。

为明晰晋绥边区对敌斗争形势，在进行甄别工作的同时，陈养山本着甘当小学生的态度，到处走访求教。他先后走访了晋绥分局城工部，晋绥军区敌工部、锄奸部、侦察科，晋绥边区公安局等部门，了解晋绥边区对敌斗争的情况。据时任晋绥边区公安局副局长裴周玉[①]回忆：1945年3月的一天，陈养

① 裴周玉，1912年12月生。湖南平江人。1926年参加童子军。1927年加入中国共产主义青年团。同年参加了当地的秋收起义。1930年参加红三军团，次年入党。历任班长、排长、师青年干事、三军团保卫局检查科长、师特派员。亲自参加了中央苏区四次反“围剿”斗争和二万五千里长征。抗日战争时期，担任三五八旅政治部保卫科长，一二〇师政治部保卫科长、保卫部长、晋绥公安总局副总局长。解放战争时期，先后任绥蒙公安局局长、区党委委员、西北野战军第八纵队政治部主任、军党委常委。绥远军区政治部主任、军区党委和区党委委员。是晋绥根据地公安保卫工作主要领导人之一。新中国成立后，历任志愿军二十三兵团政治部主任，兵团党委常委，六十九军政委、党委书记，北京军区政治部副主任、新疆军区副政委，新疆生产建设兵团政委，军区、自治区党委常委、军委装甲兵顾问等职。1955年授少将军衔。曾当选为党的八大列席代表，党的九大、十大中央候补委员。1982年离休。1988年7月被授予一级红星功勋荣誉章。2015年6月12日在北京病逝，享年103岁。

山约他到调查局详谈情报工作的情况，他向陈养山系统地介绍了晋绥军区锄奸部在情报内线工作方面的详细情况。

在谈到锄奸部组建的四个情报站在敌营内安插了一批情报人员的问题时，陈养山不仅打破砂锅问到底，而且还逐个问题逐个问题地同他进行仔细的分析。特别对裴周玉1938年潜入大同市，争取敌雁北保安司令赵金鳌中将为我工作的事例，陈养山要他详细说明当时的背景，及带他进城的赵精弟的情况。然后陈养山发表意见说："能争取日伪上层人员为我工作，是我党抗日民族统一战线政策的威力，对一切愿意支持和参加抗日的人员，我们都要采取欢迎和联合的态度，这对我们顺利的开展情报工作极为有利。但必须要有可靠的关系做桥梁，否则也难达到目的。比如你能潜入大同，就是因有这个中将的堂弟赵精弟的关系，是他把你带进城去才达到目的。这种桥梁关系是非常重要的。"

在反特的隐蔽斗争中我地下情报人员发挥了特别重要的作用。如在抗日战争时期通过内线报告，我们就比较详细地了解了国民党调统室在晋西北地区的组织和动态。通过内线调查基本上了解了日寇在岚县地区的"岚县宪兵特务工作队"和日特"川崎公馆"的组织人事情况及活动特点。太原阎特组织的改编情况及特种警宪指挥部组织和活动情况，阎特在雹陵桥专门训练的20名特务人员名单及分配情况等均被我情报人员及时获得。

当谈到有些情报站人员不纯，出现过叛徒的情况时，陈养山气愤地说："叛徒对我们的破坏作用最大，上海党中央遭受破坏就是叛徒顾顺章向敌人告密造成的。对叛徒，特别对那些死心踏地为敌效劳的叛徒，要采取坚决打击和镇压的措施，只有这样才能顺利地开展情报工作和鼓励革命同志的斗志。"

裴周玉回忆说，这次谈话进行了两个半天，通过这次交谈使他深受启发，使他对陈养山产生了非常敬重和钦佩的感情。

1945年年初的一天，陈养山到晋绥边区公安总局走访时，时任公安局局长裴周玉正在养病，陈养山问了他的病情，并关照身边的同志要找最好的医生给他看病。

当裴周玉到晋绥分局和军区汇报工作时，又一次遇见了陈养山，陈养山约周裴玉到调查局详谈情报工作的情况。

陈养山首先同裴周玉谈了延安整风的情况，他说："我在延安工作的几年中，最满意的是学习风气好，大家都认真钻研马列主义的书，特别是毛主席在延安高干会议上关于《学习与时局》的报告。毛泽东主席提出并解答了许多党的历史问题，使大家的认识更加统一了。"接着陈养山向裴周玉介绍了延安整风以及毛泽东主席如何纠正"抢救运动"中的"左"的错误的情况。

从陈养山所谈的情况中，裴周玉感到陈养山对政治理论学习及党的历史问题极为重视，对毛主席非常尊敬和热爱。

由于举措和方法得当，甄别工作很快顺利结束。绝大部分干部从"抢救运动"中解救出来，放下了思想包袱，走上了业务工作岗位，业务工作很快开展起来，改变了调查局"瘫痪"的局面。

不少同志非常感激陈养山，对他这种实事求是的负责精神十分敬佩。干部解放后，陈养山就着手抓业务工作。他首先重新组建调查局机关的科室，设置了干部科、交通科、研究科、情报科、总务科五个科室。同时恢复了忻县、太原、阳曲、汾阳四个情报工作站；新建了大青山情报处；并在兴县、临县设立两个商店，作为秘密联络点，掩护来往敌占区的情报人员的身份。这些站、处、点的建立，为恢复和开展晋绥边区的情报工作奠定了基础。

为对北平、天津、太原、石家庄、归绥、包头等大城市开展情报工作，陈养山提出了六项工作要点：（1）加强各情报站的工作；（2）迅速恢复和建立平、津、太、大秘密交通线；（3）积极选派基干情报人员到各城市恢复工作；（4）大力加强敌伪书报收集工作；（5）开展敌情研究工作；（6）改善机关工作人员的生活。

根据此工作要点，陈养山派交通科长冯基平、副科长冯晋臣化装到北平、天津、太原与地下情报关系联络和建立秘密交通点，并有计划地物色、调训和派遣了23名情报干部到各主要城市开展工作，并都取得了显著的成绩。

陈养山在狠抓业务工作的同时，非常关注工作人员的生活条件。他依据身体是革命的资本的道理，把改善机关工作人员的生活列为工作要点之一加以重视。他的这种爱护干部的精神使大家非常感激，从而调动了全局工作人员的工作积极性，推动了各项工作的顺利开展。

贺龙对陈养山的工作能力和工作效率非常满意。由于陈养山来晋绥边区不久，人、地都不熟，为使他同各部门尽快沟通，贺龙在各种场合多次向人们介绍陈养山，因而陈养山很快就被人们知晓。这对推动情报工作的顺利开展起了很大的作用。

作为党的七大代表，陈养山时时处处注意落实党的七大精神，他走马上任后，就立即到晋绥各情报站传达党的七大会议精神和毛泽东及其他中央领导同志在七大上的讲话精神。

七大确定的路线是放手发动群众，壮大人民力量，在中国共产党的领导下，打倒日本帝国主义，解放全国人民，建立新民主主义的中国。

“团结一致，争取胜利。这是‘七大’的方针，我们一定要把各方面工作做好，使党中央和毛主席放心。”由于陈养山认真地抓了七大精神的落实和党在延安整风中强调的甄别工作，进一步调动了隐蔽战线人员的积极性，晋绥各情报工作站，在抗日战争和解放战争中，有计划地、秘密地收集了日伪以及蒋、阎、傅大量极其重要的情报，为晋绥地区的军事斗争起了重要配合作用。

在日本投降前夕，阎锡山曾秘密派遣代表与日伪在孝义秘密会谈，并于1945年8月召开紧急军事会议，计划秘密进军接收太原城；又如阎锡山秘密留用日军5800人，1946年3月28日在太原东花园召开高干会议等日阎合流的极为重要的情报，均被我内线关系及时报送领导机关。在绥远和平起义前，蒋介石与十二旅旅长鄂友三来往的电报全部被我内线关系抄送出来。马鸿逵派代表与董其武秘密商谈要董其武将部队西撤的内幕情报，以及蒋介石派遣大批军统特务秘密来绥破坏和谈的内幕情报，特别是绥远和谈时，董部许多内部会议与特务活动等均被我内线及时准确地报送领导机关。1948年国民党平律接收大员“飞来派”和“地下派”之政治斗争的情报和北平、天津、北宁铁路三个特别党部的人事及内部斗争的内幕情报，也均被我内线及时获得报告有关部门。同时，我地下情报人员还及时报告了我方人员被捕及通敌的内幕情报。如大青山情报处曾破获和清县民政科长王国华及二配区区长张培珍阴谋暴动案。

另外，我地下情报关系还秘密配合我军收复了一些敌人的据点和城镇。如1946年7月我内线曾秘密配合攻克了原平据点。1947年春太原站内线关系曾秘密配合地方武装攻克了祁县丰泽据点，歼灭了敌人60余人。1947年解放隰县城时，我内线关系主动送出情报，并掩护我军侦察地形，绘制地图，为解放隰县城立了大功。在清风店战役中，我北平内线关系提供了有关第三军的重要情报，对消灭该军起了重要作用。

根据中央情报部指示，晋绥情报机关专门担任了收集敌伪书报的重要任务。陈养山非常重视中央情报部委托的这次专门任务，在局内设立了一个书报科，各地情报站都投入了相当大的人力和物力长期进行收购敌伪书报资料的工作。并在方山县专门设立了书报转运站，从各情报工作站到延安共建立了两条书报运输线，保证各站收购的大量书报能源源不断地送往延安中央情报部。为此中央情报部曾多次专电进行表扬。在抗日战争时期，采购站采取了各种办法如通过敌区学校的教师或其他内线关系，系统地订购了日文报纸13种，中文报纸10种，以及大量日、中文的书刊、杂志和年鉴。并且组织了相当人力，建立了专门转运书报的交通线，以保证及时将这些书报送到延安中央情报部。在解放战争时期，我平津工作站和西安工作站，也物色了一些内线关系有计划地采购了蒋管区报纸20多种、杂志30多种，并组织了专门交通线及时送往中央情报部，为此，中央情报部曾多次发电报表扬："你们调查局，收集敌伪报纸，杂志、书籍及各种年鉴等，对我们用处很大，望继续有系统地收集并将收集敌人出版物与建立书报站视为一个重要任务。""你们特别在书报的收集上，对中央曾有很大帮助。"这些敌伪书报不仅供中央情报部书报简讯社使用，而且还供给中央领导同志和驻延安的日共友人阅读。日共友人冈野进(即日共原总书记野板参三)通过对日伪书报的研究，曾向党中央提出过一些重要的见解。《书报简讯》受到了毛泽东的表扬和重视，成为党内了解敌情的重要资料。中央情报部编写的《什么是强化治安运动》小册子作为研究敌情的资料发给中央各机关参阅。关于国民党六届中委的派系分析材料就是根据日文年鉴写出的，对于当时了解国民党派系斗争发挥了重要作用。敌报书刊用于研究敌情，是将最重要的公开情报资料经过周密地系统地分析研究，有的成为很有价值的战略情报，为中央决策提供了重要依据。

1947年4月13日，陈养山在晋绥公安局长联席会上作了关于情报工作的讲话，他说："日本投降后，从民族斗争为主到以阶级斗争为主的转变，我工作零乱，无准备，对阎、傅情况缺乏基础，失掉了很多时机，和平协定后，思想麻痹，强调公开合法斗争，工作受到影响。”陈养山以自我批评的方式让大家找差距，他还概述了1946年情报工作取得的成绩，表扬了绥蒙、八分局、怀仁、朔县、崞县、中阳等地的情报工作，及绥蒙、五分区、汾阳、平介等地组织武装小组的活动。陈养山针对“几个认识问题：神秘化观点，不深入群众；单纯技术观点；单纯金钱物质观点；对情报不分析研究对策；不分对象急于求功等”，作了解释。最后陈养山还说道：情报可分为内线情报与群众性情报，前者秘密，后者公开可广泛收集，二者一定要结合。

4月25日，由陈养山主持，晋绥公安总局召集各情报工作站负责人和部分公安分局局长参加的情报内线工作座谈会，专题研究了情报工作若干具体问题，如工作站组织形式与干部问题，工作方法问题，情报人员社会化、职业化，边沿区情报工作，长期隐蔽问题，情报工作的体制问题等。

由于对问题分析透彻，从领导方面找问题，又鼓励表扬了先进，使晋绥地区情报人员上下一致，团结一心，全力以赴，在反特的隐蔽斗争中发挥了特别重要的作用。1947年7月18日上午11时，我爆破英雄梁升元，成功地爆炸了太原北5里处太原第二火药厂，炸毁了手榴弹2000箱、追击炮弹2000箱、步枪子弹2000箱、二〇重炮弹700箱、地雷几百个等，敌人损失惨重，人心惶惶。1948年春，我内线报告了国防二厅华北督导组领导下的保定、石门、山海关、张垣、北平、天津等地的潜伏特务名单，在北平解放时被我全部破获。另据我内线报告侦破了原北平保密局专员吴雷远及傅觉民打入民主促进会进行特务活动案，并先后破获了兴县潜伏组及其电台，破获了大同程德底潜伏组和东北通辽潜伏组织。临汾解放前后，晋南地区保密局所属洪洞、大宁、晋城、曲沃等县56名潜伏特务，除少数人员逃亡外大部被捕。在绥远包头地区，由于我情工人员已打入了绥远调统室、绥远党政军联席会议秘书处和保密局绥远站担任科长、译电员、秘书、组长等重要职务，所以绥远包头地区的国特组织活动情况基本上被我内线人员所掌握。如绥远省调统室组织人事活动情况，“绥远党政军联席会议秘书处”人事及会议情况，“华北党政军联合工作指导委员会”和“绥远肃反战乱委员会”人事活动情况，保密局绥远站所属各组人事名单及京、津、张家口、雁北、榆林等地亡命的军统人员报到名单，保密局绥远站长赵思武组建的特务武装及潜伏首要分子名单，保密局华北区副区长田某布置的潜伏特务名单；十部电台的潜伏位置，伪晋绥察三边“反共自卫救国军”“青年同盟反共救国军”“三山边区预防”等反革命武装组织情况等，均在我内线人员掌握配合下在进城前后一网打尽，从而顺利地完成和平接管任务，巩固了城市治安。1948年7月6日，我情报人员以手榴弹7枚在太原北5里处进行爆破，敌装甲车车头、水箱被毁，车皮出轨，司机、助手、打旗员各死1人，伤七八人。这是发生在阎锡山老巢的重大事件，震慑了敌军，使我军声威大振。

这里应该浓笔重写的是上文提到的王树楷。1947年春，国民党将对解放区的全面进攻改变为向陕北、山东两翼的重点进攻。绥远敌军为配合胡宗南敌军对延安的进攻，发动了晋西北战役，我怀仁、右玉和清水河等地相继失守。此时因斗争环境进一步恶化，5月8日，绥蒙公安局侦察科长兼右玉情报站长的王树楷率情报站及地方武装32人，深入敌营，在右玉东山沟菜儿营一带遭敌军突然袭击，王树楷和战友一起，与敌浴血奋战，英勇杀敌，不幸壮烈牺牲。敌人对王树楷恨之入骨，我们的英雄被敌人枭首示众。“没谓书生空议论，头颅掷处血斑斑。”烈士以自己的一腔热血报答祖国，王树楷是隐蔽战线的英雄。

三、依势利导，全力搜集战略情报

1945年8月15日，日本天皇宣布无条件投降，中国人民的抗日战争取得最后胜利。随着抗日战争的胜利结束，中国国内的社会关系发生了重大的变化。中国社会的主要矛盾，由中华民族同日本帝国主义的矛盾，变为以国民党为代表的大资产阶级、大地主阶级同中国共产党为代表的人民大众之间的矛盾。

抗日战争结束后，以蒋介石为首的国民党反动派，为了维护其经济上的垄断地位和政治上的独裁统治，在美帝国主义的支持下，妄图消灭中国共产党，统治中国人民。中共中央针对这种基本形势，制定了“针锋相对，以爱国的正义的革命战争，打败美国支持的国民党反动派，建立新民主主义的新中国”的革命对策和方针。

根据这种形势，情报工作的侦察对象要有所改变，要从主要侦察日本帝国主义转变为主要侦察国民党反动派。因此中央情报部根据中央的方针和指示，向各级情报组织发出了紧急指示，明确提出：情报工作要以搜集蒋介石发动内战的阴谋活动作为重要任务，全力以赴搜集敌方战略情报。

此时，陈养山在出席党的七大后，要离开延安回晋绥。临行前，陈养山到中央情报部向李克农部长道别，李克农告诉他：情报对象起了变化，你们要将各种关系转到国民党当中去，要有计划地向国民党统治区开展情报工作，获取敌人策划内战阴谋的情报，配合我军的自卫斗争。

“首长的指示，就是我们行动的方向，我们一定照办！”陈养山表示要立即行动。之后，他还向李克农提出晋绥情报干部少，希望能多调一些干部去晋绥工作。李克农说：“你在中央党校当过干部科长，那里有干部，可以从中央党校物色些干部。”陈养山征得彭真同意，从中央党校挑选了一批干部，很快返回晋绥。

1945年10月，晋绥边区召开情报侦察工作会议。李克农到会，并在会议上阐述了情报侦察工作方向的转变问题。他强调指出：爆发内战的可能性极大，为了有力地配合自卫战争，晋绥边区的情报侦察工作，要以蒋介石、阎锡山集团为主要侦察对象，加强城市敌人的内线工作，配合我军反击敌人的内战阴谋。

阎锡山在日本投降后，改编伪军为国军，在美帝国主义支持下，抢占太原、大同、临汾、归绥、包头等城市及交通线，并向解放区发起大规模进攻。内战一触即发。

根据这种斗争形势，陈养山认为必须首先解决情报工作机构分散的问题。于是他在征得晋绥边区公安局谭政文、裴周玉等领导同志的意见后，向中共晋绥分局写报告，建议将晋绥分局调查局同晋绥边区公安局合并，以加强情报侦察工作的力量，统一领导，协同作战。晋绥分局研究了他的报告，认为他的建议符合斗争形势和实际工作的需要。经征得中央情报部的同意后，决定将晋绥分局调查局同晋绥边区公安局合并，成立晋绥边区公安总局，由谭政文任局长，陈养山任副局长兼管情报工作。1947年6月，谭政文调中央社会部后，陈养山任局长。

两局于1945年12月底合并后，调整了组织机构，在原有的组织机构基础上，增设了派遣、敌工、交通、研究四个科室。原调查局的情报站与公安局的情报站也进行了调整合并。

1945年12月欢送派往敌营执行任务的情报员时合影（前排左二为陈养山）

根据敌情变化的情况，陈养山对太原地区各情报站的工作进行了研究，将太原站、文水站、汾阳站、阳曲站合并，由太原站统一领导，集中力量加强战略情报的搜集工作，并新建了平津站、西安站、西北站、归绥站。此外，各地县公安局均加强了内线的派遣工作。这就使晋绥边区的情报工作，发挥了有力地配合军事斗争的作用。

陈养山善于抓住时机利用各种力量推动与开展情报工作。他根据形势的变化，及时提出情报工作的要点，使各情报站的工作能紧跟形势。1946年1月，他根据当时既和谈又打仗的局面，一再强调情报工作要为当前的政治斗争和军事斗争服务，要加强军事机密情报的搜集和开展互解顽军的工作。为此，他向各情报站部署了三项重点工作：(1) 要对顽军家属开展工作，组织座谈会，发动他们写信索夫唤子反对内战，开展瓦解顽军的工作。(2) 加强军事机密情报、上层情报、特务情报、政治情报和战略情报的搜集。(3) 物色选派各种关系打入大、中城市、交通要道、阎锡山、傅作义军队，争取顽军起义投诚。

由于执行陈养山的这一部署，1946年仅太原情报站就搜集情报112份，

1948年冬太原情报站十位同志合影于山西榆次。前排左起：韦健、张泽民、冯晋臣、施群、马晨。后排左起：王向群、张泽涛、李光清、杨广文、许其谭。

其中特别重要情报21份；重要情报64份。如阎锡山的军事部署、整编情况、同日寇勾结内情，都被我情报人员获得。此外还缴获潜伏在边区首府兴县的特务同敌太原宪兵队联络的密电码，擒获了潜伏特务，确保了边区首脑机关的安全。大同情报站，获得了敌大同领导小组电台密码一册、阎伪三十八师的编制、驻地及连以上指挥官名册和大同城防工事图等主要情报。1947年7月18日，我特工人员还成功地引爆了太原敌伪第二火药厂，使敌遭到严重损失。

党中央发出开展“高树勋运动”的指示后，陈养山对这个指示非常重视，狠抓落实。

1945年10月30日，国民党第十一战区副司令长官高树勋率一个军和一个纵队在邯郸内战前线起义，在全国影响很大。为了进一步加强分化、瓦解国民党军队和争取国民党军队起义的工作，中共中央决定对国民党军队开展宣传运动，号召国民党军队中的官兵学习高树勋部队的榜样，拒绝进攻解放区，在内战战场上实行怠工，和人民解放军联欢，举行起义，站到人民方面来。这个运动，被称作“高树勋运动”。毛泽东在《1946年解放区工作的方针》中号召开展“高树勋运动”。并说：为着粉碎国民党的进攻我党必须对一切准备进攻和正在进攻的国民党军队进行分化的工作。一方面，由我军对国民党军队进行公开的广大的政治宣传和政治攻势，以瓦解国民党内战军的战斗意志。另一方面，须从国民党军队内部去准备和组织起义，开展“高树勋运动”，使大量国民党军队在战争紧急关头，以高树勋为榜样，站到人民方面来，反对内战，主张和平。为使此项工作切实进行和迅速生效起见，各地必须依照中央指示，设置专门部门，调派大批干部，专心致志，从事此项工作。各地领导机关，则要给以密切指导。

高树勋

在“高树勋运动”的感召下，1946年5月31日，国民党第一八四师师长潘朔端率所部于海城起义，高树勋于6月8日电贺：“去年邯郸起义，旨在救国拯民，欣闻贵师义举，益感同道多助。今后愿密切联系，俾其奋斗。”1946年6月26日，国民党空军第八飞行大队刘善本上尉驾驶一架B-24型轰炸机“走高树勋道路”起义，由成都飞往延安。他的起义，再次在国民党军队中造成震荡。

1946年春节，陈养山指示各情报站动员在根据地内的敌伪军亲属，写信或亲自到敌军探亲，劝说顽军认清形势、弃暗投明；对敌占区则利用一切可以动用的情报关系，动员顽军倒戈，举行战场起义或和平起义。由于阎锡山军队士兵的家属，大多数在解放区内，各情报站按陈养山的部署，于1946年至1947年开展了号召阎军家属写信或去阎军探亲，晋绥各专区和县公安局机关都广泛开展了群众性的派遣及索夫唤子瓦解敌军工作，收效很大。仅据崞县、忻县、宁武3县公安局1946年年终报告，瓦解了敌军1143人，带来机枪6挺，步枪66支，手枪3支。1946年2月在我崞县公安局内线关系秘密配合下，曾瓦解了崞县自卫团500多人。在这方面敌军家属起了重要作用。经两年动员、劝说工作，取得了显著的成效，造成阎军和阎地方武装人员人心恐慌，军心不振。

陈养山善于洞察局势，根据新的形势，及时调整组织机构、改变工作方法，使之适应新的形势。陈养山一方面抓健全干部队伍的建制，同时狠抓情报业务的建设工作，特别是派遣工作。1947年经他批准，从机关和部队中抽调了几十名得力的干部派进大城市开展情报活动，使各情报站除充实了人员外，还加强了领导力量。在情报内线工作方面，陈养山不仅抽调得力干部派进敌营开展情报活动，而且还大胆地发展了一批敌伪人员为我工作。其中有些内线关系，曾在解放平津等城市的战役中起过重要的作用。

在工作方法方面，陈养山不墨守成规。1947年秋开展土地改革运动时，陈养山明确指出：抗日战争时期，地主是联合对象；现在土改，地主是斗争对象。尤其大地主，他们是“还乡团”、土匪、谍报队的靠山和后台，这些组织的成员大多数是逃亡地主分子，是地主阶级建立的武装，是保护地主阶级利益，镇压革命群众，杀害我们的干部和积极分子的封建势力。这次土改要消灭这些封建势力，因此我们不仅不能联络大地主掩护我们的情报工作，而且要同他们划清界限。对恶霸地主要坚决打击，对小地主和富农要孤立和争取。

由于陈养山的及时指导，各情报站的工作在土改运动中没有发生偏差。

1945年初至1949年春，陈养山根据党中央和晋绥分局的指示精神，领导晋绥边区各公安局和情报站，主要开展了以下几项工作：

1.加强军事情报的收集工作。

为向我军提供军事情报，在密切联系原有的情报关系的基础上，积极发展了新的情报关系，争取敌军中的上层分子向我靠拢。这项工作取得了很大成绩。如西安情报站的情报关系向我提供了胡宗南军队的机密电报密码；平津情报站在清风店战役中，为我军提供了重要的军事情报；太原情报站在上党战役后获得了阎锡山的整编情况、军事部署、日阎勾结内情等重要情报；归绥情报站获得了敌绥包地区一一一师、一五八师、三二〇师，骑兵十三旅等主要部队的编制、装备、人事等重要情报及敌绥远省调统室和保密局布置大批特务潜伏绥包地区进行破坏和谈的内幕情报。此外，我情报人员还获得了敌国防部二厅华北督导线领导下的保定、石家庄、山海关、张家口、北平、天津等地的潜伏特务名单及北平市保密局专员吴雷远、付觉民打人民主促进会的内幕等重要情报。

2.开展瓦解敌军及发动敌军起义的工作。

根据中央和晋绥分局指示，开展了“高树勋运动”。在我情报关系和内线人员的策动下，1947年6月敌陕北响水堡守军营长樊仰斌在战场率全营官兵向我军投降；1947年8月敌绥远某部团副尉顺时，在清水河战斗中率400余人放下武器，使我军顺利歼敌800余人；1949年3月敌绥蒙三二〇师团长魏×率1400多人起义；1949年春敌绥远保安突击大队长李××率150多名骑兵投降，同时我内线关系还配合军队收复了许多据点和县城。

3.派遣大量俘虏及国民党官员返部瓦解敌人。

1948年国民党军队由战略进攻变为战略防御，我军由战略防御转为战略进攻后，国民党军队及军政官员对前途极为悲观。我们利用这种形势将俘虏来的国民党军队官兵派遣回去做瓦解敌人的工作。有的为我做策反工作；有的在城市解放时帮我做破坏工事、保护仓库、工厂， 捉捕坏人等工作。

4.动员情报关系为和平解放作贡献。

在我情报人员的策动下，我情报关系董其武的亲信，在绥远的和平解放中准确而及时地向我提供了重要战略情报。使我在和平谈判中掌握了主动权，制止了反动派破坏和谈的阴谋，胜利完成了“绥远方式”的和平解放。

5.参加城市接管和治安秩序管理工作。

国民党溃退时，在各城市潜伏下大量特务，此外还有大批散兵游勇、流氓土匪、残余反革命分子留在城市内。我情报人员长期在敌占城市工作，了解该城市的情况，城市解放后将情报人员转做公安工作，接管城市的治安工作。这不仅壮大了公安机关的力量，而且对清除特务、巩固城市的社会治安秩序带来许多便利条件。

此外，为了配合华北各大城市的解放，陈养山从1948年5月起，将晋绥边区的情报站和情报人员，分别调归华北局社会部、西北局社会部、中央社会部领导。使他们在北平、天津、西安、绥远、太原等城市接管、清除敌特、侦破潜伏特务的特殊斗争中发挥作用。不仅如此，他还亲自组织了大批干部整理、编写了北平、天津、西安、太原、大同、归绥、包头敌党、政、军、宪、特机关的系统资料和城防工事图，并印发给我党政军指挥机关作参考，深得各部门的好评，为此刘少奇表扬了他。

晋绥边区的情报工作，在陈养山的有力领导下，打开了局面，并取得了显著的成绩，特别在配合我军作战方面，发挥了较大的作用，因此受到了贺龙和中央情报部的称赞。

陈养山在晋绥边区工作的四年中，对恢复和开展晋绥边区的情报工作起了主要领导作用。他为抗日战争、解放战争的胜利及保卫晋绥边区的安全日夜操劳，并作出了重大贡献。

四、剑胆琴心，陈养山一封绝密信

王谦、晋臣、校先同志：

晋臣同志送来新甫同志最后的一信真是非常痛心，这是我们工作中的严重损失，是我们关系中极悲痛的损失。新甫同志是惨痛的牺牲了，虽然这种牺牲是极不允许的，且不知我们太原关系今天如何呢，他们是否遭受了危险，我们毫不知道，我们要想各种办法来挽救他们，因而请你们想各种办法来了解王连仲与周某兄弟的口供，大概总在警宪指挥处，不知晋臣是否知道周兄（周健民？）的住地，新甫是否留下底子，如知道的话，怎样来援救他们？我心里也作乱，想不出更好办法。晋臣同志比较了解，请多出一些主意，来援救我们的关系，使损失不致很大。

这次经验是新甫同志胆小，离太原时太慌惶，最严重的是二次去太原竟不换路条，用过期与改过的路条，今后必须要注意路条，取得合法。最后不想各种办法来克服，如与连仲取得联系，调查其下落。总之，不能主动的应付，手忙脚乱，我也没有尽责替他出主意，督促他想办法，在领导上有重大责任。如何处理，我已向总局请示。

电李光清同志结婚不能批准，为取得自卫战争胜利，分局按总局命令暂时禁止任何人结婚，请关照他，劝他家中有老婆尚未办离婚手续，更不应该。

此致敬礼

陈养山

十一月二十日

郑校先

这是晋绥地区调查总局局长陈养山写给他的部下王谦、冯晋臣、郑校先的一封绝密信。从信的内容推断应该是1945年写的。

从这封密信我们可以看到作为隐蔽战线前辈的陈养山的胆识、善良和对党情报事业的忠诚，以及对战友、同志的真心和原则性。

陈养山处事果决而又思虑周密，有勇有谋。“胆欲大而心欲小，智欲圆而行欲方。”陈养山就是这样剑胆琴心的隐蔽战线领导者。

为取得自卫战争的胜利，“电李光清同志结婚不能批准”，“分局按总局命令暂时禁止任何人结婚”。“劝他家中有老婆尚未办离婚手续，更不应该。”这正是“绵里藏针”的革命原则性。

从这封信谈到“新甫”之事，更引起一段惊心动魄的故事。

1941年初，陈养山所领导的情报员韦健等人同秋林镇八路军驻晋办事处取得联系后，在办事处处长王世英领导下，开始了阎锡山匪区的地下情报工作，具体联系人是办事处的秘书曹言行。1942年8月，党中央情报部正式批准他们的情报站为地下情报组织。这个组织的主要成员有：吴佩申、张力先、亢礼、安子汜、韩彬和韦健，他们遵循党中央对城市工作的指示：“在组织上力求隐蔽和精干，长期埋伏，积蓄力量，等待时机。工作方式：分头进行，单线联系，不发生横的关系。”根据各自的工作条件，在工作上形成了三条搜集情报的渠道，安子汜在汾阳、孝义一带，利用阎锡山党政委员会同日寇有勾结的关系，搜集日伪情报。亢礼在隰县、蒲县一带，利用行政工作职务的条件，搜集阎锡山的政治情报。韦健和韩彬在乡宁、吉县一带，利用部队工作职务的条件，搜集军事情报。吴佩申在民族革命通讯社当编辑，负责他们与秋林办事处之间的总的联系。张力先当时在民族革命通讯社当记者，负责跑交通。从此，作为党的地下情报工作者，他们一直在阎锡山的心脏内战斗。

那时这个情报站搜集的情报内容很广泛，凡是敌占区的情况，军事的、政治的、经济的、社会的都有，甚至连敌人发行的书报、杂志他们也搜集，以供给党中央研究敌人的战略动向。那时，利用阎锡山党政委员会与日寇的联系这一渠道搜集的各种资料很多，有时就用毛驴驮着送到办事处，特别是延安指定要搜集的情报，他们更是千方百计去搞。

例如，1944年四五月间，蒋介石为了欺骗世界舆论，掩盖他假抗日真反共的面目，硬是在英、美等国记者考察我延安时，塞进了中央社、《中央日报》《扫荡报》等国民党记者以及CC系特务参加，组成所谓“中外记者西北参观团”。这个参观团是从山西转入延安的。为了揭露蒋介石的阴谋，及时打击敌人，党中央指示各情报组织尽快搜集“参观团”的情况。接到上级的通知后，张力先利用他在民族革命通讯社当记者的身份，主动接近该社社长梁延武的老婆、阎锡山的五妹阎慧卿了解情况。参观团是从重庆出发到阎区吉县克难坡，然后转赴延安。在那些日子里，张力先每天不止一次地奔走“阎公馆”，设法从“五姑娘”那里探问情况。起初没得到什么有价值的情报，直到参观团在克难坡访问完毕，即将转赴延安的一个晚上，张力先又借故去访“五姑娘”。“五姑娘”不在，张力先翻阅她的案头公文。这时突然发现有一份正待印发给阎锡山各高干的会议记录，略一查看正是参观团中国民党反动分子同阎锡山近日在暗中秘密会谈的反共部署。张力先当机立断，迅速拿走这个材料，奔回住处，以最快的速度将几千字的原文重抄一遍，然后又重返“阎公馆”，趁人不备，将原件送回“五姑娘”的案头。抄件以最快的速度转送延安。当“中外记者西北参观团”离开吉县到达延安的时候，《解放日报》全文登载了这个文件，国民党阴谋败露，窘态百出。党中央对这一情报的获得和及时转达，给予了很高的评价，高度赞扬了晋绥的工作。

那时韦健是凭借着在阎锡山部队内工作的条件，利用矛盾，取得信任，深入要害部门，尽力创造获取情报的机会。1941年的夏天，阎锡山为了整顿内部组织，在克难坡组织了一期“暑期进步讨论会”，对干部进行轮训和考核。就在这期讨论会上，阎锡山的各派系大显身手，乘机为自己一派选拔人员，拉拢干部，扩大势力。

当时主要派系有王靖国的铁军组织，梁化之的文人组织，孟际丰的政干组织，薄毓相的兵农组织等。这些组织的头头都是阎锡山的高干，他们同床异梦，貌合神离，各成体系，互相倾轧。他们在讨论会上公开找人谈话，进行拉拢收买。因为韦健是部队政工系统的，政干组织的具体负责人卢学铭找韦健谈话，要韦健靠拢和参加政干组织这一派系。为了取得敌人信任，韦健表示同意。“暑期进步讨论会”结束后不久，在1942年初韦健就被调到山堠据点守备队，提升为中校，任进步保证委员。韦健利用这个条件，搜集阎锡山建立据点守备队的重要军事情报。

自日本人侵占了太原等地以后，阎锡山就退守在吉县一带，总部设在克难坡，其主要力量基本上集中在晋西南一带。为了守住其首脑部门所在地，成立了各种据点守备队，驻扎在围绕克难坡的各个大山头上。这些山头都遍布工事，沟网相连。挖筑坑道，把山都挖空了，兵力部署是很强的。韦健所在山的根据点守备队，司令叫王之时。韦健那时是守备队的中校进步保证委员。王之时为人正直，暗里对蒋阎不满。为了分化瓦解敌人，扩大我们自己的力量，经再三考虑，韦健把他作为争取对象，主动接近他、关心他，在政治上试探、启发他。起初他对韦健的面目认识不清，渐渐地他知道韦健与蒋阎在政治上是背道而驰的。经过几个月诚挚而频繁的接触，王之时在思想上逐渐倾向我们一边。在对王之时做工作的这段时间里，通过他，韦健把阎锡山在各大山头据点守备队的人员编制、兵力部署、坑道分布情况都搞到手，很快转送到八路军办事处。

1943年夏天，韦健被调到克难坡保安委员会所属武装指挥部。保委会下设武装指挥部和内卫处两个单位，统归副长官杨爱源领导。韦健在武装指挥部担任进步保证委员。武装指挥部所属部队都是阎锡山内卫部队，有政卫一二师和一九六旅。韦健参加武指部的办公会议，这样对于内卫部队的布防情况和具体活动都能及时掌握和了解。

1943年秋天，韦健被调到阎锡山的“同志会”工作委员会军队组织组。工委会是阎锡山“同志会”的最高首脑机关。此时韦健也被提升为军队组织四级干事(上校级)，分管部队的组工编制工作。这样对阎锡山全军的情况，有关编制、人事、装备等资料都能及时了解并转送出去。

这样工作一直坚持到1944年七八月间，由于蒋、阎掀起了第三次反共高潮，迫于形势，我第十八集团军驻秋林办事处撤回延安，我们的情报组织和办事处联系中断，情报工作暂时受到了影响。

与秋林办事处的联系中断，但工作并没有停止，这个情报组的成员仍然通过各种渠道搜集情报。有些情报急需送出去，迫切需要与党组织取得联系，因而决定吴佩申到延安去。那时阎锡山对各交通要道封锁很严，很难通过，恰好张力先有位老乡，在当地落户多年，经常往返红区做生意，路很熟。于是吴化装成商贩，托这位老乡在路上照顾，才安全通过封锁线，到达延安。吴佩申向当时的中央情报部副部长李克农汇报了我们情报组织的全部工作。这是1945年六七月间。

李克农详细听取汇报后，对这个情报组织的工作作了具体指示：(1)日本人准备投降，我报人员要跟阎锡山回太原，在太原建立情报站。(2) 为了便于联系，情报站交给中央晋绥分局调查局领导。(3) 关于吴哲之的联系问题。割断吴同太岳三地委的联系，由情报站领导。(吴哲之是阎锡山第十五专署的专员，思想进步，与太岳三地委书记柴泽民有联系，准备起义。阎锡山有所察觉，将其调回乡宁县考察) (4) 回太原后准备进行和平斗争，要争取伪国大代表名额。(5) 确定了新的联络办法。一是情报站设法购买电台(吴从延安带回40万伪法币)，进行空中联系；二是利用交通进行联系，并规定了具体联络代号。

同时，中央情报部批准韦健和吴佩申入党。

吴佩申从延安回来，将中央的指示精神传达给了韦健，并且告知韦健，他去延安的问题已被敌人发现(据了解是因剧宣二队的案子，郝彬南被扣涉及他)，伪警备司令部下令通缉他。吴佩申不能继续留在山西，故决定由韦健先随阎锡山第二批人员返回太原做准备，吴再秘密化装回太原安排工作，然后他将离开山西转赴北京工作。这时已是1945年9月。

不久，韦健回到太原，住在东辑虎营45号。吴佩申进城后由韦健掩护，在韦健家里住了四五天，又转到韦健弟弟周佩玑家住了七八天，对太原的工作做了具体安排，10月中旬便转赴北京去了。

太原情报站是根据中央情报部副部长李克农的指示精神建立的，首先必须解决晋绥总局派人联络的问题。吴佩申去延安时定有两种交通联络方案。一种是通过太原安子汜的弟弟安宝之的家(太原奶生堂住)进行联系；另一种是如情况有变化，即在阎锡山报纸上按规定的名字(李文芳)登寻人启事，指明联系人和地址再行联系。吴佩申进到太原后，考虑安子汜的问题，在其弟弟家联系已不适宜，故决定由韦健按登报的方法进行联系。

老吴走后，韦健即按规定在阎锡山《复兴日报》上登了一个星期的寻人启事：

兹有表弟李文芳与我失散多年，如见此启事，请与太原东辑虎营四十五号联系。周健民，×月×日

到11月下旬，晋绥公安总局即派李文芳(原名张新甫)来。那天韦健正在家，听到院内有人叫韦健的名字。一出门，看见一个头戴礼帽，身穿大褂的人站

在门口，韦健的心一下子收紧了，是总局派来的人吗？果然，他开口说出了我们规定的接头暗号："我是东山客。""西山有人接。"韦健也回答了他，并热情地将他迎进门来。韦健心中十分高兴，真没想到这么快就和组织联系上了。

李文芳是进行具体领导和负责交通联络工作的。首先碰到的问题是需要一个掩护他的机关。当时考虑最好搞个商店作掩护，开始时他在韦健家里以亲戚名义住着，后来通过关系打听到太原市唱经楼18号有三间门面的点心铺准备向外转让。李文芳在此店有熟人，如接收此店，店内人员可继续使用。只需要拿些资本，换个营业证就可开张。这个条件比较便利，便决定向晋绥总局申请两条黄金。

经请示陈养山，总局领导同意了，但经费一时还拿不来。再则营业执照也要通过一些关系才能解决。韦健想只有找吴哲之(他当时是阎锡山实物准备库的经理)才能解决这个问题。李同意这样做。所以通过亢礼找吴哲之借了两条黄金的款，并解决了营业执照的问题。

店内事务仍由原来店里的王经理负责，此人和韦健方人员崔守安有关系。故晋绥领导又派崔守安(原名王连仲)来做交通工作，并兼搞商店。商店的人事安排主要是李文芳解决的。负责人除他和崔守安外，营业方面主要是王经理负责。商店共有12名人员，其中了解我们工作的只有李文芳、崔守安和周佩玑(韦健本族弟弟，兼负责交通)，其余的人都是单纯搞营业的。在各项筹备工作就绪后，于1946年2月正式开张营业了。店名叫作"协义恒"点心铺。

当时为了传递情报的需要，李文芳提出以商店的一个推销点的名义在太原市新南门外建立一个联络点。于是在新南门外西侧约四五百公尺远的一个地方，购买了一个木楼。按棚户申请了摊贩证，崔守安专门负责经营。这是在1946年三四月间搞起来的。

同时由李文芳、崔守安和韦健三个党员编成一个党小组。4月份由韦健和李文芳介绍，经晋绥总局批准，亢礼也入了党。他们四个人组成了情报站的党的领导核心。至此，情报站在组织上、形式上、工作上形成了一个集体。

日本无条件投降后，全国形势发生了很大变化。周恩来、马歇尔、张治中组成三人调处小组，进行和谈工作。表面上看有国共合作的样子，但实际上蒋介石一心想消灭共产党，积极调兵遣将准备内战。蒋介石的总参谋长陈诚在1946年初，亲自跑到太原，进行内战动员。他在阎锡山省政府里的“自省堂”组织了3000多人的大会，公开叫嚣要打内战，扬言对八路军“三个月打垮，六个月消灭”，内战气氛甚嚣尘上。当时阎锡山接管日伪占领区，进入太原后面临着山西这个烂摊子，必须全面部署和改组，进行人事大变动。阎锡山为了实施和加强对山西的统治及适应其内战需要，很快就将组、政、军、教、经、特等系统各机构重新改组。那时政治情况十分复杂，社会上也极度混乱。晋绥总局领导陈养山多次深入前方，明确指示要掌握蒋、阎各个时期的政治动向，重点搜集军事情报和特务情报。这个情报组原有情报人员中，能够正常进行工作的就是韦健和亢礼、张力先三个人。

为了适应斗争的需要，情报人员也相应增加，发展到十五六人。韦健当时在军队组织组，偏重于搜集组织、军事方面的情报；亢礼在“同志会”工委会宣传组，偏重于搜集组织、政治方面的情报，张力先在民族革命通讯社当记者，偏重于搜集文化教育方面的情报；安子汜搜集特务方面的情报(安在剧宣二队案件中被敌人发觉后，只交代了与剧宣二队有关的情况。此时，他被敌人安插在特种警宪指挥处宣传科，和他们仍有一般联系)。原阎锡山晋南专署专员、后成为阎锡山实物准备库经理的吴哲之，划归我们领导后，除了让他争取伪国大代表名额外，还根据他的条件，布置他搜集经济方面的情报。另外，“同志会”工委会宣传组的薛博民、何炯，干管组的阎汉栋，在四十九师当团长的王之时，在山西大学当教员的田树兰，在绥靖公署政治部工作的任治卿，在四十三军直属营当政治指导员的阎起鹅，榆次二区的区长马晨等人，都和我方保持一定关系，通过他们搜集了不少情报。这个情报站基本上形成了一个网，掌握阎锡山各方面的情况。很快将阎锡山进太原后的部署、组织、人事变动情况，以及组、政、军、教、经、特的所有能搜集到的情报都及时地转送了出去。当时我方工作的重点仍是抓军事情报和特务情报。

上党战役后，阎锡山因兵力受损，太原防御力量薄弱，遂对军队进行大整编，全面调整部署。这个整编方案是由军务处长朱崇廉搞到的，包括原有部队、新编部队的番号、长官姓名、驻防地区、武器配备等。朱将方案搞到后交给韦健，让韦健据此搞组工编制。下午下班时，韦健找机会将方案偷偷带回家里，用毛笔蘸着牛奶抄在一个账本上。从晚上七八点钟开始抄，一直到第二天早上四五点钟才抄完。一到晚上，由妻子张若玲给韦健放哨，把窗户蒙得暗暗的，不用电灯用油灯，整整一夜不曾合眼，不感到疲倦，只是心情紧张而激动。直到将方案神不知鬼不觉地送回办公室后，这颗心才放下来。当天韦健将这份绝对机密而又极端重要的情报夹在自行车带里面，由交通员崔守安骑着自行车，很快送交晋绥调查局局长陈养山，这件事曾受到晋绥军区领导的赞扬。

1945年底，阎锡山进城后，为了适应蒋介石假和谈、真内战的部署，着手将他在晋西南的特务组织流动工作队组成了“特种警宪指挥处”，由梁化之、徐端负责；将原晋西南时的政卫系统组织变成警务系统，搞地方治安，由警务厅长杨贞吉负责；阎锡山的侍从参谋梁吉庆负责组建参谋训练队，专门进行部队军事侦察，这就是阎锡山的三大特务系统。阎锡山就是通过这些特务组织我地下组织人员，是一群杀人不眨眼的刽子手、死硬的反革命分子。当时我方进行这方面工作的条件较差，但是经过努力，对这些特务系统的编制机构、负责人姓名，以及各县的组织、活动情况等有关资料也搜集了不少，并及时转送出去了。在情报站活动的一年多时间里，通过情报人员的工作，为党提供了阎锡山各方面的情况。在地下组织遭到破坏后，韦健回到解放区，将太原阎锡山的情况向陈养山等晋绥领导同志汇报后，还编写了一本两万多字的《阎锡山统治区组、政、军、教、经、特概况》的小册子，印200多份，发至各有关单位，对党同阎锡山的斗争起了一定的作用。

1946年10月下旬，这个情报站受到了意外的打击和破坏。事情是从一张路条引起的。

李文芳到晋绥汇报工作，他把柜上一个伙计的路条涂改名字后装在身上，在汾河洋灰桥上被阎锡山的哨兵卡住，对方产生怀疑，李文芳以“协义恒”的经理身份取保脱身回到太原县，并把情况向晋绥总局局长陈养山作了汇报。陈养山指示韦健赶快回太原，看看情况，如已出事，赶快把太原的人全部撤出来。李文芳离开太原两天后，就有个警察到柜上来问李经理回来了没有，柜上伙计说回家了，还没有回来。

过了两天警察又来查询。这时店里的同志有所警觉，崔守安就立刻来找韦健。他们商定，赶快到河北正定县从李文芳家发个信，就说病在家里了，以拖延时间，等李文芳的消息。信还没有回来，到了11月1日，特种警宪指挥处就占了商店，派了几个便衣特务，把崔守安、周佩玑都控制在里边。过去，由于工作需要，韦健不便常到柜上去，所以对当时发生的情况一无所知。可巧，有个伙计从太原县回来，正是吃早饭时间，开门一看里边全是便衣，便衣问他干啥，他忙说找人，来找周佩玑，没敢说自己是柜上的伙计。便衣说不在，他便返身退出。出来后他径直来到韦健家，把情况一说，韦健才知道情报据点已经暴露。情况万分紧急，必须先通知有关的同志设法撤离出去。韦健嘱咐这个伙计暂时离开，不必再回商店，然后就去找亢礼，和他一同撤离太原，回解放区。亢礼不同意，说他从来没有和柜上发生联系，一旦有人查询就把责任全部推到韦健身上。他执意不走，韦健只好又去安排其他同志。找到张力先，要他赶快离开太原。从此，张力先就回了运城原籍。最后韦健又去找了安子汜。虽然没有给安排什么工作，但为了自己的安全和其他同志不受到意外的影响，韦健决定让他也一块撤出去。去了以后，他不在家。他妻子说："两天前特种警宪处把他叫去，至今还没回来。"韦健知道敌人已经动手了。后来在韦健走后，亢礼也被捕叛变了。

从安子汜家出来，韦健返身回家，准备通知妻子张若玲带上孩子一块儿撤走。几年来，张若玲一直是韦健的得力助手，她帮忙跑交通，递送情报，收藏资料，做了大量的工作。当韦健快到家门口时，发现门外有便衣在窥探。韦健急忙把情况向张若玲讲，让她赶快离开，到大东门18号韦健弟弟周佩玑家躲避。然后韦健返身出门，钻小僻巷来到南门外铁甲车队中队长周佩瑶(韦健的一个本族兄弟)那里等消息。张若玲先把孩子们安排在韦健弟弟家，然后又回去取衣服。从外面看家中没什么动静，其实里面已经有了便衣。

张若玲一回去，就被监视住了。她就装作一个什么也不懂的家庭妇女，只说是丈夫上班一直不回来，要找丈夫。敌人在家里又整整守了一夜，没等到韦健回去，天刚明就悄悄撤走了。张若玲从家里跑了出来，到东夹巷阎汉栋家，让阎妻子王玉弟告刘华民赶快到南门外送信，让韦健先走，她以后再想办法。韦健接到消息后，立刻骑上自行车到了榆次，去找二区区长马晨(我们的工作关系)。马晨不在，韦健又找到弟弟周佩玑。韦健先躲在一个老乡家里，让他去打听消息。天刚擦黑，阎锡山战区政治部政治大队派了几个人到区公所。周佩玑当时正在那里，他一看情况不对，就偷偷溜出来告诉韦健，韦健说："咱们赶快一块儿撤走。"他们刚刚跑到路口上，敌人就从后边追来。这时，天越来越黑了，敌人在后边叫："站住！站住！"这时韦健看到形势不对，忙说："赶快往路边地里跑！"周佩玑还说："你不要跑！"正值深冬，地里什么也不长，好在这时天已完全黑下来了。韦健一气跑了三四里地，钻进地中央一个大水坑里。敌人误将周佩玑当作韦健，五花大绑地抓走了。

押回区公所时，正巧马晨回来了，他一看就大骂道："混蛋！你们怎么把我的村长抓起来了！"说着就扇了政治大队的人一个耳光。敌人看见确是抓错了人，只好放了。

后来在1947年9月2日周佩玑又护送张若玲母子四人从太原撤出，跑回解放区，引起敌人怀疑，将他抓捕。在太原解放前夕，阎锡山残酷地将他活埋，周佩玑英勇牺牲。

韦健躲在水坑里仔细地倾听外边的动静。过了很久，上边再没有什么响动，就从怀中掏出怀表一看，正是夜里2点多钟。那天正是阴历初一，半夜月亮升起来了。韦健就从水坑里出来，沿着铁路往东走，走到东赵村口，天黎明，遇上老乡赶车过河，才坐车过了河。问明了方向，越过封锁线、交错区，胜利回到解放区。敌人由于没有抓到韦健，气得暴跳如雷。特种警宪处处长徐端还专门为此作了检查。据说还罚他在会长（"同志会"）阎锡山的像前跪了一夜，进行反省。韦健回到晋绥后才听说李文芳回太原后，看到地下组织出了问题，感到对不起党，在第二次从太原返回解放区后自杀了。在这次事件中，值得怀念的英勇牺牲的烈士还有崔守安、吕拉双。崔守安被捕后英勇不屈，没有供出任何情况，在敌人的酷刑下牺牲了；吕拉双则是跑交通时被叛徒出卖惨遭杀害。

五、沉着果断，潜入敌特内部窃取密电

据1945年晋绥公安局《绥蒙某月27日电稿》："裴（周玉）报陈（养山）密电：'据确息归绥调统室近破获我方组织数处'。"密电内容告情报员在敌特酷刑拷打下宁死不屈的英雄事迹，也密告陈养山局长，已有人叛变。而这份密电的内容是如何获取的？原来是张和潜入归绥市敌特内部窃取的。

张和，解放后改名张又新，山西右玉县人。1936年在归绥市私立正风中学，参加党的外围组织中华民族解放先锋队。1938年到西安八路军办事处，被介绍到安吴堡青训班学习，于此间加入中国共产党，以后到山西南部做牺盟会基层工作。1941年调陕甘宁边区保安处警政学校任秘书、教务干事。1912年经中央组织部选调入延安枣园情报工作训练班，学习特工技术、密码学和军事知识。

1943年2月，张和与报务员李五才携电台一部被派往归绥市工作。他们先到山西兴县，由晋绥调查局局长和张和共同拟定了潜入归绥市的路线和联络暗号，即介绍给设在偏关的大青山情报处。

1943年5月，张和一行随张达志骑兵旅从偏关出发。他们走到右玉县西山根据地，因电台报务员李五才在归绥无任何社会关系，决定张和先入归绥寻求掩护职业，待设立电台的准备工作就绪时，再安排李五才和电台进入归绥。同年6月初，张和化名张铭，持山西省五寨县的"良民证"进入归绥，在伪厚和豪特市邮电局当信差，管车站信区。李五才则由右平县县长吴秉周安排，以小商身份隐蔽在右平县韭菜沟村，将电台寄放在一个姓武的老乡家中。但到10月间事有突变，参与其事的吴秉周被俘叛变，到大同口泉日本宪兵队当了特务。这样，将以后的工作部署全部打乱。吴秉周事件发生后，张和、李五才先后撤归延安。此为张和一进归绥市的始末，设电台通报事无成就，只获得敌区一般情况。

日本投降后，张和再次经中央组织部分配到晋绥调查局。1945年11月第一次绥远战役期间，张和与贾通甫两人受命前往归绥城工作，但因当时归绥城已被我军围困，敌我双方军事对峙，未能实现进城计划。同年底晋绥调查

绥蒙公安局部分干部合影。前排左二是裴周玉、右二是赵方，中排右二是张如岗。

局与晋绥公安总局合并，张和被分配到绥蒙公安局。

1947年2月初，绥蒙公安局杀虎口情报站站长王树楷传达绥蒙公安局派张和设法潜入绥远敌特机关的决定。王树楷与张和共同研究制订出这次行动的实施方案：(1) 伪造历史，以与上次到归绥撤退的历史相吻合。(2) 利用同乡温玉如、龚国华力争入绥远调统内部。当时温玉如任归绥发电厂主任，是绥远调统之党网；龚国华任归绥市国民党市党部书记长。(3) 确定贾子成担任归绥、大同、怀仁线回机关的交通联络，郝英以行商为掩护，往返归绥、右玉东山沟转送情报。(4) 为便于掩护，待张和落脚后，护送他的爱人薛英入城落户，协助工作。

3月下旬，张和由杀虎口第二次潜入归绥，待薛英入城后，他们落户住旧城西荀家滩12号。10月，张和经温玉如、龚国华介绍入绥远调统室统建队。调统室统建队是羁押解放军战俘和被捕共产党员的集中营，张和担任审讯工作。在此期间绥蒙公安局指令张和为归绥情报工作负责人，王雁鸣为他的副手，与薛英三人组成地下党支部。张和将绥远调统室破获之我方情报人员情况，及时转送回报。当时任晋绥地区公安总局副局长的裴周玉获悉此情报后立即向陈养山发去密电。密电中说：“据确息归绥调统室近破获我方组织数处”，还告知我“晋察冀之晋冀区保安系统派出之京绥铁路情报组”已被捕多人，有人已叛变“并供出若干关系”。陈养山及时将这一情报向上级作了报告，并立即组织人员防范，使我党免遭叛徒告密后的破坏。

11月份，我党秘密交通员郝英发现敌探跟踪自己，以后又有密探守候监视张和住宅，并托名郝英到他家盘查情况。陈养山得到这些情报后，立即命令张和夫妇于当年底撤出归绥。以后张和在裴周玉、冀述楷领导下，负责联络归绥、集宁等地情报关系。这些情报关系的人名和职业是：宋文林，领导伪蒙军系统十余个特情，在集宁开设一奉烧鸡铺。温敬，任归绥旧城亨得利钟表店经理。徐钧，任敌绥远省政府会计。侯维成，是归绥济仁堂药店坐堂先生。张品山，是归绥市有名的中医大夫。还有赵亮、周子阳、袁茂生、杨增祥、卢景富等人都是我党的秘密情报人员。

1949年初，张和第三次被派入归绥市协助刘万春部马逢辰师九五九团魏岗部起义，5月策反成功回解放区。

六、深入敌后，大同情报工作的开展

在晋绥时期，我情报战线的人员，遵照党的“隐蔽精干，长期埋伏，积蓄力量，以待时机，反对急性和暴露”的方针，认真对待派遣工作，加强对派遣干部的选拔和培养。陈养山领导的晋绥情报总局曾经选派了多批情报骨干到太原、西安、绥包、平津等大城市，为党开展情报工作。其中不少同志作出了极其重要的贡献，并从敌人机关中拉出了不少“特情”。方少明就是突出的一位。据1946年7月14日《裴周玉给总局谭（政文）、陈（养山）、李（甫山）局长的信》介绍：“方少明（王雁鸣）曾发展很多工作关系，分布于大同、平旺、口泉等地，而在工作成绩上说也是唯一的，在敌投降后专负大同情报之责。”

方少明是王雁鸣化名，因为工作的需要，他还曾用王伯仲、王怀宝等名字。王雁鸣是贵州人。1935年底于家乡参加红军，长征到陕北。1938年8月随八路军一二〇师三五八旅七一五团，从晋西北五寨县出发挺进大青山。1942年10月，大青山骑兵支队主力与绥察行署领导机关撤回偏关，王雁鸣任大青山骑兵支队供给部会计。1943年7月，王雁鸣因恋爱问题受批评，一时想不通脱离队伍，途中不幸被日军俘虏，后被逼留朔县利民堡日军据点之工作队。不久，他通过与我方有关系的杨无功，给中共塞北区党委书记兼社会部长高克林去信，报告自己犯错误被日军俘虏的情况。高克林接信后，立即将此事向裴周玉处长报告，裴周玉又将此情况向陈养山副总局长报告，获得同意后，高克林派交通员李润给王送来亲笔信，指示他今后即留敌区做情报工作，受雁北分区政治部敌军科领导。指定的任务是：搜集大同周围地区日、伪军的番号、人数和装备情况；刺探日、伪军对解放区的“扫荡”计划；相机慎重发展情报组织。

之后，王雁鸣与李润相继入敌伪内部，任大同煤矿矿警处员，又发展平绥路司机邹宗鲁、邹增乔两兄弟为情报员，及时将搜集到的军政情报送回我方。

日军投降后，高克林将王雁鸣的组织关系交给绥蒙公安局，由口泉情报站领导。

日本投降初期，大同日军仍据守孤城，拒绝放下武器。此时，口泉地区大同煤矿下属之白洞、忻州天、瓷老沟、永定庄等七个分矿的矿警纠合起五六十人，有步枪五六十支。这个矿警队长非常反动，声称他集中起队伍专等国军来接收，若八路军先来，便上山为匪。王雁鸣决定先设法将这股武装解决。

一天上午，鹅毛口的情报员孙某报告说："鹅毛口已经来了八路军，是晋察冀部队。"

王雁鸣即派李润前往联系，指示他说明情况，要求派部队来将这支武装缴械。结果，晋察冀部队来了一个连，假称国军，在白洞矿顺利缴收了这股武装的枪。

1945年底，阎锡山军三十八师抢占大同。王雁鸣趁敌军招兵买马，扩充人员之机，入敌特内部，当了雁北挺进军中校参谋和资源调查社雁北办事处口泉派出所上尉所长。资源调查社原为日本特务机关，日军投降后被阎锡山接收。雁北办事处主任是楚溪春，副主任是日本人中原少将。这期间王雁鸣身兼任两职，为开展工作创造了非常便利的条件，他先后在口泉地区发展了十多个情报员，在大同发展了六个情报员。据《裴周玉给总局谭、陈、李局长的信》介绍："方少明（王雁鸣）曾发展很多工作关系，分布于大同、平旺、口泉等地，而在工作成绩上说也是唯一的，在敌投降后专负大同情报之责。"

1946年春，我军围攻大同期间，绥蒙保安处、雁门城工部、大同城工部与围城部队敌工部门，为协调城内的情报工作，组成了统一战线委员会，在孤山设立联络站。在此期间，王雁鸣先后获得敌大同领导小组电台的密码，敌军主力三十八师之编制、驻地、连以上干部姓名表册和大同城防工程分布图等重要情报。

有一位名叫刘文忠的，日伪时在大同煤矿当翻译。此人学生出身，年轻气盛，不甘心伺候日本人，言语中表现出民族意识，因而和王交往过密。是时，刘任敌三十八师电台译电员。他知道王雁鸣是共产党员，在王雁鸣影响下，他终于下决心将大同敌领导小组之电台密码交出。

大同敌军主力三十八师师长韩步洲之警卫排长彭某，张北人。日本投降后彭某看管敌伪仓库，因倒卖敌伪物资发了横财，就想回家坐享其成。彭某辗转托人找王雁鸣，要求给他开返乡证明。王说："我可托朋友弄到通行证，但对方有交换条件：第一，人家要三十八师的编制、驻防资料；第二，要大同城防工程分布图。”彭某大兵出身，头脑简单，爽快应允了。他首先交给王三十八师编制、驻地及连以上干部姓名表册。原来彭某是通过该师上尉司书兼收发马在武搞到编制表的，他们本是酒肉之交。

当彭某第二次提出要城防工程分布图时，马察觉其中有名堂，表示拒绝。事不成，王雁鸣即调查马之经历。原来此人曾当过我民兵，被俘后被日军送罚劳工。考虑马曾受过党的教育，王大胆决定直接与之接触。经彭某安排见面后，双方约定三天后到口泉，一手交货一手交钱。一桩双方均感满意的买卖就此成交了，而从此马在武则被列为控制使用特情人员。

1946年4月，大同特务机关由朔县策动团获得情报，说共产党的情报人员已打入资源调查社雁北办事处。于是，敌探跟踪监视王雁鸣和贺登元。贺登元是王雁鸣发展的情报员，时任雁北办事处口泉派出所副所长。结果，王、贺两人先后撤归我上窝寨口泉情报站，他们的交通谢云光被捕叛变。关于此一情节，《裴周玉给谭、陈、李局长的信》(1946年7月14日)说：“大同的工作基本上于5月中被破坏，其原因是日寇刚投降时，负责领导该处内部工作的少明（王雁鸣）同志，曾公开召集过一次会议布置内应工作。到会者20余人，内有一些投机分子。当我们部队未能很快解放大同，而阎伪统治了，因而这一部（分）投机分子很快倒到阎方。天长日久之后即逐渐暴演出来。第二个原因是发展的关系很多，中间都存在着横的关系。选择对象不宜，使国民党员也混了进来。”这次我大同政工组织遭破坏，敌特共巡捕我情报关系八人。脱逃者三人，除王雁鸣外，一是口泉组长贺登元，一是敌平绥铁路国民党特别党部之彭俭。被捕八人中，七人经组织营救赎买出狱，只鹅毛口的情报员孙某牺牲。

这件事过去了40多年后，1985年3月，当国家安全部组织成立了由陈养山、裴周玉、金昭典组成的收集晋绥地区情报史资料征集领导小组在总结经验教训时，由陈养山亲自改写的情报工作经验教训一节中说道：同情报骨干王雁鸣同志，曾在1946年5月，召开20多个外围情报关系的会议来布置工作，结果因一人叛变，大部分关系被捕，只有王雁鸣等3人逃回解放区。在这方面有失败的教训是深刻的。

王雁鸣是经长征严峻考验的老同志，1938年挺进大青山又经历了铁马金戈、风霜雪月的艰苦岁月。1943年因受批评而一时气愤出走，途中被日军俘虏，至今见证人仍健在。此种轻率意气行为，当然是个严重政治错误。但他政治上的失足，却创造了打入敌营的条件，而后七年他殚精竭虑，始终战斗在对敌斗争的第一线，作出了难得的贡献。当年张和给他的评价是："这家伙半路出家，没受过专门训练，做事太危险，优点是胆大勇敢。"裴周玉回忆说："他已熟悉了敌区的环境，别人完不成的任务，派他去准能完成。"他一口南方腔，在北方城市工作，却没引起敌特的怀疑。他原粗通文化，却自学成才，能于敌群中周旋自如。个人残酷奋斗一生，孰能无过？他的全部历史说明他不愧是一位党的忠诚战士，或者是犯过错误的党的好干部。

七、敌中有我，机智的鲁南情报组织

1985年3月，陈养山在总结晋绥情报工作的经验教训时说：当时有成功的经验，如绥远情报骨干鲁南同志就充分利用了自己绥远调统科长的合法身份，大胆而又细心地通过广交朋友的途径，在军警特各要害部门秘密发展了一批极其重要的情报关系，在交朋友的公开来往中，进行单线联系，他选择最可靠的关系，介绍到自己科里来协助进行秘密工作，选择最可靠的关系，专门进行交通联络工作。由于善于把秘密工作与公开工作巧妙地结合起来，因此他发展的一批情报关系不仅无一人出问题，而且在绥远和平起义前后，在彻底摧毁国民党特务的斗争中，作出了极其突出的贡献。

鲁南，真名赵锡鸿、赵孚民，山东新泰县赵家栗行村人。幼时就读于教会学校，后在济南小张庄印刷厂学徒。七七事变前随国民党部队安五旅弃家出走。据李启明谈："鲁南1939年由国统区到延安要求参加革命。因无组织介绍，延安交际处婉言谢绝接收，遂至绥德何绍南保安司令部任上尉书记。"时陕甘宁边区保安处李启明在我绥德警备区做何部情报工作，鲁南主动找警备区司令员陈奇涵要求工作，即由李启明考核，发展为敌工。当时经鲁南发展领导的情报人员，还有崔际州和龚震。龚任国民党绥德专署传达长，崔任何部保安七团某连准尉特务长。

鲁南在何绍南部工作建树殊多，为不久我军逐走何绍南，解放绥德地区作出重大贡献。

绥德解放后，崔际州先随何之残部撤至榆林。鲁南、龚震以被俘方式留下请示工作，旋又以军官俘虏队名义被遣送回对方。1940年3月鲁南入张励生之军委会第一游击军第一总队，任特务营书记。此时他又发展特务营副营长王致祥和军官张永昌为情报关系。这年10月第一总队司令冀聘之讯问鲁南情况，流露出对他的身份有所怀疑。鲁南见风色不佳，即逃归后方，同时派遣崔际州到绥远省伊克昭盟扎萨旗保安队落脚。时绥境蒙政会和国民党蒙旗党部驻扎萨旗，他先派遣人员入绥远，意在将来接近绥远蒙旗首脑机关。

1940年冬季，鲁南、龚震由陕甘宁边区保安处绥德情报站派来绥远。他们为了先取得国统区的公开身份，以便入绥远谋求掩护职业，先入陕西神木县战地动员委员会。在此鲁南结识了魏岗。魏岗，陕北横山人，时任神木县国民党书记长。1941年3月，鲁南、龚震到伊克昭盟蛮金庙马占山部骑五师马场。他们先找到崔际州，又经崔际州认识了巴荣昌。巴荣昌，河北省河间人，哈尔滨华俄技术专科学校毕业。1938年春到延安入抗大三期学习，同年7月来伊克昭盟做情报工作，暂时任绥境蒙政会庶务。在扎萨旗，鲁南与巴荣昌合作，向延安报告了有关绥境蒙政会及国民党旗党蒙部调统室的活动情报。

当时，东胜县是国统区伊克昭盟的政治、军事中心。这里有陈长捷之伊克昭盟守备区司令部和绥远省东胜专署，还驻着军统系统的八战区缉私处东胜稽查所。于是，他们选定下一步向东胜县转移。1941年5月，鲁南、龚震到东胜县，7月，经人引荐入东胜贸易管理局，鲁南任秘书，龚震任办事员，崔际州给管理局主任张警士当听差。张警士和东胜县长、警察局长和稽查所长李禾亭原是一局牌友，他们经常于张警士处通宵达旦聚赌。崔际州听差伺候这帮人，即着意讨好军统特务李禾亭，并经彼和稽查所的电台台长结为至交，因而窃取其电台密码一份，鲁南又取得伊克昭盟守备区军队部署图一份。他们获得重要情报，计划在这年准格尔召庙会期间送回机关。但正当鲁、崔筹划送走情报的时候，8月下旬，潜伏在伊克昭盟守备区司令部之军统特务贾耿夫，突然逮捕了鲁南和龚震。据李启明和崔际州谈，事后查清他们被捕的原因是：其一，龚震爱热闹，吹拉弹唱，广为交际，他们的住所像个俱乐部，早引起贾耿夫的注意。其二，如上文叙述，1940年鲁南曾入张励生的第一游击军。此后，张励生的这股部队被八路军击溃逐走陕西，其残部逃窜来绥远东胜县，改称晋察绥边区挺进军。一次鲁南被当年的一个营长认了出来，并将他的怀疑报告了特务贾耿夫。

龚震在狱中因软弱动摇，被迫供认是延安的情报人员，崔际州则以“本为伺候人的粗人，只认他们是老乡，概不管什么党派”为词，得以解脱。但军统为控制鲁南，强迫他选择交通员先回绥德建立联系，鲁南则推荐崔际州担负此责。当特务贾耿夫找崔际州往绥德送信时，崔假意作态，或哀求或叫骂，拒绝接受任务。最后，当取得在绥远的人身安全保证时，他回米脂县找到绥德情报站的林若冰。即此，李启明从鲁南信中的暗语“最近病了一场，身体很虚弱”，分析他出了问题。他又得到绥远来的情报，证实鲁南确实被军统突击了。因此，决定适当时候调鲁南回延安接受审查。崔际州回米脂县之行，顺利地给军统贾耿夫带来由我方安排的复信。绥远军统认为阴谋得逞，即令鲁南、龚震取保出狱。

鲁南、龚震被保释后，在东胜县街头开办青年饭庄。1941年10月，鲁南入东胜县“三青团”团部当秘书。1942年，八战区缉私处长、绥远军统头目马汉山，调鲁南、龚震到绥远省政府所在地陕坝市。马汉山决定派鲁南回延安为军统工作，而鲁南则已接到组织调他回去报告工作的通知，故将计就计，由军统安排出境，先到榆林，于1942年4月经镇川堡返回延安。

李启明说：“鲁南被调回延安正是整风审干期间，由我负责审查他。鲁南一开始仅将前后情况讲清楚了。他被军统突击时，只承认是延安情报关系，而且一出问题就向组织报告了情况。所以，培训了一段，即分配在边区保安处书报检查站工作。”

鲁南回延安后，崔际州留绥远等候。龚震从此即脱离革命。

1945年党的七大前夕，陕甘宁边区保安处在定边组建绥蒙情报站，作为七大代表，陈养山向晋绥各情报站传达党的七大精神，确定在敌占区放手发动群众，开展工作，迎接将要到来的全国胜利。在这个总的指导精神下，边区保安处制定了开展情报工作的方案，经西北局和中央社会部批准，边区保安处从延安各单位选调情报干部向陕、晋、绥、甘、宁、豫等地派遣。鲁南是被选拔派来绥蒙敌区的工作者之一。鲁南先是以伪装接受军统任务回延安的，当他再次被派来绥远时，在定边曾拟定了一套对付敌特的方案。其要点是：利用中统、军统之间的矛盾疏远军统，骂马汉三急功近利抓无辜抗日青年到延安卖命，等等。他的具体任务是：长期经营，打入中统核心，窃据要害。

鲁南这次先在绥南落脚，在郭长青为首的绥南专署做秘书工作。1946年2月，到包头“三青团”团部任股长，主编《复声周刊》。鲁南到包头之前，已和崔际州接头。崔际州抗战胜利后辗转流落包头市，与人合资开一家饭馆。以后，他们在包头发展米景铨和王琪两人，并由崔际州出面在包头车站二里半开王合一旅店，作为接头和转送情报之据点。

1946年6月，鲁南筹划开辟绥远省省会归绥市方面的情报工作。适逢绥远调统特务头子张庆恩，被发表为国民党绥远省党部书记长。张庆恩积极扩充特务组织，广揽人才。鲁南决定以攻为守，大胆打入敌人要害。他直接找到张庆恩门下，照绥蒙情报站拟定的方案，大骂军统马汉三坑害青年，说他死里逃生回到绥远他们却弃而不用。一因鲁南精明干练，再因他有曾被军统“派遣”回延安的经历，于是一矢中的，张庆恩便录用他为绥远省特种会议秘书处中校研究科长。鲁南又推举王琪任他的科员，少校衔。

绥远调统特务活动的特点之一，是广泛渗透到各级党政军警部门。绥远特种会议秘书处实际是由调统室控制的特务组织之一。它成立于1940年，专区、县旗均设相应组织。1947年5月为配合即将爆发的全面内战，改称绥远党政军干部联席会议，由绥远党攻军警和法院首脑组成领导机构，傅作义任名誉主任，国民党绥远党部书记长、调统室主任张庆恩任副主任，实际完全控制在我们手中。省的特种会议秘书处，下设情报、反奸、潜伏人员训练班等专业机构，都以我绥蒙解放区党政、公安部门为对手。

鲁南、王琪入绥远调统系统后，即利用合法身份进一步扩展敌工情报工作。

这次鲁南等入敌特要害取得重要情报后，正当绥远敌军向解放区大举进攻的时候，他于1946年10月派崔际州送情报回延安。崔途经晋绥公安总局时，谭政文局长对他说：“现在形势这么紧张，等你将情报送回延安，就误了事了。一切由我们与延安联系。”据李启明谈：“在绥远战争期间，鲁南派人送出情报。贺龙同志见情报很重要，便电询延安，问鲁南是那家派往绥远的，并提议将这个关系让给晋绥。”因此，鲁南等的领导关系，即由陕甘宁边区保安处转交晋绥公安总局。鲁南到绥远局时，陈养山接见了鲁南，并与他长谈，还交代了具体任务。之后，鲁南又由晋绥公安总局再交绥蒙公安局。1946年11月17日，由陕甘宁边区保安处欧阳钦签名的介绍材料，对于鲁南之为人和能力评价说：“为人机警、沉着、能干，乃可深造之间谍……重私情、讲义气、胆大、有魄力。用钱大手，最忌缩手缩脚，但也很能吃苦。8年来地下生活，用组织的工作费颇少，全凭自己拿国特之钱维持生活。”

崔际州此次回晋绥，除送回情报和请示工作外，并请示解决他们的党籍问题。当时由谭政文、李甫山二位局长署名的复信，对于今后工作指示说：

“应继续在特务机关，取得更进一步的信任，巩固地位。方针是长期埋伏，深入敌人心脏，取得重要情报及一切机密，了解敌特全部组织、政策、计划、工作(包括对我内部之派遣)。工作上极力求深入，切忌铺张。如能将电台密码、波长、暗号、时间等偷出，将是一很大贡献，可伺机进行之。”对发展党的组织问题，复信指示停止发展；对已发展者，通知说：“你与崔决定入党，已与崔谈过。”

1946年12月，崔际州返回归绥市向鲁南汇报了情况。但是，正当他们的情报工作开创局面，方兴未艾之时，鲁南不幸于1947年1月8日病逝于归绥公教医院。据当时送回解放区的报告：“鲁南的病症是斑疹伤寒变心脏病，因打盘尼西林防肺，致小循环发生障碍而死。”鲁南病逝时，年仅33岁。

鲁南之突然病逝，不仅割断了由他领导的政工关系，而且使敌区工作失去了领导中心。为了继续送走鲁南生前取得之情报和要求后方派人来领导，崔际州于1947年1月至2月间曾接连两次回绥蒙公安局汇报工作，最后决定由崔际州和王琪接替敌区的领导工作。同时，在鲁南死后，敌特种会议秘书处亦提升王琪任中校研究科长以接替鲁南。崔际州则被安排在魏岗之绥远保安四团任便衣队长。此时，在归绥的重要情报关系，尚有亢上池、陈紫衡、刘国庆三人。陈紫衡时任归绥铁路段工务课长，刘国庆在绥蒙军校通讯社供职。

之后，到1948年秋一年多时间，王琪、崔际州与绥蒙公安局失掉联系。在此期间绥蒙公安局曾派交通员胡全福等三次到绥远查访崔际州之下落，均没成功。他们与组织失掉联络的原因是：1947年春敌军进攻雁北地区，左云县失守后，绥蒙公安局机关在游击环境中屡次迁移，而当时土改中派来敌区的交通只强调阶级路线，却无落脚生存的条件。

1948年10月中旬，察绥战役期间，崔际州再次受命回绥蒙公安局汇报工作。此次他回机关，除送回晋察冀部队二纵十六团政委与董其武①联络，阴

① 董其武（1899—1989），1919 年从军，参加北伐战争。从 1928 年起，在国民革命军傅作义部历任参谋、团长、旅长。1933 年，参加长城抗战，抗击日本侵略者。1936 年，参与组织指挥绥远军政人员起义。1951 年，参加抗美援朝战争，任中国人民志愿军第二十三兵团司令员。1955 年被授予上将军衔和一级解放勋章。1980 年加入中国共产党，曾任国防委员会委员，全国人大代表，全国人大常务委员会委员，全国政协副主席等职，1988 年被授予胜利功勋荣誉章。1989 年病逝，享年 90 岁。

谋叛变情报外，主要任务是请示今后做法及整个方针。王琪建议：根据鲁南长期埋伏的意见，一旦绥城得以解放，请示准许随敌撤退。

此次察绥战役，解放军曾一度解放包头市，对归绥则围而不攻，其目的是调傅作义集团主力西援绥远而无暇出关，以保辽沈决战的胜利。辽沈战役后，我军入关，先歼灭傅部之主力三十五军于新堡安，促成北平和平解放。随着党中央"绥远方式"的提出，到1949年1月我军即停止了向绥远中、西部进军。

根据军事形势的变化，我政工工作的方针，由原来军事、特务情报为主转变为政治、特务情报为主。鲁南情报系统则以掌握特务潜伏计划，从而追踪绥远调统特务为目的。1948年12月绥远调统组成东郊工作队，调王琪任工作队长，驻归绥城东郊，与绥蒙公安局归绥情报站隔军事分界线相对，王琪等因特殊身份进出方便，受冀述楷站长直接领导。此时国民党反动政权江河日下，反动分子动摇瓦解，王琪、米景铨、崔际州等即乘机发展特情细胞，形成鲁南情报系统在绥远开展敌工工作的第二个高潮。这一时期，他们先后发展绥远调统空特务张玉清和伪警备团副团长郭靖帮等关系20余名，并于1949年5月策反敌军三二〇师九五九团魏岗部起义，送回解放区情报，破获了军统大同程德淹潜伏组织。

1949年6月8日，绥远和平协议生效。在绥远和平起义风声日紧的时候，绥达调统特务活动中心，由归绥而包头，再由包头而河套逐步西撤。王琪、张玉清等敌工人员亦受命追踪敌人。同年7月军统绥远办事处主任张庆恩带特务骨干19人来绥远，张来绥远的任务是：阻挠绥远和平起义，根据调统总部《五一指示信》，整顿华北特务组织、布置潜伏，以开展所谓"敌后游击战争"。1949年9月17日，张庆恩率绥远调统头目11人乘机逃台后，留绥远的华北区特务头目李鲲生，于河套地区成立华北、东北、西北党政军联合工作指导委员会特务组织。绥远和平解放后，追踪调统潜伏人员的情报工作者，在绥远省公安厅直接指挥下，于1950年秋一举破获华北、东北、西北党政军联合工作指导委员会；在大镇反中，将李鲲生、崔正春、田树梅、胡尚儒以下全部大小特务一网打尽，胜利完成了摧毁绥远调统组织之历史任务。

八、历史一页，晋绥情报传奇故事

在陈养山担任晋绥情报总局局长时期，他的战友以及部下有不少传奇故事。这里依据郑校先、曲日新等人的回忆录摘编几则，以飨读者。

（一）出色的采购员

1944年夏季，党中央为了加强战略研究，急需大批敌伪书报杂志，特别是日本出版的军事、经济年鉴之类的材料。晋绥军区首长和晋绥情报总局局长陈养山指示各情报站，一定要通过各种渠道，尽快地和经常地弄到这些重要资料，直接送到军区或情报总局，然后再转送到延安党中央。

当时，阳曲情报站刚刚合并不久。站长郑校先把收集、购买书报杂志的任务跟大家讲了以后，许多同志都不以为然，认为这些公开卖的东西哪里算得上情报。郑校先启发大家说："战争是和政治、经济紧密联系的。我们从公开的书报上，当然不可能找到什么具体的作战计划之类的战术情报，但可以从整个政治、经济、国情、国力，分析判断出战争的形势和趋势，以及将来取的政策策略，从而有针对性地作出我们相应的部署。现在党中央毛主席急于研究这一全局性的重大问题，说明对日寇实行大攻的日子已为期不远了。"

1944年6月临县秘密交通点"福聚源"商店经理曲日新（左）去兴县"售货"与兴县商店经理李建奎（右）合影。

大家经过讨论，思想上重视了，纷纷请缨出征。但事实上，书报工作并不像大家想象的那么简单。要顺利完成党交给的这一光荣而艰巨的任务，首先要有能够大量购买书报而不致引起怀疑的条件和人员，其次要有集中包装的安全地点，最后要有安全可靠地运送出来的途径和路线、方法及可靠人员。当时，到书店少量地买几本书和杂志，或者向邮局订几份报纸，这些都容易办到，但要大批地购买，而且要经常地、集中地送出来就比较困难了。更何况只有在敌占区北平、天津、上海等几个大城市里日本人开的书店里才有这类的书报。

经过反复研究，大家认为，要去买书报又不被怀疑，除非是文教单位的人出面。学校校长和老师最合适。因为学校图书馆需求量大，以学校名义去购买书报，量再多都不会被人怀疑，而且这些人平常与书店一直有联系。在情报站的工作关系中，这样的人虽然不多，但可以去联系，去发展。至于输送的途径，当然是庄儿上、马铺这一带边沿区为好，运送时，找可靠和固定交通关系用牲口定期转运，武装护送。

工作方针和路线明确后，情报站立即开始行动，对太原市和周边县、镇据点的文化教育界的十几个工作关系分别交待了任务，要求经常搜集、购买和长期订阅几十份在敌区发行的书报杂志，每星期至少给中央送去两马驮子。在这些关系当中有一个十分出色的采购员，他就是黄寨镇学校的教员刘珍。刘珍平时爱交际，胆子也比较大，还会讲几句日语，最关键的是他有一颗爱国心和满腔的正义感，对日本侵略者的暴行很愤恨，坚决拥护共产党、八路军的抗日主张，所以，一和我方接触，他就表示一定尽力而为。他代我们订购了《每日新闻》《读卖新闻》等报纸杂志，有时还到书店去购买一些必要的中日书报年鉴。

有一次，中央社会部指示晋绥军区调查局让阳曲情报工作站搜集日本的军事年鉴、经济年鉴和汉奸周佛海写的《往矣集》、陈公博写的《我与共产党》等书和其他一些报纸、杂志。这类书当时在城镇是买不到的，就是在太原市区也未见得有。郑校先和刘珍商量，刘珍出主意，可以到日本人在北平开的大书店里去搞。

但是到北平日本人开的书店买大量的书，并不是件容易的事。经过认真的调查后发现在黄寨住着一个日本人，在太原城一个由日本人开的株式会社里做事。这个企业和北平有业务上的联系，此人很想去一次北平，但不想花路费。于是，刘珍按照情报站指示，有目的地同他接近，采取请客送礼的办法和他交上了朋友，并主动出资约他同去北平旅行。此人果然欣然同意。

他们两人一道北上。外界只当刘珍陪他去北平联系业务，找不出任何破绽。在北平，刘珍在陪其游览名胜古迹的同时，借口为增进中日两国的友好，想到日本书店为学校图书馆买些日文书籍。此人同意帮忙，由刘珍出钱，他本人出面购买。书店见是日本人买书，毫不怀疑地卖给了他。由于所购书籍数量太多，如果随身携带，路上会遇到层层关卡的盘查，不免会引起怀疑，于是利用书店老板贪图小利的弱点，出资让书店帮助包装邮寄到黄寨镇的学校，这样既安全又可靠。

刘珍平安回来后，郑校先隔了两天就化装成商贩进入黄寨镇，等候邮包。两三天后，邮包果然陆续寄到了。他和刘珍重新进行了清理，足足装了两麻袋。这些东西，要通过岗哨从敌人眼皮底下送出去，不能不说有几分风险。他们在麻袋口处装上了一小撮蔬菜，用可靠的交通员吉喜子牵来的毛驴驮上，装作进镇买货返回的样子。郑校先和刘珍并肩走在后面，装成放学后外出散步的老师，进行掩护，不时注意着周围的动静。

这时正值盛夏酷暑，夕阳虽已西下，但热浪依然袭人。郑校先穿着一条布裤子，背心外面罩着一件府绸衫子，头戴一顶压低的草帽，腰间紧贴着压满子弹、张着机头的盒子枪。没走多远，就觉得汗津津的了。当时正好集镇下市，农民收工，人潮涌动，吉喜子机智地混在行人中间，向寨外走去。郑、刘二人也不慌不忙、有说有笑地走在后面。炮楼旁边有一条小河是必经之路，水很浅，几块大石头依次排列着，供行人通过。就在他们要过河时，迎面突然过来了四个换岗的日本兵。由于事情太突然，郑校先的手不由自主地摸向腰间，刘珍这时也不知所措。正在千钧一发之际，郑校先看到吉喜子正赶着毛驴在上游涉水通过，立即强迫自己镇静下来，轻声对刘珍说："不要慌，沉住气，放自然一点！"于是他们照样有说有笑地迎着日军走去。当日军和他们擦身而过时，刘珍还用日语跟他们打了个招呼。鬼子见他们真是镇里学校的老师，没问什么就过去了。走过河坎和吉喜子会合以后，刘珍指着郑校先的腰间说："好险啊，差一点露了馅。"郑低头一看，可不是吗，盒子枪虽然插在衫衣里面，但由于衣着单薄，把衫衣弄得鼓鼓的，仔细一看还透出了黑色的影子哩。

（二）优秀的交通员

交通工作人员，处在对敌斗争的最前线，是敌人的眼中钉、肉中刺，随时都有掉脑袋的危险。作为一名交通员，不仅要勇敢、机智，还要有高度的责任心，排除一切困难保证情报资料及时送到目的地。

在十几年的交通工作中先后涌现出了一大批优秀的交通工作人员。其中有十多名同志在完成任务的过程中被捕入狱，有的甚至惨遭杀害。他们的工作是在极其秘密的条件下进行的，他们的事迹鲜为人知，他们是名副其实的无名英雄。

岚县情报站内线交通员李元则(职业是伪村长)、赵贵龙(在敌占区据点内做小买卖)，在1942年到1945年三年时间里，往返敌人据点数十次，传递情报百余份。不论白天黑夜，刮风下雨，有任务即出发。翻山越岭，沿途巧妙与敌人周旋。有一次，获悉伪军准备夜袭驻在兴县附近的一二〇师司令部后，他们连夜通知情报站。情报站派交通员骑快马于第二天上午赶到兴县，赶到敌人行动前头把情报送到司令部，避免了我军一次重大损失。

李元则的妻子赵汝则和牛茂林的妻子程日则全力支持交通工作，不仅精心安排交通员的生活，而且多次帮助丈夫收藏情报，被誉为“保险柜”。

原情报站内线交通员周高明、刘桐山都是共产党员。他们于1942年担任根据地交通员，1943年到1949年担任内线交通。阎锡山统治时期，以小商人职业为掩护，经常出入太原、榆次以及石家庄等城市，保持与我内线情报骨干的联系。许多重要情报都是由他们带出来的。他们对敌人内部情况很熟悉，在护送情报骨干去敌区时能机智地避开敌人的检查，甚至冒着生命危险去完成任务。1946年因秘密交通员张新甫身份暴露自杀身亡，需要紧急通知内线情报骨干转移，田高明二话不说，骑上自行车，由文水经清源、太原县、榆次直奔太原，完成任务后立即返回，前后连续走了300多里路。1945年1月上党战役后，阎锡山部队被歼13个师，对部队进行了大整编，全面调整太原的防务部署。我地下情工人员在搞到阎军整编方案后，用毛笔蘸牛奶抄在一个账本上，从晚上7点抄到早上5点，最后通过我设在太原市“协义恒”点心铺的交通员，将材料装在自行车胎内当天送到情报站，受到了情报总局领导的表扬。

1945年8月1日，就在日本投降的前夕，山西伪省长与赵端带领保安队到孝义城，与阎锡山代表密谈。他们出发的当天晚上，交通员即将情报送到了情报站。之后，又立即送到晋绥情报总局，使我方及早掌握了敌方的动向。

（三）虎穴擒敌抓南奇

情报站的工作需要与各方面的力量互相配合。当时晋绥军区侦察参谋李芳率领精干内行的侦察员20多人组成了一支武装侦察队，也活动在岚县敌占区。情报站经常借助李芳的武装力量完成一些擒拿、捕捉、袭击等军事任务。李芳也经常依靠情报站的内线关系和交通员提供传递情报，二者配合得相当默契。

1944年5月，晋西北军区司令部为了进一步搞清岚离公路一线日军军事部署、工事构筑、兵力分布等情况，稳、准、狠地打击敌人，指示侦察排在近期内捕捉一个能全面了解敌军高级机密的“舌头”。

接受任务后，李参谋首先选中南奇作为猎物。南奇也叫中村里仁，原是日军兵痞，是一个杀人不眨眼的魔鬼，一次“扫荡”时被我军打坏了左腿，到岚县任后勤军随官——杂粮会社主任。这家伙平时残害百姓，诈取民财，强奸、抢劫无恶不作，曾经扬言“东村我不出去，据点你(指八路军)进不来”，东村附近老百姓深受其害，李参谋早就想除掉这条恶棍。

他对南奇的情况作了认真分析：第一，南奇是敌人的后勤官，对岚离公路一线敌军兵力实力、军事部署了解比较全面；第二，南奇居住的杂粮会社设在敌人红部外面，戒备不严，便于我方行动；第三，捉住南奇，能够为岚县人民除去一大祸害，有力地打击敌人的嚣张气焰。

5月20日，李芳参谋派原情报站交通员赵贵龙去东村与内线关系进行联系。

上午，赵贵龙赶到东村挺进队，找到内线关系丁好信、冯希增、牛茂森、牛成林、程西、李济生，向他们转达了李参谋的指示，要他们配合行动。我内线关系当即与赵贵龙研究了出入路线及配合行动的具体计划，确定当天晚上即可行动。赵贵龙迅速赶回侦察排驻地向李参谋进行了汇报。李参谋作了详细部署、命令侦察排全体战士整装待发。

夜深人静，李芳带着李元则和战士们来到东村河畔接头地点，左等右等不见人影。李参谋觉得情况有变，命令马上撤回。

第二天，李参谋再派赵贵龙来到东村了解情况。原来，昨天他们没有约好时间，侦察排来时，我内线关系已来过，见无人就回去了。这次，他们吸取教训，反复研究，侦察地形，并规定了接头暗号，拍掌两次，行动标记，左臂缠白布或毛巾，又对准时间，约定当晚2点行动，并把李济生的手表交赵贵龙带回。

5月21日深夜，乌云翻滚，天黑得伸手不见五指，整个大地死一般沉寂，只有远处传来几声凄惨的狗叫声。这时李芳带一班战士，由李元则充任向导悄悄向东村急驰而来。

他们按照约定时间，准时到达接头地点，这时牛茂森、李济生、牛成林等内线关系已经等在那里，李芳拿出事先准备好的两套军装，让牛茂森、李济生化装成侦察排战士带路，让牛成林化装后到街上巡逻，同时对其他人员也进行了分工：一组由李芳、牛茂森、李济生带领担任捉南奇任务；二组大门外警戒；三组把守伪区公署大门，监视宪兵队；四组留守南墙外接应；李元则的任务是用事先带来的锄头在南墙下刨缺口，准备捉到南奇后顺利撤出。一切准备就绪后，大家迅速分头行动。

此时此刻的东村，万籁俱寂，一片漆黑，只有一两处窗户里亮着微弱的灯光，大概是烟鬼、赌鬼还在过瘾。高处炮台上的敌兵仿佛丢了魂似的，耷拉着脑袋在那里打瞌睡。李参谋一行人悄悄来到南奇住院的墙外，牛茂森、李济生两人搭人梯越墙跳进，开了大门，李芳和三个战士进到院内，这时住在靠大门过道南屋的几个勤杂人员，听到响动，瓮声瓮气地叫道："什么人？"

"不准动，我们是来捉南奇的！"李参谋低声喝道。

一个家伙不老实，被我战士在屁股上捅了一刀，乖乖伏在那里连大气也不敢出了。李参谋他们直奔南奇住房，将门用脚踢开。这时的南奇像一头大肥猪，正鼾声如雷做美梦呢。

说时迟、那时快，李参谋一跃而上将南奇一把揪住，这家伙一下子惊醒，伸手去枕头下找手枪，李参谋眼明手快，把枪扔到地下。南奇一面嘴里哇哇乱叫，一面赤身裸体与李参谋撕扭起来，其他两个战士一拥而上，一顿拳头将他打晕，用绳子捆了个结实，还往他嘴里塞上了棉花。这个双手沾满我同胞鲜血，不可一世的豺狼像只泄了气的皮球，束手就擒了。

任务顺利完成，李参谋一声令下，我勇敢的侦察队战士挟着南奇一口气冲出了据点，与各处警戒人员会合，顺利撤走。内线人员也脱掉军装回到各自的住所。等到日军醒悟过来，我英雄的侦察排带着南奇早已无影无踪了。

李芳一行来到后沟村与等候在那里接应的马坊村民兵队长翟文华会合，用事先准备好的毛驴将南奇驮上，一直送到兴县白家阳根据地境内，后又转送军区司令部。

第二天，东村的老百姓听说南奇被捉，人人奔走相告，拍手称快，一致说："八路军给我们除了一大害。"东村据点的敌人惊恐万状，惶惶不安，一到晚上，严岗密哨，如临大敌，那些罪恶昭著的家伙更是天一黑就缩在据点里不敢外出，生怕有朝一日重蹈南奇覆辙。

南奇被捉到军区后经过我方一个多月的教育改造，向我方提供了大量的重要军事情报，后被释放回来。东村日军因其向我交代了情报，将他送交太原宪兵队处死。一个与人民为敌的刽子手就这样结束了他罪恶的一生。

岚县情报站是晋绥情报总局下设的一个情报站，从创建到结束历时三年多。三年，在人类历史长河中仅仅是极其短暂的一瞬。然而，这三年正处于抗日战争的相持阶段，斗争异常尖锐复杂，生活异常艰难困苦。特别是岚县当时是日军的所谓模范县，几年中数次更换司令官，不断加强兵力，妄图把岚县变成敌人插进我晋西北根据地的一把尖刀。面对这样残酷的局面，我情报站全体工作人员坚决执行党的抗日民族统一战线政策，充分发动、依靠各阶层人员，大胆到敌人营垒内部发展建立关系，使主动权牢牢掌握在自己手中。当时，不论是地主、富农还是叛徒特务，只要愿意悔过自新，拥护抗日，就信任他、依靠他，坚决支持他的一切进步行动，这样，把各方面的力量最大限度地调动到抗日方面来，组成广泛的统一战线，为最终战胜日本帝国主义作出了贡献。

有了正确的政策，干部就是决定性的因素。岚县情报站是晋绥情报总局下设的一个情报站，它的业绩充分证明了情报干部的重要性。当年，干部是经过认真挑选的，事实证明这些干部不愧为党的优秀儿女。他们在吃不饱、穿不暖、睡不好的艰苦条件下，忠心耿耿，兢兢业业，艰苦奋斗，永不疲倦。那时由于敌人的掠夺，本来就十分贫困的山区物资更加短缺了，一顿小米饭就是很难得的美味佳肴，野菜谷糠沤黑豆更是家常便饭。住宿条件差，深山老林，洞居岩宿是常有的事，即使在房屋里睡觉，也不敢脱鞋、脱衣。"不脱鞋袜颠倒睡，一有情况就往外飞”，这是当时郊区斗争的真实写照。

苦吗？确实有点苦，但是情报站的同志从来没有喊过苦、叫过累，成年累月总是乐呵呵的，这就是革命英雄主义。

（四）破获保密局一部组织

1948年中情部致陈养山电称：“你们此次在晋南破获保密局一部组织，对晋绥今后反特斗争有重要意义，望注意总结经验，追查线索，注意证据，继续深入侦破。”在这次破获敌保密局一部组织案中，晋绥公安总局所属裴周玉部下郑贵是大功臣。

郑贵，山西大同人。1932年肄业于大同县乡村师范，1935年经大同县中医鉴定考试合格后，在家乡行医，间或做小学教员。他于1939年参加革命并入党，1940年后在晋西北行署、晋绥行署财政处工作。日本投降后，在国共两党和谈，商议成立民主联合政府的时候，晋绥分局城工部拟派郑贵回大同，计划以党外人士身份争取将来入民主联合政府谋职，专做大同情报工作，但因为诸多因素没有成功。1946年底，郑贵的关系由雁门党委城工部转给绥蒙公安局。

1947年1月，郑贵受裴周玉、王树楷委派回大同谋求掩护职业，任大同平城小学教员。他接受任务回大同前曾编造一段假经历，说抗战八年在东北军何柱国骑兵第二军当军医，胜利后探亲回家；又因自己父母年迈，弃军为民之理由，愿在家乡重操旧业，等等。但家乡人毕竟知道郑贵底细的人较多，大同县教育科长李保听得风声，便布置人监视他，说：“郑贵来路不明，要注意他的言语行动。”

绥远调统内部鲁南情报组织，自1947年初鲁南病死后不久即与绥蒙公安局失去联系。1948年3月，为打通与鲁南情报组织之交通，并“领导下层工作关系”，郑贵受命先到归绥了解情况。此次，他进入归绥市先找远亲昝良作保落脚后，始知昝良的外甥，郑贵小学时的结拜兄弟邢绍闻，时任敌保密局绥远站情报科上尉编审。他在归绥远顺利落脚，摸清一般情况回机关汇报工作时，绥蒙公安局情报科长郑校先决定改变原定计划，指示他“现在决定邢绍闻是我们向军统保密局绥远站进攻争取的第一个目标”。

郑校先对郑贵说："现在确定争取邢绍闻，选择他作为我们向绥远保密站进攻的一个目标。当前我军即将出发奔袭，你要千方百计先将邢运动回归绥，使他将来再能接触核心，并在他动摇时伺机拉出他为我工作。"

1948年6月，郑贵接受任务返回归绥，对邢绍闻说："您了解我，我是身为嘴累。在大同我对山西的政事爱评头论脚，人家便怀疑我是共产党。其实，我在大同有产有业，共产党要共什么产我还不清楚？但因此我在平城小学待不下去了。现在，我愤然辞职，往来于朔县与绥远间贩大烟。这行当虽然冒险，却比当教员强多了。"邢绍闻虽不清楚郑贵抗战期间的经历，却深知郑贵的家业。他相信郑贵绝不会是共产党，而且他还想利用郑贵牟利，即让郑贵住在他家为他贩卖烟土赚钱。当时郑贵回朔县绥远公安局时带的工作费都是烟土，正对上号，首次获利邢自然满意。

这年7月，邢绍闻调任保密局绥远站集守组少校组长，郑贵随从同往。8月我军奔袭集宁前，郑校先指示郑贵："从今后发展打算，要千方百计事先将邢运动回归绥，并视他动摇时伺机把他拉出为我工作。"于是，在集宁军事形势日趋紧张的时刻，郑贵向邢绍闻进言说："现在共军将要围攻集宁，您挂着军统少校头衔，这里谁都知道您的身份；如若共军占领了集宁，您的处境十分危险。当今之计，您赶快托辞回归绥吧！"邢说："我早想回，但没有上级命令，我怎能擅离岗位。"郑说："您暂时不要走我先将行李给您送回去，不然到时您不好走。"其实，郑贵知道战争开展后，邢绍闻必定随敌败军撤走归绥。到时军事形势紧张，他若不能随行，便有可能断了这条线索。结果，郑贵持军统交通员之证件，先期进入归绥市。郑贵回到归绥后，在土默特小学当教员。后来他鼓动大同旅绥头面人物咎良、柴楚祥等人向大同在绥远商人筹款，于同年冬在大同会馆成立私立云中小学，郑贵任教导主任。地址在小雨街2号，即后来绥远省公安厅的所在地。9月中旬我军解放集宁，邢绍闻随溃军经灰腾梁、固阳、包头落荒逃回归绥市。

此时，国民党政权江河日下。邢绍闻逃回归绥惊魂未定，政治上彷徨动摇。郑贵见机行事，说："这年头，干你们这一行的正好卖脑袋，人家当官的给你们迟几天发金圆券就发财了。"邢说："我已失足干了这种差事，如今是骑在虎背上，还有甚办法！"郑献计说："我上次到朔县碰见了李模，他如今当了共产党的干部。李模问我在绥远的同学有谁，我说有您。李模让我传话给你，问您愿不愿出来与他会面。依我看管他什么党派，都为同学好，您先和那边拉上个关系，以防共产党进来死路一条。”邢绍闻当即表示同意。

1948年秋，察绥战役期间绥蒙公安局进驻丰镇，在归绥城东郊设归绥情报站。郑贵先回丰镇报告情况，郑校先指示，让他带邢绍闻到情报站见面。9月，郑贵引邢绍闻到陶卜齐与李模见面，到了目的地。他方知约他见面的根本不是李模，而是绥蒙公安局情报科长郑校先。至此他始识郑贵之“庐山真面目”。

郑贵对邢绍闻献计说：“你来不来没关系，因为我们共产党办事都同样执行党的政策。现在我们不想把你当成战场上的对手，是想先和你交个朋友。如果你不反对，那今后我们就是同志了。”

邢绍闻半惊半喜地反问：“像我这样的人，也可称作同志？”郑校先说：“当然可以，革命不分先后嘛，我们共产党人坚信只有解放全人类才能最后解放自己，我们认为你是个误入歧途的青年人。”邢绍闻本是个胸有城府的青年知识分子，他误入歧途较晚，所以转变较快。以后的发展证明，他确实感激郑贵替他指引生路，因而工作积极，取得突出的成绩。

邢绍闻为我工作不久，敌保密局绥远站长庞中兴却派他潜回解放区集宁搜集情报。郑贵出主意让邢绍闻在归绥南郊大台乡躲避了半月，然后编造了一份情报，伪装从解放区回来复命，岂料庞中兴已掌握了内情，以畏葸退缩为理由将邢遣散。但此时保密局绥远站内部倾轧火并正炽。先是1946年庞中兴升任绥远站长时，一朝升天，神气十足，而论学识和资历均占优势的保密局绥远支台长杨秉仁却根本不买他的账。两人龃龉生恨，由恨结仇，水火不容。继而1948年3月庞中兴接受毛人凤潜伏经费黄金10条，银币500元。他挪用此项经费，交归绥市晋益西商号经理牛希元囤货居奇，牟取暴利。为利用敌特内部矛盾以改变邢绍闻的不利处境，郑贵怂恿邢绍闻参与杨秉仁派向保密局控告庞中兴贪污。这场内讧官司，到1949年4月揭晓结果，庞中兴被撤职，原华北“剿总”二处情报科长赵思武接任保密局绥远站长。

赵思武上台时，保密局绥远站已迁往包头。这时，绥远军统布置应变计划，为破坏绥远和平起义，勾结刘万春、鄂友三组织特务武装。赵思武混入军籍任绥远省骑兵整编第十二旅副旅长。骑兵整编第十二旅在包头设驻包办事处，赵将大部分军统分子网罗在内。时保密局伊克昭盟站副站长刘效纪任十二旅驻包办事处上校参谋长。因为刘与邢绍闻是归绥正风中学同学，郑贵让邢绍闻找刘效纪申诉理由，结果军统重新录用邢绍闻为十二旅驻包办事处少校秘书。但庞中兴在位时，因军统特务刘振寰密告邢绍闻与来路不明的郑贵接近，赵思武知道情况曾断言："我们迟早要受邢绍闻的害。"因此，赵思武对邢仍不予重用，派他到中滩去收大烟。鉴于这种情况，绥远省公安厅指示郑贵："选择适合目标，再拉出一个。"邢绍闻给郑贵物色、介绍了武毓美。武毓美，军统兰州训练班第二期行动系毕业，在绥远军统圈子里算是老资格，抗战期间曾任军统五原办事处敌后联络组平绥路交通员。武毓美时任骑兵整编十二旅少校副官主任，掌握军统内部档案。他资历深，了解内部情况多，是我公安机关选准的摧毁绥远军统组织、一网打尽其成员的一枚重型炸弹。当时，绥远军政当局已通电起义，敌特树倒猢狲散，除部分死硬分子外，多数亡命逃散。在这种形势下，经邢绍闻事先通气，郑贵设宴策反，武毓美立即投诚。

武毓美投诚后，又协同邢绍闻争取军统归绥市潜伏组交通王少华等为我工作。解放初期破案中，我侦察部门又发展骑兵十二旅副指挥刘孝贤；从晋察冀又转来张洪波，时张任绥远省交际处科长，他们均为军统骨干。从而我们彻底掌握了绥远军统的核心机密，使之成为我网中之鱼，瓮中之鳖。

关于郑贵先后策反军统骨干邢绍闻、武毓美起义投诚后，所取得之成绩，据武毓美所写之《二年来的工作总结》称：接近解放时，赵思武命令他处理档案，他即将部分军统档案转送给我情报站。其中重要者计有：敌国防部保密局华北区副区长田唆布电置潜伏组织情况；保密局绥远站站长赵思武组建特务武装的过程及潜伏单位首要者名册；保密局绥远支台长杨秉仁派往各起义部队掩护的电台负责人情况。保密局绥远站的部分重要文件，其中包括所属各组的组织人事名册，京、津、张、雁北、翰林逃亡绥远之军统人员报到名册，蒋介石与鄂友三之往来电文；诱使军统报务员高光耀来绥设台，侦知军统翟绥屏在北京的潜伏地址。据原绥远省公安厅档案资料载，至1950年9月19日，共掌握潜伏之军统人员197名，已逮捕67名。其中有原保密局绥远站长庞

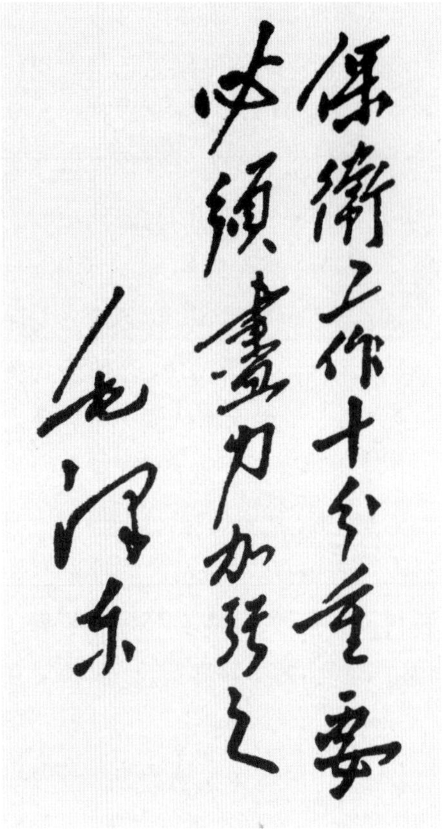

毛泽东手迹（1950年11月）

中兴，敌国防部二厅直属归绥组长黄东楼，保密局北京潜伏站长李歧峰，大同联络组长王可模，保密局归绥潜伏组长张风贤，包头潜伏组长朱鸿良，五原潜伏组长魏永安，等等。

另外，从九一九绥远起义到1949年底我正式接管政权前，经郑贵手还侦察收缴了军统电台两部。其一，1949年春，庞中兴在位时曾布置归绥潜伏组，组长张杰，电台报务员是归绥土默特小学教员云龙。云龙之弟云海是我归绥县公安局干部，我情报站将云海派回了解掌握了该台。此案解放后破案。其二，赵思武上台改任刘幻跛为归绥潜伏组长。刘幻跛曾任绥远军统室看守所少校医务主任，时为归绥私立同仁医院院长。他接受潜伏任务时，向赵思武索要经费黄金三斤。正当他们讨价还价时，郑贵指使武毓美用赵思武的名义将电台要走，送给我地下情报站。

第五章
建国前后轶事

一、奋发工作，还有许多战斗在后头

1948年人民解放军由战略防御转入战略进攻后，各野战军战场均战果辉煌。

西北一野战场，自转入战略进攻后，连克许多敌人重点设防的城市，解放了许多中小城市。彭德怀、贺龙正挥戈直逼西北重镇西安。西安指日可克，需加强对已解放和将解放的大中城市的接管工作。为此，1949年3月，党中央调陈养山担任中共中央西北局社会部长，领导西北地区的情报工作和大中城市的接管工作。首先做好接管西安市的准备。

建国初期的陈养山

陈养山曾于1936年至1940年，在西安从事情报和统战工作。他对西安人熟地熟情况熟，为确保西安免遭破坏，他到任后，指示我地下武装人员组织了2000余人，挖掘出敌人在逃跑前埋在铁路桥、电厂、工厂等地的炸药。

西安地处渭河平原中部，历史上曾有十多个王朝在此建都，是我国六大古都之一。西安位于陇海铁路线上，是西北通向全国各省的交通枢纽，具有极其重要的战略意义。蒋介石派他的嫡系，人称“西北王”的胡宗南镇守。此时，胡宗南军队节节败退，解放军已直逼西安，国民党军队如同热锅上的蚂蚁，乱作一团。我情报人员获得了胡宗南从西安撤退的确切时间和南撤的具体动态、路线及各军、师的部署、番号、代号、驻地和装备的情报，并获得了西安城区图及城防工事图等重要情报。西安解放已成定局。

西北情报系统有较好的基础。西北局社会部已向西安调集了130多人的情报力量，分布在陕西国民党的政、军、警、特机关，以及电信等重要部门，并已搜集到许多重要的军、政情报。由中央情报部领导的情报系统还掌握了国民党中统特务组织在陕西的活动情况和西安警备司令部计划火烧西安的情报。

西安解放前夕，我西安地下情报人员利用敌西安绥靖公署电台，同我专设的电台取得联络，发回有关胡宗南部队和国民党党务、特务上层人员活动的机密情报90多份。这些情报的获得，对西安解放具有重大的作用，受到了彭德怀、贺龙司令员的称赞。

为顺利地接管西安，在西安解放前，西安市军事管制委员会即组成。陈养山被任命担任西安市军事管制委员会保安处处长。5月10日，在陈养山的领导下，保安处拟定了进城后接管的对象及方案，决定由保安处接收西安国民党党务、警宪、特务系统及其所属公开和秘密掩护机关的全部人员、财物、武器、档案。

1949年5月20日，国民党反动政权的西北重镇西安解放。陈养山随即率领公安、情报人员进入西安，领导了接收、社会治安和执行肃清匪特的任务。随之组建了公安分局和西安市保卫委员会等机构，确定了公安保卫工作的方针和任务。

5月25日，西安市人民政府成立，陈养山被任命为公安局局长，为维护社会治安秩序，接连发布了《散兵游勇登记》公告和《反动党团骨干登记办法》公告。由于方针、任务明确，各项措施紧凑及时，工作很有成效。

6月底即破获了以黄学禹为首的国民党潜伏特务案，逮捕潜特10人，缴获电台1部，手枪8支和爆炸器材5桶又2箱。

7月初又破获一起重大匪案，擒获以孙棉田、丁老二为首的匪徒17名，搜出短枪1支、伪造的西安市人民政府钤记1枚、身份证件10余张及部分赃物。

7月底又破获国民党绥靖公署二处陕东站姚焕文潜伏特务案和国民党三十军军事谋报案。

陈养山九年后重返故地西安，为保卫西安人民的安宁奉献了自己的一份力量。

1949年9月，陈养山接到了刚刚成立的中央军委公安部的通知，要他把西北的工作交接清楚，速来北平参加由中央召开的全国第一次公安工作会议。

此时，陈养山意识到可能又有新的使命，于是抓紧时间，向西北局、西安市军事管制委员和西安市人民政府详细的交代清工作后，即前往北平。

1951年5月毛主席接见参加公安工作会议代表（前排左起九为罗瑞卿、十为毛主席、十一为彭真、十四为陈养山）

陈养山到达北平后，被安排在正义路的六国饭店下榻。在这里他见到了前来参加这次会议的李士英、许建国、汪金祥、周兴等老战友，大家分别多年，欢聚一堂，彼此都深感亲热和高兴！

住下后，陈养山听说老首长李克农也在北平，心情很是激动，他要立即见到这位领导、兄长和战友。当天晚上，陈养山就急着去弓弦胡同看望分别两年的老首长李克农。李克农见到陈养山便热情地迎上来，半开玩笑地说："我们的'福将'来了，欢迎！欢迎！！"

陈养山见李克农的面色比在晋绥时红润，但他的近视眼度数似乎又增加了几度。

相互寒暄后，陈养山无拘束地同李克农交谈了个把小时，他详细的向李克农汇报了西北和西安的情况，李克农边听边满意地连连点头。中午共进午餐后，陈养山恐影响李克农休息，起身向他告辞。李克农告诉陈养山两件事：一是康生现在北平，住在北京饭店，他让陈养山抽空去看望一下；二是现中央情报部正在总结22年来的情报工作。李克农邀请陈养山来参加这项活动。陈养山表示非常愿意参加这项活动。

尔后，陈养山参加了两次情报工作总结稿讨论会。他说："这次总结对我的教益很大。过去做过的工作像一盘散沙，总结不起来，对工作的成绩和错误也看不清楚。这次总结把实践与理论结合起来，内容很丰富，是一次极好的学习机会。"

在公安会议开始前，陈养山抽空去北平市公安局看望了在晋绥边区同自己一起战斗的老战友谭政文。在谭政文家，陈养山意外地遇见了前来看望谭政文的陈龙。大家分别多年，偶然相逢，不禁喜出望外。谭政文、姜鹏夫妇热情地接待了他俩。尔后，谭政文把原在晋绥边区共同战斗过，现在北平市公安局工作的冯基平、狄飞、曲日新、刘涌等同志约集在一起，同陈养山相聚了一次。

建国前夕陈养山（右二）同老战友在北平相聚（左二谭政文、左一姜鹏、右一陈龙）

这次公安会议是中央召开的，会议的内容很重要，毛泽东、刘少奇、周恩来、朱德等中央领导同志在会议上作了重要指示。但出席这次会议的人员的范围很小，只限各大行政区和中央直辖市西安部门的主要领导同志。这次会议对人事安排作了较大的调整：李士英被调任华东军政委员会公安部长；周兴被调任西南军政委员会公安部长；谭政文被调任广东省公安厅长兼广州市公安局长；陈养山被调任上海市委委员、上海市公安局副局长；罗瑞卿任北平市公安局长；陈龙调任南京市公安局长；许建国调任天津市公安局局长。

1949年10月1日，举行开国大典。陈养山被邀在北京天安门观礼台参加了开国大典。新中国已经成立，他异常兴奋，满腔热情地投入到建设新中国的事业中。

1949年11月，陈养山在赴上海就任前夕向李克农道别。李克农对他说：“上海的情况比较复杂，问题比较多，帝国主义、封建势力、蒋介石的特务、黑社会帮会组织，都在破坏刚刚解放的上海。我们二三十年代在上海，只了解当时的情况，现在变化很大。要多向华东的同志了解情况，决不可掉以轻心。”陈养山对李克农的指点非常感激。

陈养山到达上海后，向陈毅、潘汉年、李士英、吴克坚、梁国斌、王范、杨帆等华东的同志了解上海的敌情及社会情况后，立即投入到紧张繁忙的工作中。他深感上海的情况正如李克农所言，非常复杂。上海的情况原本就很复杂，现在处在新旧交替的情况下，就更加混乱了。社会秩序紊乱，反革命活动猖獗。陈养山意识到自己承担的责任十分繁重，于是日夜操劳，连星期天也不休息。

上海市公安局第一任局长李士英

1950年年底，陈养山75岁高龄的老母亲病危，想见他一面，但陈养山因工作繁忙，无空回家乡一次。不久，陈养山母亲病故。陈养山仍无空回家乡料理丧事，只得委托他夫人章素贞回家乡安葬了母亲，让老人带着遗憾离开人间。

1950年9月，南京市公安局局长陈龙调北京公安部工作。陈养山被调任中共南京市委常委、政法委副主任、南京市公安局长兼南京市检察署检察长。身兼数职，陈养山的责任更重了。接到调令后，陈养山抓紧时间移交了上海市公安局的工作后即赴南京就任。

1949年11月5日，中央人民政府公安部成立大会后，处以上干部合影（前排左起：张德舍、雷荣天、陈养山、罗瑞卿、杨奇清、蔡顺礼、刘复之）

在南京市公安局他见到了许多延安枣园中央社会部的老战友，如陈龙、海宇、甘露、马敬铮、黄耕夫等。分别多年后在南京会师，大家都感到非常高兴，更期待今后一起战斗的日子。

南京在中国历史上有“六朝圣地”之称，解放前是国民党反动政府的首都，反动根基根深蒂固。国民党溃退时，为给共产党制造混乱，放出了关押的3000余名刑事罪犯，还潜伏下许多特务。南京距上海很近，政治、经济情况都十分相似和复杂。由于它的这一特殊地位，解放初期被定为中央直辖市。要保南京市的平安，陈养山的担子可谓不轻。

1951年全国开展了镇压反革命运动。南京市公安局预审科，在审讯国民党中统局的老特务、汉奸黄凯时，遇到了困难。

黄凯1930年至1933年先后在武汉、上海、南京等地多次参与破坏我党组织的活动，适捕杀害我党负责同志多人，反动气焰十分嚣张，血债累累。如我党中央委员杨匏安、罗绮园夫妇，湖北省委负责人陈华同志全家、爱国人士邓演达等20多位同志，都死于黄凯之手。

当时预审科的审讯人员均是20多岁的年轻人，对30年代的敌我斗争历史不清楚，加之历史档案尚未来得及整理，无处查考，所以虽对黄审讯多次，但难以鉴别黄交代的情况是真是假，对黄的坦白程度也难以估计，更不用提需从黄口供中证实的历史事件，一切都毫无头绪。

陈养山闻讯后，亲自打电话给预审科询问：“你科是否在审讯个叫黄凯的犯人？”

预审科长秦杰回答说有此事，并简单地向陈养山汇报了进展情况和存在的困难。

陈养山告诉秦杰，明天下午他要提审黄凯。

预审科的同志听说局长要亲自提审黄凯，都非常高兴，迅速做好了提审前的准备工作。

第二天下午，陈养山来预审科提审黄凯。秦杰和连承义参加陪审。起初，黄凯避重就轻，态度极不老实。鉴于这种情况，陈养山向黄凯揭示了国民党中统特务组织30年代的罪恶活动。这时黄凯觉察到这位审讯员，正是当年自己的老对手，知道自己的罪行隐瞒不过去了，便老实的交代了自己的全部罪行。

这次提审足足进行了三个小时，黄凯系统地交代了他参加中统特务组织期间，在武汉、上海、南京等地参与捕捉和杀害共产党员及进步人士的罪行，以及在武汉妄图抓捕周恩来，结果扑空的过程，及尔后又在上海同另一名中统特务张冲，冒充周恩来的化名伍豪，在《申报》《新闻报》上登载《伍豪启事》，编造伍豪以共产党员名义声明退党事件的过程。

周惠年（左）在中央特科时与张越霞合影

此后，黄凯又详细地写了供词。这个案子又审讯了几次，很快结案了。事件经过如下：

顾顺章叛变后，打入国民党特务机关的钱壮飞、李克农、胡底、宋再生等人，被迫脱离原工作岗位。原在敌特机构中为中共服务的鲍君甫被陈立夫羁押。

由于顾顺章的叛变，机关被破坏，中共中央机关在上海的活动范围更加缩小。那时留在上海的中共中央政治局委员只有向忠发、王明、周恩来、卢福坦四人，总书记仍是向忠发。

时隔不久，新的打击又降临了。向忠发历来生活作风不好，又不守纪律，周恩来一再叮嘱他不要出去活动。6月21日，向忠发擅自外出，并且在外面住了一夜。第二天出门叫出租车时，又被人认出而遭国民党特务逮捕。刚调到中央特科的潘汉年得到消息后立即报告了周恩来。向忠发知道周恩来住所，且有钥匙，他若叛变，必会带特务前来搜捕。周恩来迅速搬到四马路外国人开的都城饭店，为了查证向忠发是否真的叛变，他指示中共特科行动科负责人谭忠余在其寓所一带安排"红队"队员摆了个馄饨摊。半夜时分，他们看到一队特务押着一个人，来到周恩来的寓所，并用钥匙打开后门。看来，向忠发确实叛变了。向忠发叛变后，虽然仍未抓到周恩来，但向忠发供出了任弼时夫人陈琮英，特务随即逮捕了陈琮英和与向忠发同居的杨秀贞。杨秀贞虽然是个风尘女子，却与中共党员陈琮英一样面对国民党特务的酷刑始终没有吐露半句，反倒是身为中共中央总书记的向忠发出面劝说杨秀贞要讲实话。

周恩来在证实向忠发叛变以后，和邓颖超暂时分开了一段，躲避到谭忠余和周惠年家中。周惠年回忆道：周恩来来后，和谭忠余同在大床歇息，她则搬出小床睡到另一处。由于风声越来越紧，周恩来只能昼伏夜行，等天色昏暗后才能化装出外活动。周化装后像个日本人。有一次，周因事急匆忙更衣，结果把两只脚伸进了一条裤腿里了，逗得在场的人直乐。

博古，本名秦邦宪，1907年生，江苏无锡人。1925年加入中国共产党，历任团中央宣传部长、书记、中共中央常委、总书记。1946年4月8日，因飞机失事遇难，与同机罹难的王若飞、叶挺、邓发等人一起，被中共中央追认为烈士。

顾顺章、向忠发相继被捕叛变后，原由三人组成的中共中央特别委员会只剩下周恩来一人，陈赓、李克农、钱壮飞、谭忠余等相继离开上海。根据共产国际远东局的提议，中共中央决定在上海成立临时中央政治局，由博古、张闻天、康生、陈云、卢福坦、李竹声六人组成，由博古负总责。12月上旬，周恩来离开上海，乘船取道香港，经广东前往江西中央革命根据地。

陈立夫没有抓到周恩来，不仅心有不甘，而且有些恼羞成怒。1931年9月1日下令"悬赏通缉"

周恩来等人。1931年11月至12月初，又以顾顺章的名义在上海《时报》《申报》《新闻报》《时事新报》《民国日报》等报刊悬赏缉拿周恩来等人。

以陈立夫为首的国民党中统特务机关见搜捕无着，悬赏缉拿也无济于事，最后又使出了造谣诬蔑、挑拨中伤的伎俩，他们伪造了一个所谓的“伍豪等脱离共党启事”。从1932年2月16日起，上海《时报》《新闻报》《时事新报》等先后刊登了这一启事。上海影响最大的《申报》也于2月15日收到了这一启事，但广告处看后认为，启事称243人脱党，具名却只有伍豪1人，其中必有问题，故决定16日暂不刊出。19日，国民党新闻检查处质问《申报》为何不刊登，《申报》才于20日、21日刊登了这一启事。启事全文如下：

伍豪等脱离共党启事

敝人等深信中国共产党目前所取之手段，所谓发展红军牵制现政府者，无异消杀中国抗日之力量，其结果必为日本之傀儡，而陷于中国民族于万劫不回之境地，有违本人从事革命之初衷。况该党所采之国际路线，乃苏联利己之政策。苏联声声口口之要反对帝国主义而自己却与帝国主义妥协。试观目前日本侵略中国，苏联不但不严守中立，而互将中东路借日运兵，且与日本订立互不侵犯条约，以助长其侵略之气焰。平时所谓扶助弱小民族者，皆为欺骗国人之口号。敝人本良心之觉悟，特此退出国际指导之中国共产党。

伍豪等二百四十三人启

“伍豪”是周恩来的笔名。这个笔名使用已久，是周恩来1920年1月在《觉悟》上发表文章时就使用过的笔名。当时，在《觉悟》上发表文章的人多用笔名。周恩来等人是用抽签决定号码，再用号码的谐音取名。邓颖超抽中一号，她的笔名就叫“逸豪”。

陈立夫为首的国民党特务机构的这一招是很毒辣的，目的是企图在中共党内制造混乱，瓦解中共。这个“伍豪启事”刊登时，周恩来早已到了中央革命根据地。为了揭露敌人的阴谋，澄清事实，在上海的临时中央采取了多种办法进行反击。

顾顺章叛变后，中共中央决定将陈云调到中央特科任主任，同他一起工作的还有康生、潘汉年等。陈云临危受命毅然担起这副重担。他在特科虽然只工作了几个月就被调到中华全国总工会任党团书记，但却处理了不少重大问题，其中就有徐恩曾捏造所谓“伍豪启事”诬蔑周恩来脱党这件大事。

陈云看到报纸上刊登的这则所谓“伍豪启事”，对蒋特机关靠造谣过日子的卑劣行径极为愤怒，他也耻笑蒋帮特务头子耳目闭塞，竟不晓得周恩来早在去年11月间就已经离开上海到达江西苏区。他和康生、潘汉年研商后，即将此事报告临时中共中央，博古等领导同志当即决定在党中央机关报《斗争》上发表声明，严正指出这是国民党反动派造谣诬蔑的新把戏，是可耻行为，一切国民党对共产国际、中国共产党以及个人的造谣诬蔑，绝对不能挽救国民党的灭亡。广大党员见到临时中共中央的声明，更加认清了敌人阴险毒辣的伎俩，更增加了对党的信赖。2月下旬，国民党特务机关造谣的消息传到江西苏区，中华苏维埃共和国临时中央政府主席毛泽东立即郑重声明：伍豪同志正在苏维埃中央政府担任军委会的领导职务，不但绝对没有脱离共产党的事实，而且更不会发表那个启事里的荒谬反动的言语。这显然是屠杀工农兵出卖中国于帝国主义的国民党党徒的造谣诬蔑。毛泽东还对周恩来说：蒋特机关为什么要搞这么一个假的伍豪启事呢？除了对你造谣诬蔑外，还企图挑拨领导同志之间的关系，削弱党和红军的作用。可是这种阴谋是不能得逞的。临时中央和毛泽东的辟谣声明，对揭穿蒋特的阴谋诡计起了很重要的作用。尽管敌人大造声势，搞得乌烟瘴气，广大党员却更加坚定地团结在党的周围，没有一个共产党员脱党。

在那紧急关头，除上报临时中央外，陈云经与康生、潘汉年研究，认为最直接的办法就是在报纸上发表辟谣声明，明确指出“伍豪启事”完全是有人故意制造的谣言，但报人可能怕受蒋特打击不敢刊登。正在为难之际，担任《申报》顾问的民主人士陶行知先生，对报纸上刊登的他敬慕的周恩来发表“伍豪启事”感到迷惑不解，向潘汉年询问事实真相，当潘告诉他是蒋特无耻造谣时，他义愤填膺严厉谴责蒋特的罪恶行径。当潘提出要在报纸上发表声明以正视听，但又恐无人敢登时，陶行知主动提出他是《申报》的顾问，他去找《申报》董事长史量才研究此事。史量才思想进步，拥护共产党抗日救国的主张。当时他并不同意刊登“伍豪启事”，是在蒋特胁迫下最后勉强刊登的，对陶行知提出辟谣一事他持积极态度，但做法要斟酌。经过仔细研究，2月22日《申报》发表了声明。

为了进一步辟谣，陈云又与康生、潘汉年研讨对策，认为要发表明确的辟谣声明，只有请律师出面代表伍豪在报纸上刊登否认“伍豪启事”的声明，舍此别无他法。于是派黄慕兰去征求律师陈志皋的意见。陈志皋认为请律师发表声明辟谣是可行的。可是请一般律师不会产生重大影响，必须请名牌大律师，但名牌大律师也怕得罪国民党特务机关会丢掉饭碗，甚至怕被国民党暗杀，不敢代为发表这样的声明。只有一个办法，那就是到租界请外国律师。外国律师在租界享有特权，国民党对中国人狐假虎威，在外国人面前奴颜媚骨，外国律师发表声明后，国民党敢怒不敢言，一筹莫展，这是有先例的。陈还根据与外国律师打交道的情况，认为聘请法国挂牌律师巴和较好。

之后，在上海的临时中央又出重金聘请《申报》的常年法律顾问、法国律师巴和出面，于3月4日在《申报》刊登了《巴和律师代表周少山紧急启事》，全文如下：

兹据周少山君来所声称：渠撰投文稿曾用别名伍豪二字；近日报载伍豪等243人脱离共党启事一则，辱劳国内外亲戚友好函电存问；惟渠伍豪之名除撰述文字外，绝未用作对外活动，是该伍豪君定系另有其人；所谓二百四十三人同时脱离共党之事，实与渠无关，事关个人名誉，易滋误会；更恐有不肖之徒颠倒是非藉端生事；用特委请贵律师代为声明，并答谢戚友之函电存问者云云前来。据此，合行代为登报如左。

事务所法　大马路四十号六楼五号

“周少山”是中共党内熟知的周恩来的别名之一。由于中共党组织的机智反击，使陈立夫等人的企图未能得逞。

但让陈立夫没有预料到的是，40多年后，倒是江青等人出于不可告人的目的，又重新找出了陈立夫当年的“杰作”来诬蔑和攻击周恩来。

事后，秦杰记述这次陈养山亲自审讯黄凯的过程说：

养山同志亲自审讯黄凯，连承义同志担任记录，我参加陪审。养山同志足足审了两三个小时，黄凯系统的交待了他参加中统特务组织期间的活动，在武汉、上海、南京参与迫害共产党和进步人士的罪恶，以及在上海妄图抓捕周恩来，结果扑空的过程，及尔后又在上海与中统另一特务张冲，冒充周恩来化名(伍豪)，在《申报》《新闻报》登载“伍豪启事”，编造伍豪以200余名党员名义声明退党。启事登出后无一名共产党员自首。不久，巴和律师代表伍豪在《申报》发表辟谣声明的事实。

养山同志在审讯黄凯的过程中，还讯问了30年代相关的中统特务的罪恶活动。黄凯已经听出来，养山同志是他当年的老对手，知道自己的罪行隐瞒不过去，因此交待比较具体。自此以后，黄凯系统地写了供词。经过养山同志这次审讯，这个案子审起来就有了头绪，也就很快结案了。

“文革”期间，“四人帮”借“伍豪启事”诬陷周恩来同志。养山同志审讯黄凯取得的供词，恰恰有力的证明周恩来同志是清白的。

陈养山亲自提审犯人的事传出去后，轰动了全局，立即在全局干警中引起反响。大家纷纷议论：陈养山局长身兼数职，工作千头万绪，在异常繁忙的情况下能深入基层，帮助基层解决工作中的困难的精神十分可贵，令人敬佩。

陈养山的这一举动，为全局干警树立了榜样，使全局干警深受教育，因而促使全局干警改进了工作作风，各项工作都做出了显著的成绩。为此，在全国第三次公安工作会议上，毛主席专门表扬了南京市公安局和陈养山。

1952年6月，华北行政委员会设立公安局。陈养山奉调来北京担任中共

1953年在全国人民慰问解放军活动中，陈养山（左二）慰问山西驻军

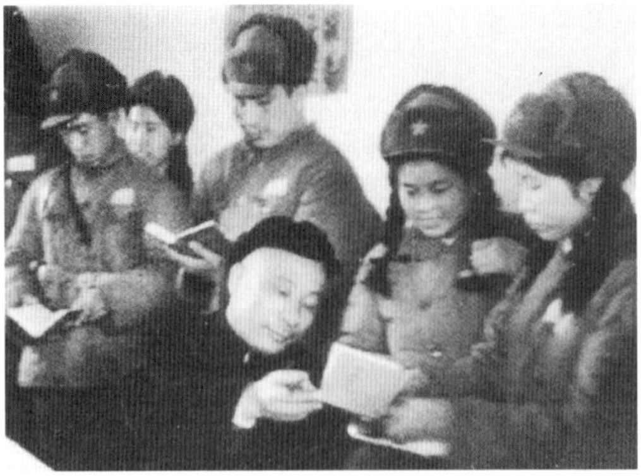

1954年陈养山慰问驻太原市解放军

1956年陈养山（左二）陪同毛主席接见政法干校师生

华北局委员、华北行政委员会政法委员会副主任、华北公安局局长。他在华北工作期间，主要抓了华北各省公安机关的机构建制和业务建设工作，并帮助内蒙古自治区解决了建立大型劳改农场的问题。

1954年秋，撤销大行政区建制，华北行政委员会撤销。陈养山调任中央人民政府司法部副部长、党组副书记。他从没有做过司法工作。为尽快熟悉司法工作，他努力学习司法业务知识，每天除工作外，还抽空阅读司法书籍，虚心向著名法学家史良部长请教司法业务知识，以便认真地贯彻执行中央关于司法工作的方针和政策。

1956年秋，中国共产党召开第八次全国代表大会，陈养山被选为八大代表。八大结束后他同司法部党组其他成员一起，根据八大决议，对司法部在贯彻执行中央关于司法工作的方针、政策方面存在的问题，进行了认真的检查，并制定了整改的措施。

二、战友情深，李克农与陈养山

人们称他为“将军”，他却从未带过兵打过仗，在他64年的人生经历中，没有过纵横征战的壮烈场景，然而他却是共和国开国将星中耀眼夺目的一颗。

1955年国庆节前，他戴上了金光灿灿的上将军衔，毛泽东主席亲自授予他一级八一勋章、一级独立自由勋章、一级解放勋章。他是共和国首次被授予上将军衔的52名将军中的一名“儒将”，显得异常突出。

这位神秘人物的一生却实实在在地贯穿在几乎每一个重大事件中，从20世纪30年代在上海的地下斗争到中央苏区的反“围剿”，从争取民国第一杀手王亚樵到截留大叛徒张国焘，从西安事变联络东北军将领到其后的重庆谈判和抗美援朝时的板门店谈判……

他是谁？在一次接见外宾时，毛泽东主席曾谈起他，说道：“他是中国的大特务，只不过是共产党的特务。”

美国中央情报局获悉他病逝的消息后，欣喜不已，破天荒地宣布休假三天，以庆贺强有力的对手从此消失。

他就是李克农，一个令人肃然起敬的名字，一个带有几分神秘色彩的名字。他那扑朔迷离、充满着各种惊险和悬念、富于传奇色彩的一生，就是一部精彩纷呈的中国情报史演义。

30年代初期的李克农

李克农与陈养山，是上下级关系，又是风雨同舟的战友。在陈养山的心目中，李克农永远是他的兄长，永远是他的指路人。

“送战友，踏征程，默默无语两眼泪。”

多少次，当陈养山遇到困难时，是李克农，这位大他七岁的兄长、战友出现在他的面前。

他忘不了，那还是在白色恐怖时期，在中央特科的陈养山，当顾顺章叛变后，为免遭不测，党组织及时通知他转移。这时陈养山已知之所以情报那么准，是由于我党有几位打入敌人内部的英雄，及时将情况通知了他，直到1940年，陈养山从西安到延安，才知道李克农就是这几位英雄之一。

从那时起，李克农永远是陈养山学习的榜样，李克农的传奇故事，更是时刻激励着陈养山，也是他对年轻一代进行教育的生动教材。

1989年3月中旬，身患重病的陈养山，在李克农诞辰九十周年时，撰写了《李克农同志是情报战线的卓越领导人》一文，回忆了他与这位传奇英雄的战斗情谊。

陈养山在文章中说："李克农很早就加入了革命队伍，并成为当地党组织的领导成员之一。他的一生经常肩负重大使命，冒生命危险，和各种敌对方面进行较量、舌战，从而打开新的政治局面，扩大党的各种活动，也为党的情报工作建立基础。他长期从事情报实践，为党的情报事业作出了卓越贡献。他是情报工作者的榜样，也是国际情报工作的奠基人。"

1927年以前，党还未建情报组织。四一二反革命政变，给了陈养山惨痛的教训，周恩来从上海到武汉(1927年5月)后在中央军委下设情报组织，由于掌握了敌情，反击了汪精卫的反共阴谋，减少了在大革命失败中的损失。八七会议后，党中央从武汉迁回上海，陈养山懂得了必须保卫党中央领导机关的安全，中央特科在周恩来的直接领导下建立起来，负责保卫党中央的重大任务。不久向敌探机关开展情报工作，派可靠的同志深入敌内，李克农和钱壮

30年代初李克农和夫人赵瑛合影

飞等同志就是在这个时候，打入到国民党中央特务机关，掌握了敌人重要机密，粉碎了蒋介石特务机关企图一网打尽陈养山党中央机关的重大阴谋，为保卫中央建立了不朽的功勋。

以后，李克农同志被迫撤离上海，到达江西苏区，任国家政治保卫局执行部长等职。1935年冬，李克农调任中央西北联络局主任，处理对外统战工作，与东北军、西北军进行联络，布置白区秘密交通线。实际上他又回到情报工作岗位上来了。他肩负着重大使命，直接参加了同张学良的谈判，西安事变时，他随周恩来到西安工作，以后陆续在西安、上海、南京、武汉、桂林等地建立八路军办事处，以统一战线的形式推动抗战形势的发展。1941年李克农从桂林回延安任中央社会部副部长，1942年中央情报部成立后，又兼任情报部副部长，领导了全国各地的情报工作。

1937年春，李克农在西安七贤庄红军联络处办公室（童小鹏摄）

从党的情报工作发展历史来看，解放战争时期可说是国内情报工作发展的最高点。在当时，根据战争发展的特点，他及时提出了情报工作为军事斗争服务。从各个方面和以各种手段打击敌军，广泛开展政治攻势，放手发展和使用特情，获得重大成果。确实调动了全国各地情报机关的力量，充分发挥了情报人员的积极性，光荣地完成了配合解放战争这一历史任务。此外，各地情报机关加紧对城市工作和政策的研究，了解国民党党、政、军、警、特、工商业、社会等情况，加强保护工厂、财资、仓库、档案等工作为准备进城做了大量研究，对巩固城市治安也起了重要作用。陈养山长期在国统区工作，中央的文件很少见到，对于党的路线、方针、战略、策略等了解的不多，李克农的发言，使陈养山大开眼界，对中央的精神，对以往的革命实践有了进一步的认识。

李克农在延安窑洞前

1944年整风结束后，在提高认识的基础上，李克农召集陈养山和吴德峰、罗青长开会，解决陈养山同吴德峰对西安情报工作不同看法的问题。虽无多大成果，但他是在休养中，还主动给陈养山解决思想问题，使陈养山深为感动。

1944年年底，组织决定派陈养山到晋绥边区调查局任局长，走前的一个晚上，李克农在枣园请陈养山和冯基平、梁寒冰、聂元素等同志一起吃饭，当时他向陈养山等人交待任务，要陈养山等人到晋绥后要尽快开展工作，抓紧时间解决“抢救运动”后的甄别问题，及时调整机构，开展工作，准备反攻。同时要把原来派到敌区，已经失去联系的同志，尽快联系上，设法进行新的派遣。积极抓好收集敌方情报的工作。陈养山等人到晋绥后，情况正如他所讲的那样，因而按照他的指示，到1945年5月完成了恢复工作，而后又进行新的大批派遣。

1945年6月，七大期间，陈养山从晋绥回延安，向李克农汇报晋绥的恢复工作情况，当谈到解决了大批同志的甄别问题，同时已向敌区派了一些骨干，一些失去联系的同志也已派交通进行联系，扩大了采购敌伪书报的工作。由于恢复工作的进度较快，他感到很满意。当陈养山提出晋绥干部少，希望中央能多调一些干部去的建议。当时干部都在紧张学习，中央组织部也没有保存多少干部，只有党校有一些。李克农即向彭真打招呼，陈养山很快挑选了一批干部。

日本投降时，陈养山还在延安。四五天后陈养山动身回晋绥，走前向李克农道别，他在百忙中告诉陈养山，情报对象起了大变化，将各种关系设法转到国民党中去，要加强这方面的工作，不久中央即发指示。不久中央情报部即发来指示，要求利用动乱局面，千方百计地向蒋帮内部派遣情报人员。陈养山等人不失时机地执行了这一新的方针。

1947年3月，胡宗南进攻延安，中央撤出延安，李克农到晋绥，住在临县，有时来兴县晋绥公安总局，陈养山等人请他向公安、情报人员作报告。因当时晋绥分局个别领导人思想“左”倾，对地富成分的公安干部一概不信任，有的被调出公安机关，对地富成分的情报关系，认为也不能用，要依靠贫雇农。这种错误思想必然严重影响情报工作。陈养山等人向他反映这些情况后，他明确指出，这是“左”的干扰，会损害情报人员，搞垮情报工作。情报机关使用的人，除领导骨干外，要善于使用？否则怎能搞？机关就不同，保卫人员必须忠实可靠，这是两种性质，不同的情况，要严加区别。李克农的指示，在当时起到了提高干部认识的作用，促进了情报工作的发展。

1947年冬，李克农要陈养山去临县汇报工作，陈养山在他那里住了两天，汇报了晋绥公安情报工作的情况。他指出：做好情报工作，就必须派遣情报人员秘密打入敌人内部，该保密的要保密，但也不能神秘化。尤其在解放战争大好形势下，敌特机关和一些官员为寻陈养山出路，主动向陈养山联系和送情报，放手发展是很重要的。他听汇报很认真、仔细，并且还提出一些新的问题，使陈养山很受启发。

1949年9月，陈养山从西安来北平，当时李克农正在组织人员写建国前22年的情报工作总结，讨论了两次，陈养山都参加了，这对陈养山的教育很大。

最使陈养山感动的有这样两件事：

1949年10月，公安部成立后，我要求到上海工作，组织上也正准备

上海市公安局成立时的旧址

派我去上海。走前克农同志同我谈话，他说，上海比较复杂，问题也比较多，帝国主义、封建主义、蒋介石的特务，黑社会势力，都在破坏刚刚解放的上海，我们20、30年代在上海，只了解过去的上海，现在变化很大。他要我注意与华东的同志们搞好关系，注意团结同志。多年以后，回想起当时克农同志向我介绍的上海市的情况，及注意团结当地干部的话，结合我在上海工作时的切身体会，深感克农同志看问题的准确，对同志的关怀。

我在司法部工作时，说我工作中犯了所谓“政治错误”。1959年初撤掉了我在司法部的各种职务，下放基层改造。1960年秋，又认为我在基层表现不错，仍然调回中央机关。中组部让我去中央调查部，该部也同意我去。不料在分配工作时发生问题，要我做机关事务工作。我说从未做过这种工作，毫无经验，肯定做不好。我要求组织重新考虑，但无结果。当时克农同志因病住在医院，本不打算打扰他，但除找他外，又别无他法。当我去找他时，他主动问我对分配工作的意见。我说搞不了机关事务工作，愿做些培训干部性质的工作。他即要我搬到机关，经过他的关心和过问，才分配我到干部短训班工作。他这种高度的责任感，在病中还关心分配干部的工作，使我十分感激。

李克农同志长期和疾病作顽强抗争的精神也始终鼓舞着陈养山。李克农的一句名言时刻在陈养山的耳边回响：“身体是不要紧的，我们是毛驴子，驮惯了东西，不驮是不舒服的，能驮多少就驮多少。”

陈养山说，这正是李克农不顾个人安危，全心全意为党的事业工作的高尚品格。

1957年，李克农跌伤大脑后不久，还抱病处理公文，非常使人感动。以后，中央确定他完全离开工作，专心养病。到1961年他病体稍有好转，即向中央写报告，要求负责搜集中共党史所没有的20世纪20年代至30年代上海中央特科保卫党组织的历史资料，并提出由他亲自去上海进行调查、访问。

1961年7月，李克农找陈养山谈话，给陈养山的印象较深的是，“我虽在中央特科工作多年，但了解的情况还不够”。

李克农让陈养山和潘芳参加搜集资料的工作，使陈养山很兴奋。李克农还告诉陈养山，他要亲自同他们去上海做些调查。“到上海要先找在特科工作过的一些人，有哪些人还在？还要搜集大批文字资料，到哪里搜集也要搞清楚。”

8月下旬，李克农、陈养山、潘芳一行到上海，住在岳阳路原孔祥熙的一所别墅里。当时大家心中无数，提不出具体做法，只是集中了解尚在世的特科人员的情况，上海市委调查部帮了很多忙，提供了不少情况。

虽然是一次短期的搜集工作，但李克农极为认真，要求在家和外出工作都不能借机办私事。如潘芳的爱人来上海，事先未告诉李克农，受到了他的批评。陈养山的亲戚来看他，李克农认为工作时间不该办私事，也批评了陈养山。李克农自己严格遵守制度，做什么事都事先告诉他们。但对工作则很放手，决定了的事情由他们自己按情况办，可以毫无顾虑的发挥各自的积极性和创造性。另外，李克农也抓得很紧，经常要向他汇报，搞得对与不对，即刻受到表扬与批评。陈养山、潘芳等同志都愿意及时向李克农汇报，以纠正不足之处。

在工作中，陈养山、潘芳从上海市公安局的一些叛徒档案中发现1932年以后党被破坏的情况，向李克农汇报后，李克农要他们继续搜集，搞清破坏情况，以吸取教训。还有一件事一直记忆在陈养山心中。就是李克农对徐强的政治问题“认真负责，给予解决”。

那是在1932年以后，徐强曾在中央特科工作，抗战以后仍在情报部门，1939年康生将徐强从上海调到延安，在无任何证据的情况下，把徐强关进监狱，日本投降后才被释放。解放后徐强在上海第一商业局工作，但没有对他作过平反结论。李克农听取了徐强对平反结论的意见，并亲自修改结论，彻底解决了徐强的问题。对两位烈士，李克农亲自前去扫墓，并和烈士的家属会面，对他们的困难及时给予解决。发现有不负责任的事情，当即严肃提出批评。9月间，李克农在上海还向中央写报告，反映了访问和搜集材料的情况，严格执行报告制度。

看到李克农愈来愈重的病情，陈养山、潘芳多次相劝，不让他亲自去调查和看材料，可是却未能全办到。到晚上，他们也决不找李克农，保证10点以前熄灯，让他有充足的睡眠时间。他们还常督促李克农去医院检查。考虑到李克农的夫人赵瑛已去世，为避免李的生活孤独单调，那时他们每天在茶余饭后找李克农谈心，一则了解他的工作、思想、对历史的评述，取得无价之宝，二则使李克农心情舒畅。

在上海期间，李克农、陈养山、潘芳，还有上海的韩仰山等同志到上海龙华烈士灵园，祭扫了彭湃、吕明、李白等烈士墓。

1961年李克农（右一）与陈养山（右二）、韩仰山（右三）、潘芳（右四）等人在上海祭扫李白烈士墓。

陈养山本打算从上海回来时到南京再做些调查，鉴于李克农的身体状况，就由上海直回北京。回北京后，陈养山一直忙于整理资料，没有考虑向他作访问记录，失去了时机，真是莫大的遗憾。

1962年年初，陈养山曾向李克农汇报情况，请他作指示。陈养山记得很清楚，在李克农去世两天前的下午，他还叫他去谈话，主要是问工作进展情况。不料这次谈话竟成为最后一次的会见！当别人告诉陈养山李克农去世的消息时，陈养山怎么也不相信。“多么突然，多么令人悲痛！再也听不到他的声音了，再也听不到他的指示了，没有从他的宝库里取得应当取得的更多的财富，这是多么大的损失啊！”

陈养山说：“李克农同志对党的事业无限忠诚，坚决贯彻执行党的指示，为革命而牺牲一切的英勇气概，是他能够胜利完成各项任务的根本原因。克农同志又具有崇高的品德和平等待人的作风，他善于团结干部，充分发挥各方面的力量，调动同志们的积极性，为情报事业而鞠躬尽瘁！”

三、坚持原则，一身正气跟党走

陈养山20世纪二三十年代曾在武汉、上海、重庆、西安等地从事情报工作，没在南京工作过。但他对南京市的社会情况，尤其对国民党特务机构及其活动的情况有所了解。这对他领导南京市的政法工作很有帮助。

1951年在全国开展的镇反运动，是一项政策性很强的工作。为正确领导这场运动，南京市委建立了反革命审查委员会。陈养山作为南京市委政法委员会副主任、南京市公安局长兼检察长，自然是反革命审查委员会的主要成员。

南京是一个敌情较复杂的城市。在市委讨论、制定镇反工作方案时，出现了两种意见：市委书记柯庆施的意见是，鉴于南京敌情、社情复杂，反革命分子和潜伏特务人数较多，因此宜采取“稳”的方针，谨慎从事，防止打草惊蛇。而陈养山的意见是,南京反革命分子的人数虽较多，但政法机关对敌情已基本掌握，宜采取大张旗鼓，大造声势的方针，只要发动群众开展几次大规模的镇压行动，就会震慑反革命分子，迫使其悔罪自首。

由于两位领导镇反工作的主要成员提出了不同的方针和做法，致使最终的实施方案无法确定，于是决定将这两种意见上报中央，然后按中央的批示实施。

结果中央批复，大张旗鼓的方针是正确的。于是南京市内大造声势，开展了几次大规模的镇压行动，许多反革命分子和潜伏特务感到走投无路，被迫向政府悔罪自首，低头认罪，交出了组织名单、证件、武器等，使隐藏在南京的反革命分子和潜伏特务基本肃清。

镇反运动结束后，南京市委决定：公安分局的党政关系划归区委领导。公安分局的广大干警，对市委的这个决定议论纷纷，认为大中城市的公安工作必须由市公安局集中统一领导，不宜分割。广大干警对市委这样决定很有意见。

陈养山认为干警的意见是正确的，市委的这个决定确实不妥。于是他一方面指示各公安分局按市委的决定执行；另一方面，向市委反映，请求市委重新考虑。但市委不采纳陈养山的意见。他便按组织原则，以个人名义向中央反映，请求中央有关部门干预解决此事。

经中央组织部和公安部研究，采纳了陈养山的意见。中央组织部和公安部联名给南京市委和南京市公安局发出电报，明确肯定陈养山的意见是正确的。并指示南京市委立即纠正公安分局党政关系划为区委领导的决定。

当中央的电报向公安局全体干警传达后，大家都很满意，深感陈养山对原则问题一点也不马虎，能据理力争，因此更加由衷的敬佩和尊敬他。

陈养山处事一贯提倡实事求是。在1951年开展的“三反”运动中，有些领导干部搞形式主义，为表示对这场运动重视、积极，每天给基层规定捉贪污犯的指标。完不成指标就要受批评。鼓楼公安分局没有贪污犯，无法上报，但上面催得很紧，分局长李德来很为难，不得已他直接给陈养山局长打电话请教。陈养山答复说：“实事求是。”这件事原本应该这样处理，然而在当时，能得到这四个字的指示，是非常难得的。因此李德来几十年后仍念念不忘这件事。

陈养山不能容忍违背历史、歪曲事实的现象。对捕风捉影的事，他从不听之任之。

1987年郑州有家出版社出版的《名人传记》杂志连载泰栋、李政合写的《申江伏魔记》一文。此文主要情节大都抄袭穆欣著的《陈赓大将》一书。也许作者为了吸引读者，故意在文中塞进了许多凭空臆造的、根本没有发生的事件，对陈赓的事迹大量捏造虚构，还无中生有的编造了不少周恩来、宋庆龄的“历史”。陈养山看了这篇谬误百出的文章后怒不可遏，非常愤慨。

恰巧那年秋天，陈养山应浙江省国家安全厅邀请，去杭州、宁波等地讲授情报史。陈养山得知该文作者就在宁波电视台工作，即专程去宁波电视台，当面质询该作者：撰写此文的目的何在，资料从何处而来，并严肃地批评他这种背离事实、违反历史的胡编乱造歪风，使这位作者无言以对。

陈养山秉性内向，平素少言寡语，表现得非常老成练达，严肃稳重。不了解陈养山的人以为他有官架子，不敢主动去接近这位隐蔽战线的功臣。其实不然，他待人和蔼友善，尤其对下级更是如此。但在原则是非面前，他是正直的，也是勇敢的。他对原则问题从来不顾情面，不和稀泥，仗义执言，从不让步。例如，在一次高检院领导成员的会议上，有位同志引用别人歪曲事实的谎言，发言来责难另一位同志，而这件事是已经澄清了的。陈养山仗义执言，他突然对那个发言者插了一句："事实不像你所说的那样。"他的短短一句插话，掷地有声，使那个发言者哑口无言，有力的制止了那个谎言的扩散。

陈昌

1935年，陈养山曾同陈昌、陈克寒在重庆、成都从事地下工作。解放后，陈昌在政治运动中，被公安机关无辜的列为特嫌人员，被开除党籍和公职，严加审查。因受尽折磨，至1960年含冤致死。1961年陈养山得知此情况后，立即同当年派遣他们去四川工作的领导人王世英同志商量为陈昌平反的问题。在王世英、陈养山、陈克寒的证实下，澄清了陈昌的这段历史。经中央组织部批准作出了平反结论。而这时，陈养山自己也正处在蒙受诬陷和遭受打击的情况下。

四、艰苦朴素，高风亮节当公仆

陈养山一贯自奉节俭，操行廉洁，他无论在战争年代，还是在和平时期；无论是身居高位，还是解职赋闲时，都始终艰苦朴素，直到他去世时，他的服装没有几件是不带补丁的，他家的用具没有几件是像样的。他家的伙食从来十分简单，平时常是三碟素菜一碗汤，只有在来客人时才加上几个荤菜，从不大吃大喝。陈养山待客没有摆阔气的习惯，亲戚或老战友来他家作客，他从不去饭店设宴办席款待，若必须如此应酬时，他总嘱咐妻子带上餐具，将食剩的饭菜收拾回来，不使食物白白浪费掉，充分表现出了中华民族勤劳俭朴的美德。

陈养山虽身居高位，但始终把自己看作是人民公仆、普通党员。他深知几千年的封建特权思想会影响到对后代的培养，因此在日常生活中不仅自己廉洁自奉，对子女的要求也非常严格，他经常教育他的子女说："我和你母亲都是老共产党员，你们是老共产党员的后代，要虚心廉洁，不许有特权思想，更不许依靠父母的社会地位牟取各种私利。"他是这样说的，也是这样做的。例如，现今社会上盛行以权谋私的风气，有些不自觉的高级干部，经常利用自己的职权，为家属子女牟取各种利益，而陈养山从不这样做。他虽明知他的四个子女在生活上都存在某些困难，但他始终没有利用自己的社会地位为子女说过一句话。

陈养山的子女由于了解自己父亲的秉性，也从未向他提过违规的要求，都习惯的各自设法克服存在的困难。

1982年，陈养山长子两岁的孩子突患急性阑尾炎，生命垂危。他的长子请求使用一次他的专车送孩子到医院抢救。他不答应，执意让他们乘出租车去医院，但事后给了他200元，作为给孙子治病的费用。这件事使他的长子深受教育。

陈养山的小儿子平时学习成绩在班里一直名列前茅，但1958年高考时没有考取，他很不服气，要同老师评理。陈养山知道后，非常生气，严肃地批评他说："你自以为是，不认真复习，考试不及格还要胡闹，太不像话了。你不要以为我是国家干部你就可以无法无天，目中无人。”陈养山是不轻易发脾气的，这次严厉的批评对孩子的后半生都产生了很大的影响。恰巧几天后，人民日报社记者就几位高干子女没有考取之事来采访陈养山，询问计划如何安排子女？他明确答复记者说，计划将孩子送到农场劳动，利用间隙补习功课，来年再参加考试。消息刊登后，孩子在家大哭大闹，坚决不肯去农场。为了做通孩子的思想工作，陈养山耐心地说服教育，最终让孩子心悦诚服地去了农场。

1989年陈养山的肺癌恶化，住院治疗。此时陈养山的女儿被组织决定派往山东挂职锻炼。他女儿对陈养山的病情不放心，要求推迟去山东挂职锻炼的时间。陈养山得知后对他的女儿说：“你不必为我的病担心，还是工作要紧，不能因我的病影响组织的安排。”陈养山的女儿到山东就职后，他还不放心，又写信嘱咐自己的女儿要安心工作，多为农民做实事，运用科学技术帮助农民致富，表现出在事业上对子女的积极支持。

陈养山一生清白正气，他为使子女继承党的优良传统和民族美德，没有给子女留下巨额家产，而是留下了一份怎样做人的遗嘱。陈养山对子女留有这样13条遗训：

一、听领导同志的话，服从分配，专心工作。

二、工作中应和同志们商量，不固执己见。

三、做事应绝对负责，不能应付，完成任务。

四、不对任何人吵嘴、骂人、更不能打人。

五、不能看不起或随便议论别人，讥笑别人。

六、看到别人优点，就向他学。

七、看到别人缺点，则反省自己。

八、严格执行工作规章、制度、决不能违反。

九、严格遵守纪律，不能到处吸烟吃酒。

十、不要管别人的事，但要把自己管好。

十一、气量要大，不同别人比能力高低和争论。

十二、处理家务也要商量的办，不自作主张。

十三、今后家庭必须和睦，互相帮助，互相谅解，互相爱护，再不能吵架，骂人，打人。

陈养山的儿子陈建宇说：这13条遗训是父亲给子女留下的最好的遗产。

由于陈养山在日常生活中能严于律己，身体力行，因此在廉洁问题上，陈养山的家庭成员无一有不检点的行为。陈养山无愧为人民公仆，隐蔽战线的英雄，儿女的楷模。

艰苦朴素，高风亮节当公仆；一生勤俭，家风轶事见精神。从战友、家属追忆的轶事中，我们可以看到陈养山的风格和精神。

轶事之一：1945年1月，陈养山就任晋绥军区调查局局长后，有一次军区司令部召开干部会议，贺龙发现陈养山没有到会，便问会议召集人通知了陈养山没有。会议召集人答复说："这次会议的内容同调查局没有关系，他没有必要参加。"贺龙生气地说："你们这是看不起他，我贺龙看得起他。1927年在上海他救过我贺龙的命，是一个了不起的人。你们看不起他，就是看不起我贺龙。"

此事传出去后，知道这件事的同志对陈养山都很尊敬。从而对调查局开展工作带来许多便利。

轶事之二：新中国成立初期，陈养山任上海市公安局副局长时，有几位亲戚从家乡来上海找陈养山。有的声称大革命时期救济过他家；有的声称敌人缉捕他时掩护过他，要求陈养山帮助在上海安排工作。

其实这些人所述理由都不是事实。但陈养山没有简单的拒绝，而是晓之以理："我是共产党的干部，共产党同国民党不一样。国民党谁当了官亲戚朋友找上门来都可以做官。我们共产党不搞裙带关系，我看你们还是回家乡种田去吧。"一席话把他们说得哑口无言。

但在处理这类事上也有例外。1952年陈养山在北京任华北公安局局长时，他的妻表弟赵鸿飞来北京请求他帮助安排工作。鉴于1928年国民党抓陈养山时，赵鸿飞担险掩护过他，使他化险为夷安全地逃脱险境转移到上海，陈养山将他介绍到山西省公安厅请求帮助安排一个工作。恰巧山西省劳改局缺会计人员，而赵鸿飞干过会计工作，因此赵鸿飞被录用，安排在劳改局担任会计。

轶事之三：1954年陈养山任司法部副部长时，他的堂兄来北京参观。在闲谈中他的堂兄告诉陈养山，湖州市中医协会党支部拟发展他入党。他征求陈养山的意见。陈养山对他说："你一直同情共产党，大革命时期还做过对共产党有益的事，又是当地稍有名气的中医师，群众基础较好。现在刚解放，有大量的群众工作需要做，我看你还是留在党外，比入党作用大。或者加入民主党派也可。”陈养山的妻兄赞成陈养山的意见。回到湖州后经与党支部商量，加入了中国农工民主党。

轶事之四：1962年，司法部党组“反党集团”案经中央纪律检查委员会甄别后，1965年中央批示陈养山可安排到较小的省份任副省长。

1965年10月彭真约陈养山谈话，告知中组部拟安排他到内蒙古或宁夏任副主席，征求他对工作安排的意见。陈养山表示自己患有较严重的肺气肿病，这两个地方的气候都不适宜，请求组织重新考虑。

彭真说：“你是浙江人，回家乡工作也可。”陈养山说：“浙江我认识的人很多，找上门来不好办，还是安排到别的省份为宜。”最后商定听候组织决定。

1966年春节前，彭真又约陈养山谈话，通知他中央已决定安排他任宁夏回族自治区副主席，要他尽快到任。陈养山从来是绝对服从组织决定的，他二话没说，春节过后即赴宁夏就任。

轶事之五：陈养山是一位很讲义气的人，他对帮助过党，或帮助过自己的人总是念念不忘。

1928年至1935年，他在上海中央特科工作时，经济颇为拮据，一位名叫俞胜章的亲戚，当时在上海做生意，经常在经济上帮助他，还掩护过他。上海解放后他曾打听过俞的下落，但没有打听到。

1977年他又委托一位去浙江上虞县考察工作的全国人大常委打听俞的下落。恰巧当时上虞县委组织部部长吴菊生同俞家是亲戚，便将陈养山的通讯处和他正在寻找俞的消息告诉了俞胜章之妹(陈养山的堂嫂)。这才取得联系。

1980年4月，陈养山给他堂嫂写信，约定同年5月在杭州见面。相见后陈养山首先询问俞胜章的近况。得知俞胜章已去世，陈养山深感惋惜。陈养山赞誉俞胜章很有正义感，同情共产党并做过对共产党有益的事。讲述了自己在上海工作时，俞胜章给了他很大的帮助，他深表感谢。

轶事之六：陈养山始终严于律己，在生活细节上也时时、事事、处处注意群众影响。例如，解放战争时期，他在晋绥边区担任公安局局长时，因那时生活条件很艰苦，总务部门考虑到他的几个孩子年纪尚小，安排随其母亲享受中灶待遇。陈养山得知后，立即制止了总务部门的安排。他不许他的子女比别人的子女特殊。

在日常生活中，他从来公私分明，清心寡欲，从不占国家和别人的便宜。有时单位或同事给他送来礼物，他都坚持付清价款，否则绝不肯收受。组织上配给他的专车，除了办公乘坐，他从不滥用，更不许家属子女使用。

1978年他从宁夏调回北京安排工作，单位按规定标准配给他一套六居室的住房，他考虑到有些干部的住房条件比他更困难，没有接受。直到他去世时，还一直住在一套三居室的住房内。他家中的家具十分简单，除了机关配给的床、桌、书柜以及一台16寸彩电和一台单开门的冰箱外，别无其他像样的家具。

轶事之七：陈养山待人和蔼友善，平易近人，尤其对待下属更是如此。例如，1987年他在宁波市国家安全局讲授情报史期间，在短短数日里就与为他开车的司机结下了友谊。两年后，这位司机来北京办事，特地去看望陈养山。他热情地接待了这位司机，并仍记得这位司机的姓名，同他谈得很热闹，还让秘书陪这位司机在北京游玩了几天。当这位司机离京时，还让秘书把这位司机送到机场，使这位司机非常感动。

陈养山无论在何处工作，都经常深入基层，同干部和群众聊天，了解工作和生活中存在的问题，以便尽力解决。解放战争他在晋绥边区工作时，对从敌占区回来的情报人员或从基层来总局汇报的同志，无论工作多忙，都要抽空亲自接见，同他们既谈工作，也促膝谈心，并尽力为他们解决一些实际困难。他的这种平易近人的工作作风，深受干部和群众的敬重。

陈养山在他漫长的革命生涯中，多次受到领导同志的称赞、表扬。例如：1928年他将敌特鲍君甫从敌营中“拉出来”为我党工作，对保卫党中央起到了重要的作用，周恩来表扬过他。抗日战争和解放战争时期，他在晋绥边区领导公安、情报工作时，做出了显著的成绩，贺龙、彭德怀、刘少奇表扬过他。1951年他在南京担任公安局长时，工作做出了成绩，毛主席表扬过南京公安局。而他对于这些赞誉不以为然，从没有向别人宣传过，也没有向他的亲属讲述过。他的这种淡泊功绩的表现，充分表现出他谦虚谨慎的优良作风和有功不自显、德高不自居的民族美德。

附

1. 李克农要求陈养山参加征集中央特科史料工作给中央领导的信（节录）

尚昆同志并小平同志：

我因病休养已近四年，最近医生已同意我可以逐步进入工作。现将我拟做的工作，特报告如下，请你和安子文部长、罗瑞卿总长二同志商决批准。(一)拟将党中央特别委员会(特科)斗争历史，尽可能加以搜集，汇编成册，以利于中组部和军委参考，同时也可以将过去在斗争中的“无名英雄”死有所安，老有所归，幼有所寄，鳏寡孤独，各得其所。这事是很不简单的，需要时间，估计要一年左右，始能初步办到。(二)工作方法：先收集，后集中再分类编写。打算去上海、南京、武汉、重庆、南昌、合肥、北京……等借地方组织协助，比较易行。如同意待我行动时再报告批准。(三)干部问题：先在中调部抽调陈养山、潘芳二同志随行。……(四)这一组织不超过十人。我正式工作时间，暂定1961年8月15日开始。

以上各项请审阅批示。颛此。致

布礼

李克农

1961年7月20日

2. 杨尚昆的回信

克农同志：

7月20日信敬悉。因为当时恩来、小平同志都不在京，我想给他们看看，故迟至今天才答复你，请原谅。

你的来信，现已经过恩来、小平、彭真等同志阅过，大家表示完全同意你的意见，望即照此进行。

谨致

敬礼

杨尚昆

1961年7月25日

第六章
蒙冤之际显丹心

一、司法部案，忍辱负重20年

新中国成立后，在中国共产党的领导下，在全国范围内进行了土地改革和对生产资料私有制的社会主义改造，并开展了“三反”“五反”、镇压反革命、抗美援朝运动，各方面都取得了明显的成绩，剥削制度已被消灭，社会主义改造任务基本完成。

在这种情况下，一些共产党员干部开始滋长了骄傲自满情绪和特权思想。为此，中共中央于1957年4月决定在全党开展一次普遍深入的整风运动。广大群众响应党的号召，对党政工作和党员、干部的思想作风提出大量的有益的批评建议。但在整风过程中，极少数资产阶级右派分子，打着帮助共产党整风的旗号，乘机向党和新生的社会主义制度发动进攻，妄图取代共产党的领导，推翻新生的社会主义制度。在这种形势下，中共中央发出指示，在全国范围内开展了反右派斗争。这对稳定新建立起来的社会主义制度，坚持走社会主义道路是完全必要的。但是，在反右派斗争的方法上，犯了严重的扩大化的错误。

反右派斗争结束后，自1957年冬开始，工农业生产建设出现了新的高潮。但是由于党在经济建设指导方针上的失误，“左”的思想发展了。毛泽东和党中央虽曾努力领导全党纠正已经觉察到的错误，但“左”的思想一直在升温和泛滥。

1958年6月，中央召开第四届全国政法工作会议。这次会议是在“左”的思想盛行的形势下召开的。

在这次会议上，由于司法部同公安部在如何估计镇反运动成绩与错误的问题上有不同认识。于是，国务院政法办公室便发动公安部、司法部、法院、检察院参加会议的代表，对司法部党组书记、副部长郑绍文；党组副书记、副部长陈养山；党组成员、部长助理王怀安；党组成员、公证律师司司长王汝琪；党组成员、办公厅主任王悦尘；党组成员、部长助理刘尚之，以及人事司司长唐劲实；教育司司长宋子成；办公厅副主任罗之光九位同志，进行严厉的批判，并将他们在各地各种会议上的发言、讲话、报告，批示等资料收集起来，然后掐头去尾，断章取义，采取大民主的方式，大鸣大放，上纲上线；认定司法部党组犯有“反对无产阶级专政；违抗党中央的司法建设方针；反对地方党委对司法工作的领导；包庇右派分子王怀安的政治错误”，整理成材料上报中央政法小组，建议从重处分。

在中央政法小组的支持下，司法部党组被定为“反党集团”。郑绍文、陈养山、刘尚之、王悦尘、王汝琪、唐劲实、宋子成、罗之光均被撤销党内外一切职务、降级，并受党纪处分；王怀安被划为右派分子，开除党籍。

对这件事的处理，时任最高人民法院院长的董必武有不同看法。他认为在揭发出的许多问题中，有些属于认识问题；有些属于工作中的失误，按“反党集团”定性不妥。但中央政法小组坚持按“反党集团”定性。于是上报中央后，中央批准定为“反党集团”。司法部被撤销。

然而事实证明强加给司法部党组的这四条罪名，有些是没有任何事实根据的，有些是颠倒黑白的。例如，1957年春，毛主席《关于正确处理人民内部矛盾问题》的指示发表后，司法部党组提出：“人民内部矛盾的范围扩大了，一般刑事犯罪很多仍属于人民内部矛盾性质，并非凡刑事犯罪都是敌我矛盾。”司法部党组的这种认识显然是正确的，却被认定是“反对无产阶级专政、违抗党中央的方针”。又如，《法院组织法》规定：“法院办案实行独立审判，只服从法律，地方党委对案件有不同意见，可以向上级提请复核。”但在执行中，有些省的党委违反这条规定，任意干涉法院独立办案。司法部党组加以制止，分明是维护和贯彻执行中央的司法建设方针，不仅符合法律规定，而且符合党的组织原则，却也被认定是“反对地方党委对司法工作的领导”，作为司法部党组的一条“罪状”。

显而易见，中央政法小组认定司法部党组是“反党集团”的理由，是没有任何事实根据的，是根本不能成立的。而当时全党正在开展“反右倾”斗争，“左”的思想泛滥，于是司法部党组的问题被严重的扩大化了，错误地把陈养山等九位忠于党的事业，为党做过若干工作的干部，错误地定为“反党集团”。陈养山受到撤销党内外一切职务、级别降三级、留党察看一年的处分，被下放到北京市的清河制呢厂任副厂长。

1959年4月，对陈养山的处分传达后，他的政治待遇和生活待遇立即改变，秘书和司机被调离，专车被取消，他去机关上班遭冷漠对待，无人理睬。陈养山是一个老党员，面对这种情况，他没说一句怨言，立即主动交回住房和家具，搬到昌平县清河镇的北京市清河制呢厂居住和上班。

陈养山受处分后，他的家属也受到了牵连。例如，其幼子震宇，由于年幼，接受不了其父遭受这种突然袭来的打击和天壤之别的对待而神经崩溃，得了精神病。至今已50余年尚未痊愈，毁了一生前途造成终身不幸。

当司法部党组“反党集团”案，在全国省军级干部的范围内传达后，许多同陈养山共过事，了解陈养山的同志都感到震惊，他们都不相信陈养山会反党，有许多同志要为他鸣不平。而他自己却豁达大度，泰然自若，没有发一句牢骚。除按组织原则和申诉程序，向组织提出申诉意见外，没有进行任何违反组织原则的活动。可见，他具有高尚品德和革命情操，他没有陷入功劳和冤屈的矛盾之中，表现出一个老共产党员具有的博大胸怀。

1960年，陈养山留党察看一年的处分撤销后，中央组织部根据李克农的提议，调陈养山到中央调查部工作。然而在分配工作时，又受到该部代理部长的藐视和刁难。他明知陈养山的特长是通晓情报业务，却分配陈养山做机关事务工作。陈养山表示自己对机关事务工作毫无知识，肯定做不好，要求组织重新考虑。而他不肯考虑陈养山的意见。直到李克农得知此情况后，纠正了他的错误决定，陈养山才被分配担任情报培训工作。

陈赓和李克农都十分关注我党情报斗争历史的编写工作。1961年7月，李克农给中共中央总书记邓小平和中央办公厅主任杨尚昆写报告，建议组织一个班子，将我党中央特别委员会中央特科的斗争历史，加以调查、搜集、整理、汇编成册。使在斗争中牺牲的无名英雄们死有所安、尚健在的鳏寡孤独老有所归，幼有所养，各得其所。并提议抽调陈养山负责这项工作。

李克农的报告，经周恩来、邓小平、彭真商阅后，批准照办。于是，李克农立即组建班子，他任命陈养山担任中央特科历史资料调查组组长，负责这项工作。

李克农之所以提议抽调陈养山负责这项工作，是鉴于陈养山是中央特科资历较深的一位成员，他由中央特科建立至中央特科结束，一直在中央特科工作。他了解这段历史，并作出过特殊的贡献，中央特科建立的第一个反间谍关系——鲍君甫，就是由他联络和引进的。因此李克农非常信任陈养山，此时编写情报斗争史便指定他负责这项工作。

陈养山早有撰写中央特科斗争历史的念头。陈赓生前曾嘱咐过他，要他向党史研究部门提供情报斗争的历史资料。可是当时他正处在遭受诬陷和严重打击的情况下，处境很窘困，不便实施这项计划。此时李克农指定他进行这项工作是机遇巧合，于是他欣然领命，愉快地承担起编写中央特科斗争史的任务。

1961年8月28日，在李克农的亲自率领下，陈养山、潘芳等一行人，从北京乘火车前往上海进行调查、搜集工作。这次上海之行，时间虽很短，只两个多月的时间，但收获不小，搜集到不少非常珍贵的历史资料。

回到北京后，李克农让陈养山抓紧时间尽快进行整理编写。陈养山怀着对战友无比崇敬无限眷恋的深情，不断回忆，不断思索，废寝忘食地整理调查搜集来的资料。表现出他对历史资料的绝对负责和对老战友嘱托的绝对忠诚。

1962年2月7日，李克农约陈养山谈话，询问工作进展情况，并作了许多具体指示。不料2月9日李克农突然去世了。陈养山感到十分悲痛！为缅怀李克农，他日以继夜地奋发撰写，呕心沥血地用了三年时间编写出了十余万字的《中央特科史稿》，还编写了一批烈士的传记资料。可惜陈赓和李克农有生之年未能看到这本珍贵的情报斗争历史资料。陈养山在遭受严重诬陷和打击的情况下，忍辱负重，勤勤恳恳地为党工作，兢兢业业地完成特科斗争史编写任务的精神，深受同事们的敬重。

二、宁夏十年，混乱年代显本色

1962年1月中旬至2月上旬，中共中央在北京召开了扩大的中央工作会议（又称七千人大会）。这次会议初步总结了1958年以来社会主义建设的基本经验教训，分析了几年来工作中的主要缺点和错误。毛泽东在会上作了重要讲话，着重指出：必须健全党的民主集中制。强调要恢复党的实事求是、群众路线的优良作风，健全党内民主生活，加强集中统一。

同年4月底，中共中央根据扩大的中央工作会议的精神，发出了《关于加速进行党员、干部甄别工作的通知》。于是，对在“反右倾”斗争中被错误批判和处分的人员，开展了甄别平反工作。

1959年经中央批准的司法部党组“反党集团”案，被列为甄别的案件。经中央纪律监察委员会审查，认为司法部九位领导成员，在工作中有过错，但没有反党的事实，定为“反党集团”性质错误，应予撤销。但中央政法小组不同意改变定性，只同意撤销部分处分。经报中央书记处，批示原结论暂不改，可适当撤销处分。

根据这个批示，1962年10月，陈养山被任命为外交学院分院副院长。1966年2月，中央组织部又调陈养山担任宁夏回族自治区政府副主席，列席自治区党委常委会议。

陈养山是一个党性很强的同志，他从来都绝对服从组织的决定。虽然他明知自己患有严重的肺气肿和慢性支气管炎症，身体不适应宁夏的气候条件和生活习惯。但他二话没说，并于春节后即赴宁夏就任。当时他已是60岁的老人，且身体不好，生活需人照料，但他没有带家属，而是独自一人去宁夏工作。

陈养山于1966年2月中旬到达银川，就任宁夏回族自治区政府副主席。5月，“文化大革命”运动即开始，造反派常到党政机关造反，使许多工作无法正常进行。有一次区政府正在开会，造反派来捣乱，他怒不可遏，严厉地批评了造反派的这种行径。因此惹恼了造反派，遭到批斗，成为自治区领导成员中第一个被冲击的对象。幸亏他是刚刚调到宁夏工作，造反派不了解他过去的情况，批了几次就不了了之了。

1967年1月，在上海造反派夺权风潮的影响下，27日宁夏的造反派夺了自治区党委和政府的权，领导干部被全部撤职，并向夺权机关登记。但由于造反派没有能力领导党政工作，两三天内宁夏便完全陷入混乱状态。

鉴于这种情况，2月间党中央决定，由宁夏军区出面组织“生产指挥部”，领导全区的党政工作，并指定陈养山作为老干部代表参加“生产指挥部”。7月底，造反派又将“生产”搞垮，将所谓的“保皇派”人员捕走。此时，全国各省都在进行革命委员会的筹建工作。宁夏“生产指挥部”将各群众组织的代表，集中到北京办学习班。

1969年冬在宁夏工作时，深入农村做调查研究。

经过三个多月的争论，组成了宁夏回族自治区革命委员会筹备小组，由康健民任小组长。陈养山被推举为小组成员。不久，革命委员会成立，陈养山被选为革命委员会常委，后又被推举为副主任。

1968年5月，周恩来总理调陈养山到北京参加专案工作，指定陈养山同李强审查鲍君甫的历史问题，动员鲍提供我党同志在国民党南京反省院关押时的情况。

鲍君甫在1928年至1931年期间，为我党做过许多有益的事。但1932年以后投靠了国民党，曾担任反省院长，抗日战争时期又投靠汪精卫，当了汉奸，是一个历史反革命分子。陈养山、李强了解鲍的历史，因此周恩来指定由他们两人办理鲍的专案。1970年1月，鲍君甫突患脑溢血病故，此案即告结。此时，陈养山患结肠癌，住院施手术后身体虚弱，经周总理批准在北京养病。

1972年，陈养山病愈后回宁夏工作。此时，宁夏回族自治区党委成立，陈养山被选为自治区党委常委，分工主管文教、科学、体育、卫生部门的工作。

陈养山在推进自治区的文化教育、科技、体育、卫生事业发挥了重要的作用，使这些部门的面貌有所改进。

1972年陈养山（左二）在宁夏

1977年1月，康健民病逝，由霍士廉接任第一书记。此时，“四人帮”已被粉碎，全国正在进行揭批“四人帮”的运动。陈养山、马信、丁毅民等同志在发动群众揭批“四人帮”、抓革命促生产等方面都起到了重要作用。

陈养山在宁夏工作期间，经常深入基层调查研究，这是他的一贯作风。他不仅去基层了解情况，而且还尽力帮助基层解决一些实际问题。他的这种工作作风深受干部和群众的拥戴，在群众中有较高的威望，大家都亲切地称呼他“好老汉”。1974年和1978年，他两次被群众选为全国人大代表。1978年10月，宁夏举办建区20周年纪念活动，他应邀请回宁夏参加活动，受到了干部和群众的热烈欢迎。

三、彻底平反，终盼深山出太阳

“文化大革命”结束后，党的工作重点转移到经济建设上。为保证党的工作重点的顺利转移，必须首先落实干部政策，彻底平反冤假错案，解决历史遗留问题，放手恢复老干部的职务和名誉。

在这种形势下，1978年春，中央组织部、公安部、最高法院，遵照中央领导同志的指示，对司法部党组“反党集团”案进行复查。经复查作出了：“复查结果司法部党组并没有反对党的方针、政策的事实。但在对敌斗争上和在党的领导问题上，存在着忽视党的一元化领导的严重右倾错误”的结论。建议取消原定“反党集团”的结论和给予的处分。经报中央，批准了这个复查报告。

1982年陈养山离休时同最高人民检察院领导成员合影（前排左起：喻屏、黄火青、陈养山、张苏、李士英）

因此，陈养山被恢复原级别，调离宁夏回族自治区，召回北京安排工作。1978年夏，陈养山被任命为最高人民检察院副检察长、党组成员。20年的冤屈得到平反，陈养山非常高兴！他满腔热情地投入到检察事业的建设中，不顾年老体弱，坚持全日上班，认真调查、解决检察机关重建后队伍和业务建设上出现的问题，为检察事业的恢复和发展作出了突出的贡献。

1981年6月召开的中共十届六中全会，作出了《关于建国以来党的若干历史问题的决议》的决定。鉴于1978年对司法部党组“反党集团”案的复查，是在十一届三中全会以前，当时“左”的指导思想还没有肃清，认为司法部党组虽不存在反党的事实，但存在“严重右倾错误”。

根据十届六中全会的精神，1983年，中央组织部、公安部、最高法院，再

1981年冬陈云接见陈养山等中央特科老同志（左一李一氓，左二陈养山）

次对司法部党组“反党集团”案进行复查。复查结果认为：司法部党组1959年以前，在批判旧法思想、建立律师制度、抽查错案、贯彻法院组织法、贯彻政法院校教育方针等方面的各项工作中，是执行了中央的路线、方针、政策的。尤其在1956年以后，对八大决议所作的国内形势的估计和加强社会主义法制的方针，是完全拥护的和坚决执行的，没有发现有反对党的方针、政策的事实。1978年的复查报告取消了原定“反党集团”的结论和处分是正确的、但仍保留有“严重右倾错误”，其根据不能成立，应予否定。

经报中央，批准撤销1959年中央批准的《关于司法部党组反党集团问题的报告》和对郑绍文、陈养山等九位同志的处分决定。

至此，蒙冤达20年之久的司法部党组“反党集团”案，终于得到了彻底平反。

此案得以彻底平反，体现了党的十一届三中全会以来的路线、方针和政策是完全正确的。同时也进一步证明中国共产党不愧是一个伟大的、光荣的、正确的党，它敢于公开承认和改正错误。这是党有力量的表现，是党的事业能兴旺发达的标志之一。

四、发挥余热，鞠躬尽瘁为人民

1980年春，陈养山患了胃癌，此时他已74岁高龄，施行手术后身体虚弱，不能坚持全日工作。这对于他这个具有强烈事业心和责任感的人来说，是莫大的苦恼。陈养山的党性很强，他不能容忍自己拿着高薪不上班，在家养尊处优；他不能容忍自己肩负着党和人民赋予的要职而不为人民办事。于是他主动写报告，提请辞去副检察长的职务，离职休养，并表示离休后仍将为党做些力所能及的事。

1980年陈养山同夫人章素贞在青岛疗养

但当中央批准了他的请求后，他却仍然同在职一样，每天去机关阅文件、问情况，照常出席各种会议及参加重大的社会活动。每天还安排时间去外省市考察，进行调查研究。

陈养山勤于学习，在日常生活中，他无任何嗜好，除了工作就是学习。他每天7点起床，不是工作就是学习，天天如此，年年如此，就连星期天和节假日也是如此。直到晚年，他仍孜孜不倦地研读马列主义理论和中央文件，或撰写文章和回忆录，从不到处游玩，使时光白白流逝。

1985年年底，同他相伴了58年的老伴章素贞得胃癌病故，他非常悲痛！而此时他又得了肺癌，正在住院治疗。他知道自己的时间已不多了，可他还有许多事要做，陈赓、李克农生前嘱他向党提供情报斗争历史资料的委托尚未完成，他心急如焚。于是病情稍有好转，他即急忙出院。回到家中，他便日以继夜，废寝忘食地撰写历史资料。他的许多老战友和家属都劝他保重身体，而他不听劝告，根本不把疾病放在心上。他执意要完成陈赓、李克农对他的嘱托。他草拟了一个《回忆录提纲》。由于有些往事已记不清楚，他计划待他长子建宇离休后，陪他去他曾经战斗过的地方进行采访，然后撰写成资料奉献给国家安全部。然而，1989年正当他准备实施采访计划时，他的肺癌恶化，虽经精心治疗，但医治无效，终于1991年2月22日被病魔夺去了生命。

他未能实现计划固然是一大遗憾，但可欣慰的是他生前撰写的《关于江青被捕后叛变问题的调查线索》《揭发康生三十年代在苏联谋害我党干部的罪行》《恽代英同志是我走向革命的引路人》《建党初期的保卫工作》《我党地下组织的一些情况》《关于中央特科》《关于中央特科结束的一些情况》《回忆新四川通讯社》《抗日战争时期的情报工作》《晋绥边区的情报工作简况》《李克农同志是我党情报战线的卓越领导人》《关于培养司法干部的几点意见》《我的一生》等十多篇资料总算给党的历史留下了一些宝贵的历史遗产。

解放战争初期，陈养山在晋绥边区的情报和公安机关担任领导工作。为总结这段斗争历史，1986年春，他组织领导了原在晋绥边区从事情报、公安工作的裴周玉、金昭典、曲日新、冯晋臣、郑校先、顾逸之等同志，搜集、整理、编写了一册约有100多万字的《晋绥边区情报工作历史资料稿》。还为许多尚未落实政策的情报干部写了历史证明材料。表现出对情报干部的政治生命特别关怀的深情。

1986年，陈养山还接受国家安全部的聘请，重新审改了《中央特科史稿》。

1987年秋，陈养山应浙江省国家安全厅、公安厅的邀请，赴杭州、宁波等地讲授情报史。他不顾年高体弱，欣然接受邀请。在每次的讲授中，他都侃侃而谈，津津乐道，尤其在讲述营救彭湃、罗亦农，镇压叛徒白鑫、何家兴、贺稚华及同大叛徒顾顺章作斗争的充满惊涛骇浪的拼搏情节时，他激情逼人，绘声绘色，如数家珍。他每次都讲都三四个小时，不像一位80多岁的老人。他的这

1987年陈养山在杭州为浙江省国家安全厅干部讲课

晚年陈养山

种兢兢业业的精神，深得晚辈们的钦佩和敬仰。

在他授课期间，他听说柔石烈士的女儿尚健在，就要去宁海县工作。他便嘱咐接待的同志，安排时间专程去宁海县瞻仰柔石烈士故居和看望其家属。

在柔石烈士的故居里，陈养山坐在柔石烈士工作过的房间里，沉思良久，热泪盈眶地对陪同他前来的宁海县领导同志说："柔石烈士是文化人，又是革命者，1931年他同林育南、何孟雄、李求实等24位同志，在上海参加一次会议。会前中央特科已得知敌人要在他们开会时逮捕他们的情报，并报告了党中央。但当时党中央被王明（左）倾路线的成员把持，他们搞宗派活动。由于参加会议的同志反对（左）倾路线，因此他们故意不通知参加会议的同志隐蔽，结果使参加会议的24位同志全部被捕被杀。"

他嘱咐宁海县的领导同志，一定要照顾好烈士家属的生活，流露出对柔石烈士的无限眷念的深情。瞻仰完毕，陈养山同柔石烈士的家属进行了亲切地交谈，询问他们在生活和工作中有什么困难，并嘱咐县领导帮助解决。临别时还和柔石烈士家属合影留念，表现出对烈士家属深表同情和友善相待的品德。

1987年在浙江视察时看望柔石烈士的家属（前排左一为柔石女儿、左二为陈养山）

2005年8月，笔者的同事胡伟华、姜岸、周见睫、戎宣等同志，去河南孟州拜访、采访武胡景的弟弟武怀谔。年近九旬的武怀谔很是激动，谈到陈养山，他更是感激万分，并把陈养山1983年1月22日写给他的亲笔信交给我们。

陈养山在信中说："我们曾计划调查在中央特科工作而牺牲的烈士家属，使他们的家乡知道这些为党英勇奋斗，有过光荣贡献的同志。他们的革命历史应该在群众中广为传播，并载入党的和县志史册，受到人民的尊敬。他们的家属后代，应受到烈士的待遇；其家属如有困难，政府还应予以适当照顾。"

信中还说："关于武胡景同志的革命历史，我还不清楚，我只知道他在中央特科的一段时间。……他可能是1933年夏或初夏，调任中央特科负责人。当时的特科是保卫党的组织，搜集各种情报，镇压叛徒特务，作出了许多重要工作。由于王明的左倾机会主义路线，在保卫工作中也犯有左的错误，到1935年夏，上海党组织基本都为敌人所破坏，许多同志无法存在，中央特科也只好被迫结束，这是执行王明路线所造成的。因上海中央局领导人几次被捕叛变，不能再留上海，因而大概在1935年春或夏去莫斯科。1936年苏联清党时，康生有意诬蔑武等为叛徒、特务、托派而杀害。特科还有三个同志一起被杀。在揭发康生罪行中，证实了康生是杀害许多同志的凶手，中国革命的罪人。"

陈养山在谈到调查烈士事迹时还写道："请你们县委再向各方面进一步开展调查，以反映他的全面历史情况，还必须注意真实性。"

自陈养山向党中央揭发康生20世纪30年代在苏联残害我党干部的罪行后，1988年6月，有两位被害者的家属给他写信，反映所在单位对烈士的历史问题不肯进行调查研究。

陈养山对来信非常关注，他立即给中央组织部和国家安全部写了报告，建议中央敦促有关部门，应该对牺牲的烈士的历史问题进行调查研究，作出公正的和符合事实的结论。并提议对有实际困难的烈士家属给予经济扶助。陈养山的这个报告表现出他对当年长期亲密相处，并肩战斗的武胡景、萧泰煌、贺昌之、欧阳新同志无比崇敬、无限眷念的深情和对烈士家属的深切关怀。同时也表现出他对这个历史事件的一丝不苟，仗义执言的精神。

1988年秋，陈养山受最高检察院院长刘复之的委托，赴山东省考察工作。他不辞疲劳，不顾年迈，每到一处都深入基层调查研究，并多次召开座谈会，倾听基层工作人员的意见，会后还同干部、群众促膝谈心，了解工作和生活中存在的问题及困难。

返京后，他亲自动手撰写考察报告，将所了解到的情况及自己的意见向党组织汇报，表现出对党的事业绝对负责的精神。

20世纪，中华大地上涌现出一大群反帝反封建的英雄豪杰，他们高擎着真理的旗帜，带领亿万群众浴血奋战，前赴后继，干出一番惊天动地的事业。就在那血雨腥风、枪林弹雨里，陈养山毫不犹豫地投身革命，毅然走上革命道路，成为后来人称赞的秘战英雄。

1986年80寿辰时与家人合影

他从一个信仰“实业救国”的店员，成为一名坚定的无产阶级革命家，经历了艰辛而坎坷的历程。勇敢探索真理，刻苦的学习马列著作，使他思想认识发生了深刻变革，逐步树立了共产主义世界观；大革命的浪潮，白色恐怖的残酷环境和激烈的斗争，使他得到了磨练，使他更加坚定了革命到底的决心。

为了完成人民的解放事业，在炮火连天的岁月里，他以英勇奋斗的精神奉献了自己的一切力量；他以“先天下之忧而忧，后天下之乐而乐”的精神，保持克己奉公的高尚情操，一贯持身严谨，艰苦奋斗，廉洁无私，忠诚地全心全意为人民服务，真可谓一身正气跟党走，鞠躬尽瘁为人民。

1989年10月7日在北京医院病房过84岁生日

陈养山的一生，确实是坎坷的，但同时也是辉煌的。他受到了领导和战友和同事们的高度评价。秦杰、连承义曾对笔者说：陈养山是实事求是的典范，是对党绝对忠诚的典范，我们永远怀念他，永远以他为榜样。

陈养山逝世后，在《人民日报》刊文称陈养山是“中国共产党的优秀党员，久经考验的忠诚的共产主义战士，无产阶级革命家，我党政法战线上的杰出领导人”。他当之无愧。

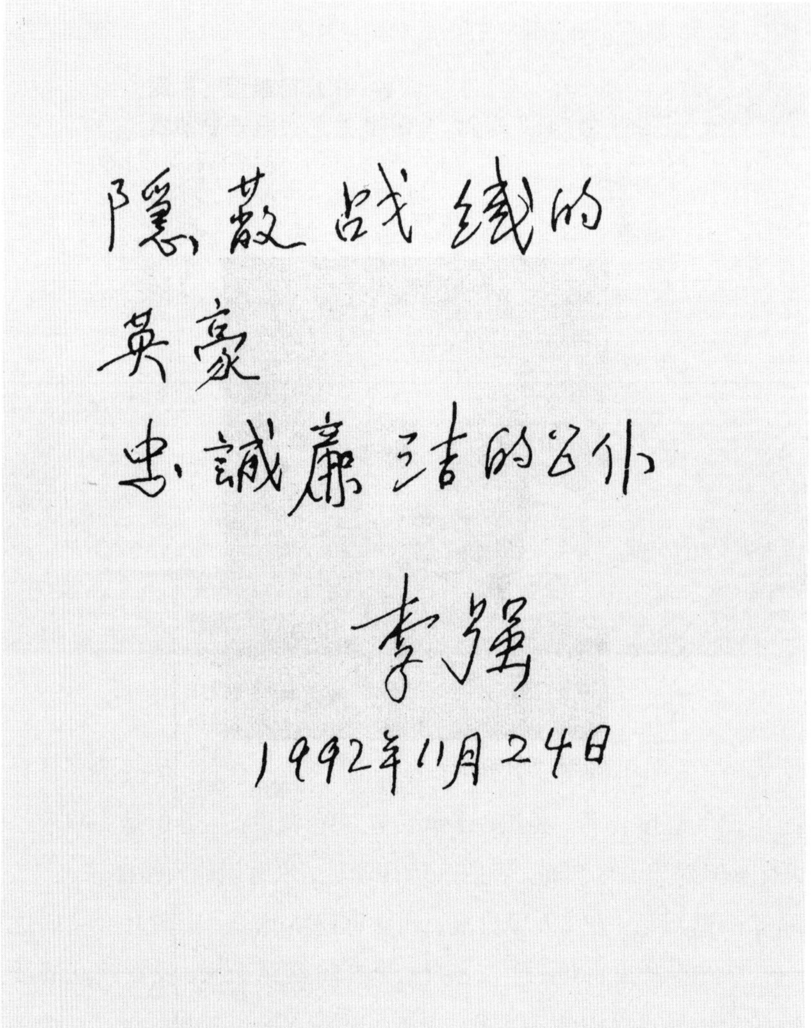

隱蔽战线的

英豪

忠誠廉洁的公仆

李强

1992年11月24日

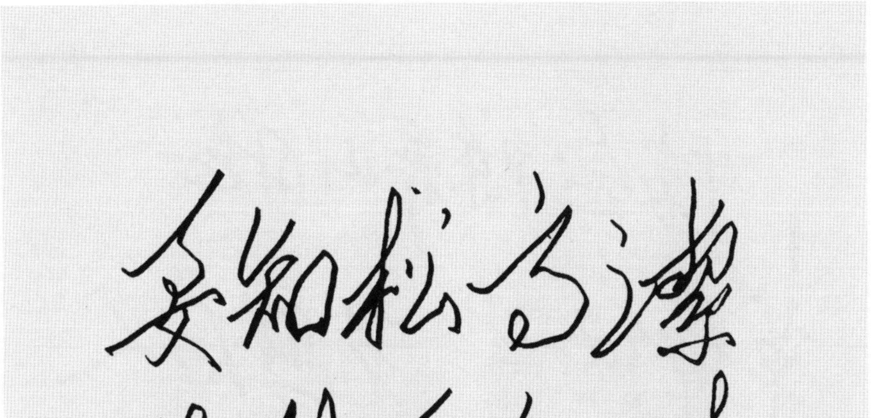
要知松高洁
待到雪化时
罗青长
一九九二年
十一月二十日

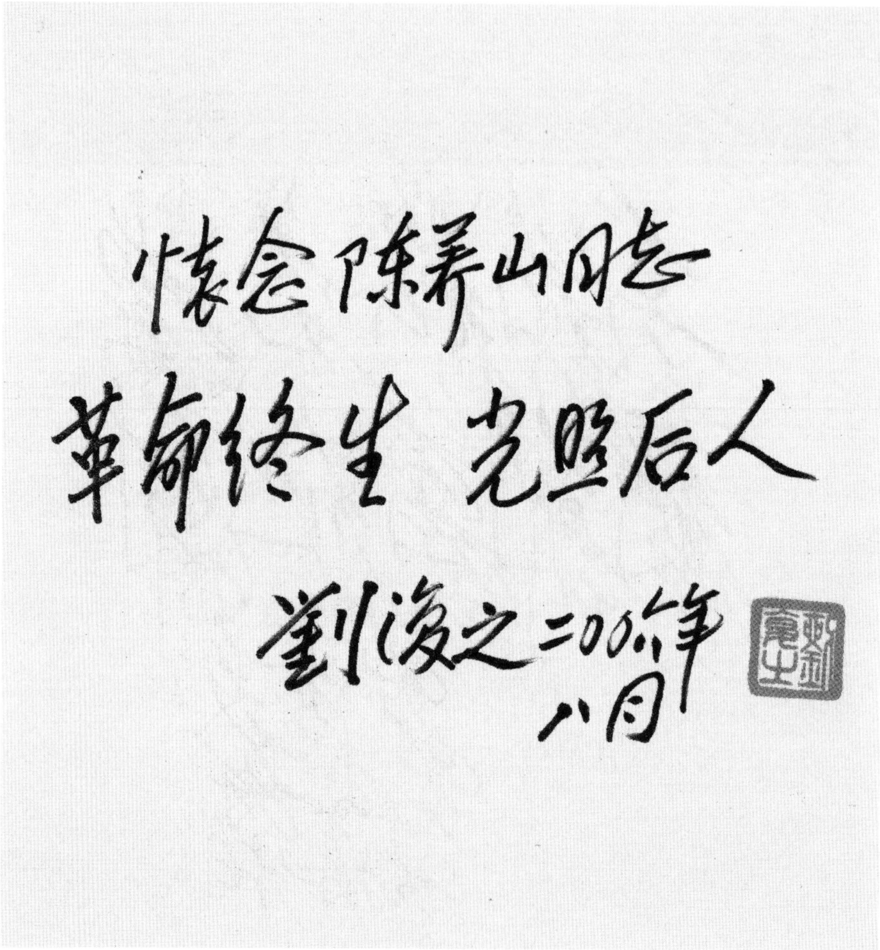
怀念陈养山同志
革命终生 光照后人
劉浚之 二00六年八月

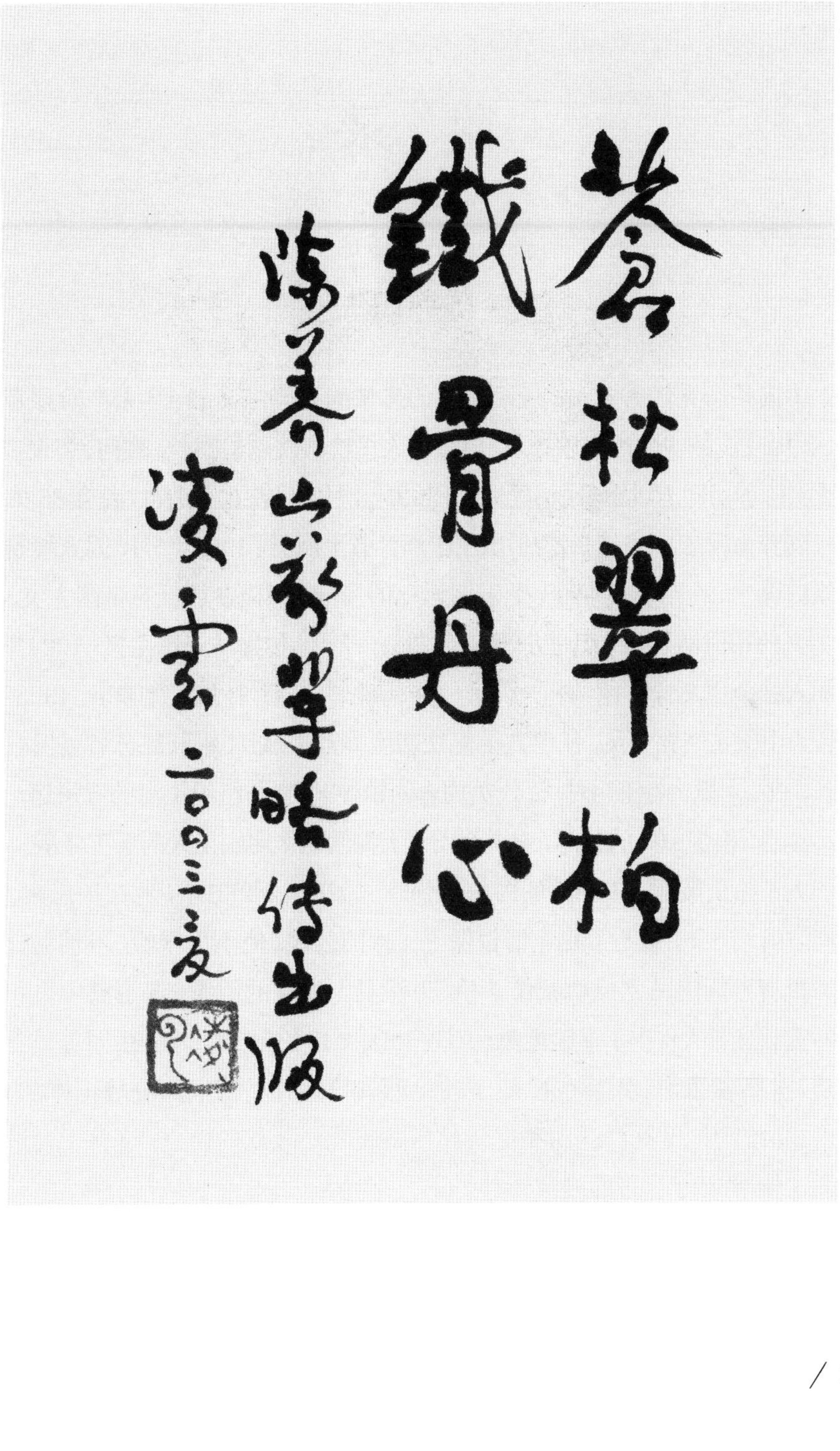
苍松翠柏
铁骨丹心
凌云 二〇〇三夏

附 录

一、陈养山生平

中国共产党优秀党员、久经考验的忠诚的共产主义战士、无产阶级革命家、我国政法战线的杰出领导人、原最高人民检察院副检察长、顾问、咨询委员会委员陈养山同志，因病医治无效，于1991年2月22日在北京逝世，终年85岁。

陈养山同志1906年10月7日出生于浙江省上虞县。1919年6月，因家境贫寒到汉口谋生。在当店员期间，受五四运动的影响，积极参加反对帝国主义、封建主义的革命活动，组织进步青年读书会，学习、传播马克思主义。1924年10月加入社会主义青年团，任团武汉地委代理书记、团中央发行干事。1925年1月转为中国共产党党员，任中共上海法南区委宣传部长、中共江苏省委发行科科长。1925年夏，在任弼时、恽代英同志的领导下，参与组织上海的五卅运动。1926年春，根据中央的指示，参与领导了上海闸北区印刷工人的罢工斗争。

大革命失败后，在严酷的白色恐怖下，1928年至1931年，他在周恩来、陈云同志的领导下，参与了我党情报保卫工作的创建。他不畏艰险，不怕牺牲，英勇机智地同国民党反动派作斗争，为保卫上海党的组织，保卫党中央和我党的重要领导人作出了卓越贡献。1931年6月至1940年6月，陈养山同志受党的派遣，先后在上海、天津、重庆、成都、西安等地开展情报和统战工作，为反对内战，推动抗日救亡运动和促进抗日民族统一战线的建立，进行了大量艰苦的工作，作出了显著的成绩。

1940年6月，陈养山同志奉调回到延安，任中央社会部地方工作部主任、情报训练班主任，中央党校支部书记、干部科长。参加了党的七大。

1945年初至中华人民共和国成立前，陈养山同志参与领导了晋绥解放区的政法工作，历任中共晋绥分局调查局局长、晋绥边区公安总局副局长、局长、中共西北局委员、社会部部长、陕甘宁边区公安厅厅长、西安市公安局局长。这一时期，他认真贯彻党的七大制定的争取全国胜利的总路线，领导广大政法干部，放手发动群众，开展对敌斗争，并参与领导接管大中城市工作，在肃清匪特、保卫边区、建立和巩固革命政权工作中取得了显著成绩，积累、总结了丰富经验。

新中国成立后，陈养山同志历任中共上海市委委员、市公安局副局长、中共南京市委常委、政法委副主任、市公安局局长兼检察署检察长。为保卫新生的人民政权，巩固人民民主专政，夺取“镇反”和“三反”“五反”斗争的胜利做了卓有成效的工作，受到了毛主席的表扬。1952年6月至1958年底，陈养山同志以全部精力从事于新中国的司法建设，历任华北政法委员会副主任、华北公安局局长、中央人民政府司法部副部长、党组副书记。他认真贯彻中央关于政法工作的指示，坚持专门工作和群众路线相结合的方针，深入实际，调查研究，总结经验，加强指导，同各种破坏社会治安的违法犯罪活动，同破坏法制的“左”的错误思想和行为进行了坚决的斗争，对社会主义的法制建设作出了宝贵的贡献。

1958年，在“左”的错误影响下，陈养山同志受到错误的批判和处分。直到1978年党的十一届三中全会之后才得到彻底平反。

1966年2月至1978年7月，陈养山同志任宁夏回族自治区副主席、革委会副主任、自治区党委常委，主持文教工作。在推进自治区的文化教育事业上发挥了重要作用。十年动乱期间，他在受到严重冲击的情况下，坚持党性原则，坚决抵制了林彪，“四人帮”的干扰和破坏。

党的十一届三中全会以后，陈养山同志历任最高人民检察院副检察长、党组成员、顾问和咨询委员会委员。他不顾自己年事已高，以极大的热情投入检察机关的恢复重建工作，同高检院党组同志一起，总结建国以来检察工作的历史经验，彻底批判林彪、“四人帮”对政法工作的诬蔑和破坏，消除“左”的思想对检察工作的干扰和影响，根据党的十一届三中全会精神，研究制定新时期检察工作的方针和任务，调查解决检察机关重建后队伍和业务建设上的问题，为检察事业的恢复和发展做了卓越的贡献。

陈养山同志先后当选为中共第七届、第八届代表大会代表及第四届、第五届全国人大代表，第五届全国政协常委。

陈养山同志具有崇高的共产主义理想和坚定的革命信念。他为中国人民的革命和社会主义事业奋斗了67个春秋。在第一次、第二次国内革命战争、抗日战争和解放战争时期，无论在白色恐怖下，还是在战争环境中，不管情况多么险恶，条件多么艰苦，他都英勇顽强地坚持斗争，出色地完成了党交给的任务。他在遭受打击、迫害的情况下，始终保持了对党和共产主义事业的坚定信念。一直忍辱负重，勤勤恳恳地为党工作，并呕心沥血地搜集整理了十万余字的党史资料，表现了一个共产党人的博大胸怀和对党的无比忠诚。党的十一届三中全会以后，他衷心拥护党“一个中心、两个基本点”的基本路线和党领导政法工作的方针、政策，严格依法办事，坚持四项基本原则，反对资产阶级自由化，在思想上、政治上始终与党中央保持高度一致。

陈养山同志具有一个共产主义者的高尚品德和革命情操，具有强烈的革命事业心和责任感。他光明磊落，坚持原则，秉公办事，勇于开展批评和自我批评；他遵守党的纪律，无条件地服从组织分配，严守党的机密。他顾全大局，识大体，能上能下，任劳任怨，从不计较个人的名利得失；他团结同志，联系群众，平易近人，关心和爱护干部，严于律己，廉洁奉公，艰苦朴素，深得干部群众的爱戴和敬重。他学习刻苦，勤于动脑，晚年仍孜孜不倦地研读马列主义理论和中央文件，撰写文章及回忆录。在他漫长的革命生涯中，几十年如一日，勤奋工作，兢兢业业，实事求是，一丝不苟，鞠躬尽瘁，死而后已。

陈养山同志的一生是革命的一生，战斗的一生，全心全意为人民服务的一生。他的逝世，使我们党痛失了一位功劳卓著的老战士，使我国政法战线失去了一位老前辈和杰出的领导人。他的优秀品德、高风亮节和革命业绩将永远铭记在我们心中。我们要化悲痛为力量，以陈养山同志为光辉榜样，认真贯彻党的十三届七中全会精神，在以江泽民同志为核心的党中央领导下，更加紧密地团结起来，为建设具有中国特色的社会主义，为胜利实现十年规划和“八五”计划的宏伟目标而努力奋斗！

陈养山同志永远活在我们心中！

二、陈养山遗作

（一）关于鲍君甫

国民党建立特务机关的时间，大概是在1928年三四月间，叫国民党中央组织部调查科。它是中统的前身，也是国民党最早的特务机关，第一任科长是陈立夫，第二任科长是张道藩。

调查科成立后，在南京建立了总部。不久，总部派杨剑虹到上海筹建特务组织。杨剑虹是广东人，五卅运动时是洋务工会的负责人，以后投靠国民党右派了，思想十分反动。在“五卅”时期他认识了另一广东人鲍君甫，两人成为知交，无话不谈。鲍曾留学日本，五卅运动时回国，他在日本洋行工作过，社交很广，与日本通讯社、租界巡捕房、国民党的一些要人都有来往，同我党的同志也有来往。他原住在上海大学附近，与上海大学的许多人相识，他加入过国民党左派，“四一二”时被国民党逮捕，后由国民党人保释。

我同鲍君甫是在1925年春认识的，是通过一个同志的介绍，向鲍学习日语。1928年春节后我在浙江组织农民暴动失败后回到上海，因没有住处，就暂住在鲍的家里。当时杨剑虹常到鲍家来，鲍把杨的情况告诉了我，并问我该怎么办？我说保持这个关系很好。有时鲍告诉我一些敌人方面的消息。他知道我是共产党员，杨来时他让我回避。

杨剑虹要捕什么人都告诉鲍，有时还带鲍去，杨到警备司令部、警察局等机关去，经常带鲍去。以后张道藩、陈立夫来上海，鲍都接待他们，关系很密切。

1928年4月一天，鲍对我说，杨剑虹要他为国民党做特务工作。他想做国民党的官，又怕不取得共产党的帮助什么事都办不成，甚至还会有生命危险。让我同共产党商量一下，看怎么办好？并把随身带着的一份搜捕名单交给我，表示愿将所了解的情况及时提供给共产党。

当时我属江苏省委领导，省委要我向中央写个报告，说明有这么一个关系可以利用。不久陈赓同志找我谈这件事，我详细介绍了鲍的情况，认为这个人基本上是倾向我党的，是可以利用的。陈赓同志向周恩来同志汇报后，不久就确定使用这个关系，并确定将我调中央特科工作，断绝同其他部门的关系，由陈赓同志单线联系，负责同鲍君甫的联络工作。从此，鲍君甫在陈赓同志的直接领导下，成为我党在敌人特务机关中设立的第一个反间谍关系。

当时鲍因经常陪张道藩、杨剑虹出入警察局巡捕房，需要一部小汽车，我们满足了他的要求。我们还给他配了一个保镖，叫连德生，他原是电车公司售票员，五卅运动时很英勇，以后去过苏联，回国后调到中央特科工作。连德生是党员，因此实际上是党组织同鲍之间的联络员，他每天陪鲍到处跑，有些事就交给连德生联系办理，我就搬出了鲍君甫家。

1928年七八月间，杨剑虹因涉及贪污巨款自杀。蒋介石正式委任鲍君甫为国民党中央组织部调查科驻上海的特派员，化名杨登瀛，成为国民党上海特务机关的负责人。

鲍当特派员后，我们一方面利用鲍的关系派人打入国民党警察局、侦察队、宪兵队中去，另一方面尽力巩固鲍在国民党中的地位。有的叛徒我们通过鲍说是假叛变，与共产党仍有“勾结”，借国民党的手除掉叛徒。有时我们故意布置一些假机关让敌人去破坏，用这种方法使鲍取得国民党的信任。

鲍的活动范围很广，英捕房的探长兰普逊认为鲍是专家，与鲍关系很好，什么事都告诉鲍，有疑难事都找鲍商量，英捕房的材料鲍可以看，有时捕房捕人也让鲍同去。鲍将各种情报都向我们通报，因而我们基本上掌握了英捕房的情况。

鲍君甫在1928年至1931年间，为我党做了不少工作。例如，1930年任弼时同志被捕后，我们通过鲍去营救，鲍对英捕房说，任弼时是他手下的人，使任弼时同志很快获得释放。关向应同志被捕时，被抄去很多机密文件，我们让刘鼎同志伪装成专家去鉴定文件的真伪，通过刘鼎的“鉴别”，把重要文件都拿回来了。不久关向应同志也被释放了。

顾顺章叛变后，敌人知道了鲍同我们的关系，1931年4月底，国民党将鲍君甫逮捕，但他什么也没有讲。1933年“一•二八”以后，国民党把鲍放了出来，1934年以后他当了国民党政府反省院副院长，以后又去汪精卫的伪政府任职。

南京解放时，鲍在街上摆小摊，生活很困难。1951年镇反时，他被抓起来了，周恩来、陈赓同志过问后，将他释放出来，因生活无着，由南京市公安局每月给他一些补助。1970年初他因病去世。

（二）致中央组织部和国家安全部的信

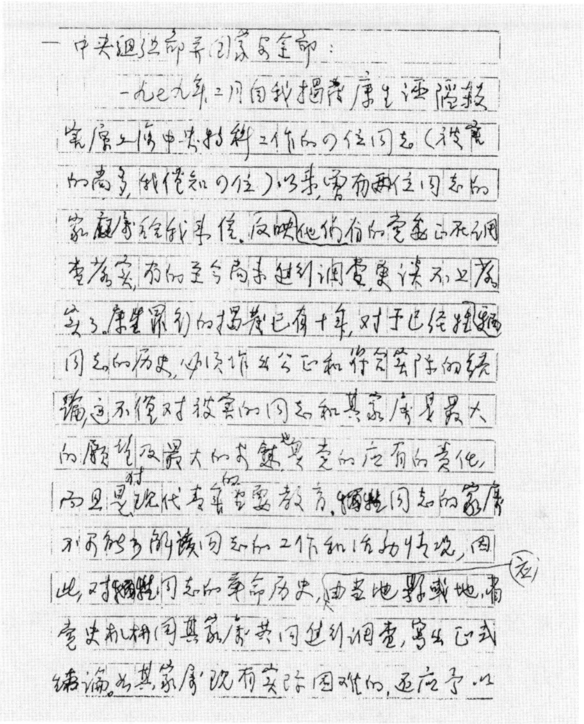

中央组织部和国家安全部：

一九七九年二月由我揭发康生迫害隐蔽战线上海中共特科工作的四位同志（被害的前后，我认识四位）以来，曾有两位同志的家属写信给我来信，反映他们有的至今还不调查落实，有的至今尚未进行调查，更谈不上落实了。康生罪行的揭发已有十年，对于已经牺牲同志的历史，必须作出公正和符合实际的结论，这不仅对被害的同志和其家属是最大的安慰及最大的关怀，是党的应有的责任，而且是对现代青年的教育。牺牲同志的家属不可能了解该同志的工作和活动情况，因此，对牺牲同志的革命历史，由当地或外地有关党史机构同其家属共同进行调查，写出正式结论。如其家属现有实际困难的，还应予以

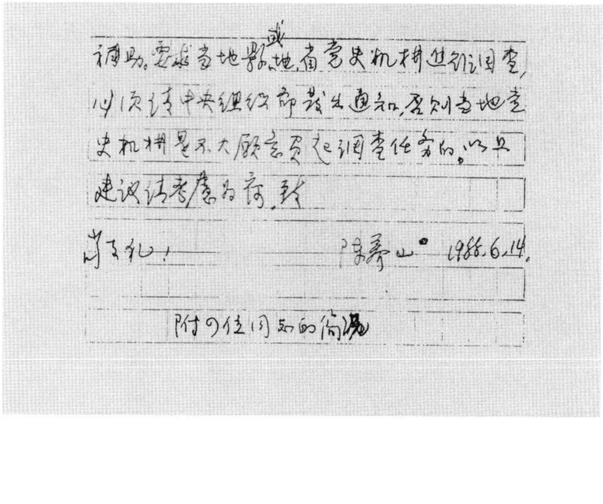

补助。要求当地或外地有关党史机构进行调查，必须请中央组织部发出通知，否则当地党史机构是不大愿意负起调查任务的。以上建议请考虑为荷。致

敬礼！　　陈养山　1988.6.14

附四位同志的简况

中央组织部并国家安全部：

一九七九年二月自我揭露康生诬陷杀害原上海中央特科工作的四位同志（被害的尚多，我仅知四位）以来，曾有两位同志的家属给我来信。他们反映有的党委正在调查落实，有的至今尚未进行调查，更谈不上落实了。康生罪行的揭露已有十年，对于已经牺牲同志的历史，必须作出公正和符合实际的结论，这不仅对被害的同志和其家属是最大的愿望及最大的安慰，也是党的应有的责任，而且是对现代青年的重要教育。牺牲同志的家属不可能了解该同志的工作和活动情况，因此，对牺牲同志的革命历史，应由当地县或地、省党史机构同其家属共同进行调查，写出正式结论。如其家属现有实际困难的，还应予以辅助。要求当地县或地、省党史机构进行调查，必须请中央组织部发出通知，否则当地党史机构是不大愿意负起调查任务的。以上建议请考虑为荷。致

敬礼！

陈养山1988.6.14

附四位同志的简况

武胡景（原名武怀让），河南孟县人。很早参加党，一九二四年去苏联学习，一九二八年回国后在山东、唐山、天津、东北等地做领导工作。一九三三年任上海中央局中央特科领导工作，一九三五年春同其妻侯志同志同去苏联。

一九五七年六月十五日中央追认其为革命烈士，但未发烈士证书。

贺长炽（贺昌之），江西莲花县人，一九三三年在上海中央特科工作，一九三五年春是临时中央局三人小组成员之一，一九三五年九月去苏联。

肖寿煌，广东大浦县人，一九三二年至一九三五年在中央特科工作，一九三五年九月同其妻苏枚（曹轶欧之妹）同去苏联。

欧阳新，湖北人，一九二九年前曾在苏联学习炮兵，一九二九年回国后在中央特科工作，一九三五年春去苏联。

（三）回忆录提纲①

1.回到上海；2.暂住鲍家；3.见了陈赓；4.连德生来了；5.搬到老靶子路；6.向国民党派人；7.住三层楼；8.送文件；9.调查上海金融界情况；10.暴动的晚上；11.三马路旅馆；12.大德里办公室；13.上海美术专校；14.华安大楼；15.去天津；16.开明书店；17.测量马路；18.送警报；19.大破坏；20.去重庆办通讯社；21.去成都；22.回上海；23.决定去陕北；24.在西安的生活；25.西安事变中的消息；26.开展西安工作；27.新形势和新方法；28.被老观念捆住；29.秘密工作的问题；30.被敌注视；31.回到延安；32.工作和学习；33.最大的收获；34.又回到搞情报；35.九年后回到西安；36.转向新的任务。

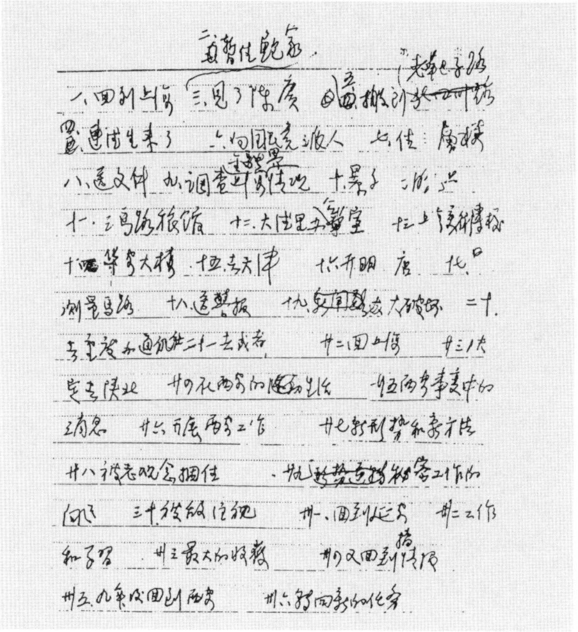

① 1988年我父准备着手撰写他在武汉、上海、天津、重庆、成都、西安等地从事隐蔽斗争的经历。他起草了一个《回忆录提纲》，据我所知，这个提纲所列1—17是拟写他在上海中央特科情报科工作时的战斗经历；18—19是拟写王明“左”倾路线领导时期，白区工作遭到大破坏的情况；20—23是拟写他在重庆、成都从事情报和统战工作的情况；24—30是拟写他在西安情报站的战斗经历；31—33是拟写他在延安中央社会部和中央党校工作和学习的情况；34—36是拟写解放战争时期，他在晋绥陕甘宁地区领导情报、公安工作的情况。1989年夏，由于他所患肺癌突然恶化，因毒菌已扩散而病故。他只留下了一个提纲，未能如愿留下这笔历史财富。（程建宇注）

（四）对子女的遗训

一、听领导同志的话，服从分配，专心工作。

二、工作中应和同志们商量，不固执己见。

三、做事应绝对负责，不能应付，完成任务。

四、不对任何人吵嘴、骂人、更不能打人。

五、不能看不起或随便讨论别人、讥笑别人。

六、看到别人优点，就向他学。

七、看到别人缺点，则反省自己。

八、严格执行工作规章、制度，决不能违反。

九、严格遵守纪律，不能到家吸烟吃酒。

十、不要管别人的事，但要把自己管好。

十一、气量要大，不同别人比能力高低和争论。

十二、处理家务也要商量的办，不自作主张。

十三、今后家庭必须和睦，互相帮助，互相谅解，互相爱护，再不能吵架、骂人、打人。

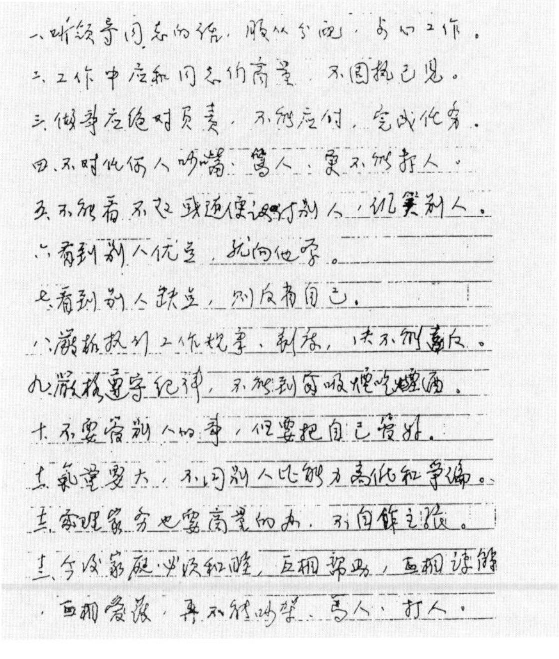
一、听领导同志的话，服从分配，专心工作。
二、工作中应和同志们商量，不固执己见。
三、做事应绝对负责，不能应付，完成任务。
四、不对任何人吵嘴、骂人、更不能打人。
五、不能看不起或随便讨论别人，讥笑别人。
六、看到别人优点，就向他学。
七、看到别人缺点，则反省自己。
八、严格执行工作规章、制度，决不能违反。
九、严格遵守纪律，不能到家吸烟吃酒。
十、不要管别人的事，但要把自己管好。
十一、气量要大，不同别人比能力高低和争论。
十二、处理家务也要商量的办，不自作主张。
十三、今后家庭必须和睦，互相帮助，互相谅解，互相爱护，再不能吵架、骂人、打人。

三、陈养山年谱

陈养山，原名程仰山，字应驺。1906年10月7日出生于浙江省上虞县百官镇前江村。革命斗争年代，因从事隐蔽斗争，曾使用陈英舟、陈德清、高君实、老王、陈仲英、陈鸣钧等化名。

1913年（7岁）

入本村明强小学读书。

1919年（13岁）

因家境贫寒弃学去武汉谋生，经人介绍在一家钱庄学徒。三年满徒后当店员。

1923年（17岁）

亲眼目睹“二七”大罢工，引起思想震动。阅读《中国青年》杂志受到启发，组织“汉口青年励志社”探索救国救民的真理。

1924年（18岁）

5月写信同恽代英联系。7月应恽代英约见和指引，同党组织取得联系。10月由柳伯文介绍加入中国社会主义青年团。

1925年（19岁）

1月经中共武汉地委书记陈潭秋谈话，宣布转为中国共产党党员。2月由青年团武汉地委书记林育南指定担任青年团武昌地区特别支部特派员。5月调上海团中央任交通员，在此期间随任弼时参与五卅运动的组织工作。7月调任武汉青年团地委代理书记。9月受组织派遣化名陈英舟以国民党员的名义筹建国民党武汉市党部，并任常委兼组织部长。11月调回上海协助恽代英筹建国民党中央宣传部上海交通局，任发行科长。

1926年（20岁）

2月受江苏省委指派参与领导上海闸北区印刷工人罢工斗争。在此期间，受中央军委秘书长王一飞委托，将三枚炸弹从上海运送到武汉中央军委。同年冬调宁波市国民党浙江省党部从事统战工作。

1927年（21岁）

3月调杭州组建中共浙江省组织机构。4月蒋介石发动四一二反革命政变，杭州白色恐怖严酷无法立足，回上海找组织。其时上海调整组织机构，分配任上海法南区委宣传部长。11月受党中央委派其承担掩护贺龙的任务。同年冬调武汉从事店员工会工作，因熟人太多不宜在武汉做秘密工作。返回上海后因一时接不上组织关系，无处居住只得回家乡上虞，在此期间由父母包办同章素贞结婚。

1928年（22岁）

1月在浙江省海门县组织农民暴动，因人告密遭军警追捕，在章素贞帮助下隐蔽脱险辗转回到上海。因一时接不上组织关系，暂住在国民党党员鲍君甫的家里。4月因引荐鲍君甫，调中央特科情报科工作，在周恩来的领导下，参与中央特科的创建工作。

1931年（25岁）

6月受党中央委派随陈赓去天津调查叛徒活动情况及营救我党被捕同志。9月完成党中央交办的任务后返回上海，继续留中央特科工作。

1935年（29岁）

9月中央特科结束，由上海临时中央局派遣去四川重庆、成都开辟情报阵地。同陈昌、陈克寒在重庆以办《新四川通讯社》为掩护从事情报和统战工作，并参与领导了重庆、成都的抗日救亡运动。

1936年（30岁）

7月奉召由重庆调西安从事统战工作，参与联络西北军。12月发生西安事变后，受周恩来指派筹建《红中通讯社西安分社》，完成任务后调到西安情报站工作。

1940年（34岁）

6月奉召调回延安中央社会部，任地方工作科科长，后调任情报干部培训班主任。

1941年（35岁）

11月受中央社会部部长康生委派，偕同夫人章素贞去香港协助潘汉年开展情报工作。但行至陕西宝鸡被国民党发难滞留，奉命到西安八路军办事处待命。

1942年(36岁)

2月奉召回到延安中央社会部。其时中共七大代表集中中央党校参加整风运动，因陈养山是七大代表，调入中央党校一部。10月中央党校调整组织机构，陈养山被推荐担任第七支部书记。

1943年（37岁）

10月整风运动进入审干阶段，中央党校改组领导机构，由毛泽东任校长，彭真任副校长，黄火青任秘书长，张秀山任教务长；陈养山被任命担任中央党校干部科科长，负责七大代表的政治审查工作。被编入高级干部讨论《两条路线问题》的学习小组。

1944年（38岁）

12月根据贺龙的提议，中共中央情报部委派陈养山任晋绥军区调查局局长。1945年1月，晋绥军区将调查局移交中共晋绥分局直接领导，陈养山任中共晋绥分局调查局局长。4月回延安出席中共第七次全国代表大会。

1946年（40岁）

1月中共晋绥分局调查局同晋绥边区公安局合并，成立晋绥边区公安总局，由谭政文任局长，陈养山任副局长兼管情报工作。1947年6月谭政文调中央工作，由陈养山任局长。

1949年（43岁）

3月党中央调陈养山任中共西北局委员、社会部部长，负责西北地区的情报和城市接管的领导工作。5月西安解放，陈养山被任命为西安市军事管制委员会委员、保安处处长及西安市人民政府公安局局长。

9月接中央通知来北平出席全国第一次公安工作会议。

11月调任中共上海市委委员、上海市公安局副局长。

1950年（44岁）

11月调任中共南京市委常委、政法委副主任、南京市公安局长兼南京市检察署检察长。

1952年（46岁）

6月调任中共中央华北局委员、华北行政委员会委员、政法委员会副主任、华北公安局局长。

1954年（48岁）

8月调任中央人民政府司法部副部长、党组副书记。

1956年（50岁）

8月当选中国共产党第八次全国代表大会代表，并出席了党的八大。

1958年（52岁）

6月在全国第四届政法工作会议上，受“左”的思想的影响，受到错误的批判和处分，被撤销职务、降级、下放基层工作。

1960年（55岁）

10月根据李克农的提议，中央组织部调陈养山到中央调查部工作，陈养山又一次回到隐蔽战线。安排担任干部培训工作。1961年7月，中央调查部长李克农指定陈养山担任中央特科资料调查组组长，负责调查、搜集、整理、编写《中央特别委员会中央特科历史资料》稿及《烈士传记》资料。

1962年（56岁）

10月国务院任命陈养山任外交学院分院（即国际关系学院）副院长。此时，司法部党组“反党集团”案经中共中央纪律监察委员会甄别，陈养山被撤销部分处分。

1966年（60岁）

2月中央组织部调陈养山任宁夏回族自治区政府副主席，列席区党委常委会议。赴银川就任不久，“文化大革命”运动开始，陈养山因批评造反派干扰党政机关的正常工作行为，遭到造反派批斗，被撤销职务。

1967年（61岁）

2月中央指定由宁夏军区出面组织生产指挥部领导宁夏回族自治区的党政工作，并指定陈养山以老干部身份参加生产指挥部。10月宁夏回族自治区革命委员会筹备小组成立，陈养山被推举为筹备小组成员。

1968年（62岁）

4月宁夏回族自治区革命委员会成立，陈养山被选为常委，不久又被推举为副主任。

5月周恩来调陈养山来北京办理专案，同李强审查鲍君甫的历史问题。1970年初鲍患脑溢血病故。此时陈养山患结肠癌，住院治疗后经周恩来总理批准在北京养病。

1972年（66岁）

7月陈养山病愈回宁夏工作，此时宁夏回族自治区党委成立，陈养山被选为常委，分工主管文教、科学、卫生、体育部门的工作。

1975年（69岁）

1月被选为宁夏回族自治区出席全国人民代表大会代表，并出席了会议。

1978年（72岁）

2月当选宁夏回族自治区出席全国人民代表大会代表；同时被邀出席第五届中国人民政治协商会议，并当选第五届全国政协常务委员会委员。此时，司法部党组“反党集团”案经中央组织部、公安部、最高法院复查平反，陈养山调任最高人民检察院副检察长、党组成员。

1980年（74岁）

4月陈养山体检发现患有胃癌，住院施手术后身体虚弱，提请辞去最高检察院副检察长职务，离职休养。1982年中央批准辞去最高检察院副检察长职务离职休养。

1985年（79岁）

12月同陈养山相伴58年的老伴章素贞病故。此时陈养山患肺癌在住院治疗，病情稍有好转即出院，组织、领导原晋绥边区情报、公安机关干部调查、搜集、整理、编写《晋绥边区情报工作历史稿》。同时动手撰写历史资料。

1987年(81岁)

8月应浙江省国家安全厅邀请赴杭州、宁波等地讲授情报史。

1988年(82岁)

5月受最高检察院检察长刘复之的委托赴山东省考察工作。返京后撰写考察报告向党组汇报考察情况。

1989年（83岁）

8月肺癌突然恶化住院治疗，终因癌毒菌已扩散，医治无效于1991年2月22日与世长辞。终年85岁。

参考文献

中共中央党史研究室：《中国共产党历史》（1921—1949）第一卷上下，中共党史出版社2011年版。

逄先知、金冲及主编：《毛泽东传》，中央文献出版社2003年版。

金冲及主编：《周恩来传》，中央文献出版社、人民出版社2003年版。

中共中央文献研究室编：《周恩来年谱（1898—1949）》，中央文献出版社、人民出版社1989年版。

金冲及、陈群主编：《陈云传》，中央文献出版社2005年版。

南新宙：《周恩来的一生》，中国青年出版社1987年版。

穆欣：《隐蔽战线统帅周恩来》，中国青年出版社2002年版。

《董必武年谱》编辑组编：《董必武年谱》，中央文献出版社1991年版。

童小鹏：《风雨四十年》第一部，中央文献出版社1994年版。

开诚：《李克农》，中国友谊出版社1996年版。

柯兴：《关露传》，群众出版社1999年版。

徐福生主编：《无形战线》，上海远东出版社2004年版。

穆欣：《陈赓大将军》，上海人民出版社1999年版。

于光远：《浦江魂——白色恐怖下的周恩来》，中央文献出版社2008年版。

王朝柱：《周恩来在上海》，中国青年出版社2008年版。

上海人民出版社编：《潘汉年在上海》，上海人民出版社1995年版。

王健英：《中共党史风云人物》，广东人民出版社2003年版。

姚华飞：《隐蔽战线传奇英雄吴克坚》，学林出版社2012年版。

修来荣：《陈龙传》，群众出版社1996年版。

姚华飞：《特科秘密战》，《新民晚报》（纪实小说连载），2006年8月11日—9月9日。

王红、陈宗良主编：《忠诚与信仰》，国际文化出版社2016年版。

秦义民编：《浦江风云》，《汉语大词典》2001年版。

殷建国、贾岷岫：《王世英传》，山西人民出版社1992版。

林青山：《康生外传》，吉林人民出版社1988年版。

松植：《平津战役秘密战》，当代中国出版社2007年版。

王超北口述、师宁编写：《来自隐蔽战线的报告》，百花文艺出版社1997年版。

夏继诚：《卧底将军》，解放军出版社2004年版。

杨者圣：《特工老板徐恩曾》，上海人民出版社1997年版。

明军、地久主编：《中共特工秘录》，大连理工大学出版社1993年版。

刘秉荣：《“福将”贺龙之谜》，中国人事出版社1994年版。

华军：《将军血——陈赓大将血火风云录》，四川文艺出版社1994年版。

米暂沉：《杨虎城将军》，中国青年出版社1998年版。

黄慕兰：《黄慕兰自传》，中国大百科全书出版社2016年版。

李滔、易辉主编：《刘鼎》，人民出版社2002年版。

仇学宝、于炳坤：《魂系上海——刘晓传》，上海文艺出版社1996年版。

郑铎：《军情局秘史》，台湾群伦出版社1987年版。

郑义编撰：《国共间谍战七十年》，夏菲尔出版有限公司2001年版。

陶蔚然、胡性阶等：《中统内幕》，中国文史出版社2009年版。

上海市公安局史志研究室：《上海公安大事记》，1993年版。

国家安全教育馆：《在隐蔽战线作战》，2007年版。

《纪念陈养山文集》，中国检察出版社1993年版。

陈养山和战友、同事、家人回忆录、文章、资料等。

后 记

陈养山是一位充满神秘色彩的职业革命家，是中共隐蔽战线上的传奇式代表人物，是我党情报和保卫工作的创建者之一；他是中共特科的精英，是秘密战争中的英雄。陈养山建立了我党第一个重要的反间谍关系，获取了大量的秘密情报；他深入虎穴16年之久，却从未被敌特发现。“坎坷平凡的人生轨迹，惊险隐蔽的战斗生涯”，是他一生真实的写照。

根据国家有关部门《关于协助创作〈陈养山传〉的函》“由你局姚华飞同志承担传记的创作任务”的精神，笔者当时经过两年多的时间，翻阅了大量有关中国情报史、中央特科以及与陈养山有关的书籍、资料，先后到北京、南京等地采访了程建宇、秦杰、金楚宣等相关当事人，与陈养山之子程建宇多次对书稿进行商讨、核实。

初稿完成后，又分别征求了有关职能部门领导、同志的意见，再作了修改，又经过审阅，完成了这部书稿。2006年10月7日，是陈养山诞辰百年纪念日，同年9月由中国友谊出版公司正式出版《隐蔽战线福将陈养山传奇》。

陈养山长期在隐蔽战线工作，由于隐蔽斗争的特殊性和隐秘性，他的事迹过去鲜为人知，而且许多事迹至今仍不便完全公开披露，资料有限，故该书对他的战斗经历的记述，还只能说是“简介”。

为了进一步宣传隐蔽战线英雄的事迹，笔者之后十年多的时间里，继续搜集陈养山等英雄人物的资料、事迹，特别是已解密的中央特科、晋绥边区史料，又利用开会、出差时机与陕西、山西、甘肃、宁夏以及上海、西安等地陈养山战斗过的地方的同行了解陈养山的业绩，或实地寻访，六易其稿，才完成了现在的书稿。

这是一本历史性、纪实性的读物，所记述的事例力争真实、准确。故笔者没有采取文学传记的一般模式，而采用了将他的战斗经历、业绩、品德和作风，不加虚构和渲染，如实地运用纪实撰写的笔法。

这里要特别感谢陈养山之子程建宇，在他重病时仍为笔者提供了陈养山家乡资料、生活轶事以及对子女的遗训手迹、照片等珍贵材料。

该书在撰写过程中，得到了国家安全部和上海市国家安全局领导同志的支持和指导，陈养山的许多老战友、同事、亲属热忱地提供了有关资料；凌云、刘复之等同志为本书题词；在撰写的过程中，得到了我所在的单位领导、职能部门同志的关心和指导，得到上级职能部门领导的支持和指导，还有《谍海瞭望》编辑部的同仁以及与我共同战斗过的同事的帮助；董沪英、姜岸等同志一道去北京、南京等地采访；何岳隽帮我打字、修正、加工；我的好友原《人民日报》高级编辑、作家管志华在编辑、写作任务很重的情况下帮我修改、加工和润色。值得一提的是，还要感谢我的夫人陈大文，女儿、女婿，是他们帮我担风险，出点子，阅稿改稿，打印资料，承担家务，连我的13周岁双胞胎外孙女妞妞、妮妮，在我写作时也常端茶倒水。

当然，对书稿的罅漏不足，亦期待前辈、专家、同行和读者不吝赐教。

姚华飞

2017年6月18日